PARELHEIROS, IDAS E VI(N)DAS

Ler, viajar e mover-se com uma biblioteca comunitária

Título original: *Parelheiros, idas e vi(n)das: Ler, viajar e mover-se com uma biblioteca comunitária*

© do texto: Isabel Aparecida dos Santos Mayer

© desta edição: Selo Emília e Editora Solisluna, 2022

PUBLISHERS Dolores Prades e Valéria Pergentino

COORDENAÇÃO EDITORIAL Belisa Monteiro

PREPARAÇÃO E EDIÇÃO Dolores Prades e Cícero Oliveira

REVISÃO Cícero Oliveira

PROJETO GRÁFICO Mayumi Okuyama

DIAGRAMAÇÃO Julia Petit

ILUSTRAÇÃO DO VERSO DA CAPA: Magno Faria

Dados Internacionais de Catalogação na Publicação (CIP)
(BENITEZ Catalogação Ass. Editorial, MS, Brasil)

M421p 1.ed.	Mayer, Bel Santos
	Parelheiros, idas e vi(n)das: ler, viajar e mover-se com uma biblioteca comunitária / Bel Santos Mayer. – 1.ed. – São Paulo: Instituto Emília: Solisluna Editora, 2022.
	Bibliografia.
	ISBN: 978-65-88467-04-6
	1. Bibliotecas comunitárias. 2. Mediação de leitura. 3. Parelheiros (SP) – História. I. Título.
08-2022/108	CDD 021.2

Índice para catálogo sistemático:
1. Práticas de leitura em bibliotecas comunitárias 021.2
Bibliotecária: Aline Graziele Benitez CRB-1/3129

Selo Emília
www.revistaemilia.com.br
editora@emilia.com.br

Solisluna Editora
www.solisluna.com.br
editora@solisluna.com.br

Bel Santos Mayer

PARELHEIROS, IDAS E VI(N)DAS

Ler, viajar e mover-se com uma biblioteca comunitária

Para D. Dorinha e Seu Miguel, a quem devo a vida.
E para cada pessoa que me ajuda a cuidar dela.

Sumário

Nota das editoras

Como editoras e profundas admiradoras do trabalho de Bel Santos, não poderíamos deixar de manifestar o enorme orgulho de ter em nosso catálogo seu primeiro livro. Fruto da dissertação de mestrado *Parelheiros idas e vi(n)das: Ler, viajar e mover-se com uma biblioteca comunitária*, não foi difícil adaptar este original acadêmico a uma linguagem mais accessível a um público geral. Isso porque Bel, como poderão observar, leva para dentro da academia uma linguagem e uma forma de narrar coerente com seu objeto de pesquisa. Forma e conteúdo se articulam de tal forma, que o trabalho de edição foi o de suprimir as exigências acadêmicas formais. Importante dizer isso para que leitoras e leitores saibam que este livro conserva a estrutura e o conteúdo praticamente originais.

O registro desta experiência, tão importante e inspiradora, agora, na voz e na escrita de Bel, ultrapassa os muros acadêmicos e toma conta das ruas e ruelas, onde certamente chegará a muitas leitoras e leitores.

Dolores Prades e Valéria Pergentino

Apresentação

Quando tive a oportunidade – ou a sorte, para ser mais preciso –
de ouvir sobre a Biblioteca Comunitária Caminhos da Leitura, eu
mal sabia, como pesquisador e cidadão, o que era uma biblioteca
comunitária (a confusão com biblioteca pública é quase óbvia).
Parelheiros? Já visitara uma vez. Leitura? As minhas – especialmente as acadêmicas e técnicas. E todos esses estímulos e pro-
vocações chegavam ao Programa de Pós-Graduação em Turismo,
da EACH-USP, por uma indisfarçável mulher, que mal cabia numa
carteira de escola, diante de uma banca de seleção cerimoniosa,
branca e masculina.

Era – ou poderia ter sido – uma relevante pesquisa sobre
turismo literário: um tema com alguma prática reconhecível,

alguma literatura disponível, alguma simpatia entre os pares acadêmicos. Estudar a dinâmica e as práticas de pessoas que viajam para conhecer locais, ambientações, museus, cidades de origem de autores ou representações de obras literárias é algo que, em si, já enseja belas leituras sobre o amplo universo do turismo. Material e inspiração para isso certamente não faltariam.

Mas o caminho acabou sendo um pouco diferente. E o que temos aqui, com este livro, fruto de uma pesquisa de mestrado, é a chance de conhecer um novo idioma, inundar o mundo com aquilo que se passa nas franjas da metrópole paulistana, tendo como ponto de partida uma biblioteca recheada de livros, sonhos e vontades. Como orientador e orientanda, fizemos um trato, o qual, desde o princípio, nos pareceu atraente, especialmente porque, de pronto, rechaçamos receios e restrições de caminhar por trilhas menos conhecidas.

Uma biblioteca, nas bordas da Zona Sul paulistana, aninhada nas esquinas de um campo santo, estava movendo o chão, projetando sonhos e futuros, deslocando gentes de longe e de perto, abrindo conversas bem diferentes com a academia... Combinamos, como parceiros de pesquisa, que era preciso afinar o olhar para identificar, analisar, entender o que e como se move, buscando as entrelinhas do processo, o fenômeno que brota das frestas e se desdobra nas filigranas do inusitado.

Sem qualquer sombra de dúvida, era algo potente e transformador, tanto como projeto comunitário prestes a cumprir 10 anos, quanto pelas perspectivas em um estudo acadêmico em nível de mestrado. E, sim, essa seria uma pesquisa absolutamente possível no terreno do turismo, desde que estivéssemos dispostos a construir pontes disciplinares, políticas e de vidas. E estávamos!

As mobilidades, como campo de estudo emergente, se constroem como uma forma de dizer o óbvio: é impossível entendermos o mundo, em todas suas dimensões, complexidades e possibilidades, sem darmos atenção ao que e a quem se move – e também àquilo e a quem não se move, e por quais razões, com quais desdobramentos. Aqui, falamos de um possível novo paradigma para reforçar que, mesmo com o aporte e a tradição de várias áreas do conhecimento – especialmente das ciências sociais – ainda há nuances que passam despercebidas ou, ainda pior, são negligenciadas deliberadamente. Se pessoas se movem para trabalhar nas regiões metropolitanas ou para passear nos tempos de férias, também há objetos que desenham trajetórias visíveis ou, ainda, processos movendo – ou freando – elementos simbólicos, imagens, imaginários, em múltiplas escalas geográficas, dimensões políticas e espaços de poder.

Quais os significados de uma pesquisadora espanhola ou um grupo de estudantes holandeses se embrenharem pelos percursos literários desenhados por jovens leitores? E o que significa uma mediadora de leitura, filha da periferia, viajar para uma feira literária em Berlim? Estudantes de várias universidades d'além rio podem aprender e ensinar o que ao se sentar em roda ao lado de um mar de lápides? E o que "a turma" traz de suas andanças por uma aclamadíssima Festa Literária Internacional de Paraty (RJ)? São essas idas e vindas que alimentaram quase três anos de pesquisa, e que agora são apresentadas, em parte, neste livro.

É impossível tentar entender esta obra sem olhar para tudo que cerca, atravessa e é projetado por Bel Santos Mayer, farol e ponte ao mesmo tempo. Uma pesquisa de mestrado e, agora, um livro, obviamente, transbordam algumas dezenas de páginas e se misturam com histórias de vida. A alegoria da "troca de turbantes", para um ser tão plural quanto a Bel, é apenas um detalhe da beleza deste texto; esse caminhar entre identidades e pontos de vista deveria ser um exercício elementar para quem produz pesquisas acadêmicas, sem qualquer medo de romper com a famigerada e ingênua neutralidade de cientista.

Com a Bel e seu "bando", é sempre a oportunidade de começar a diluir ignorâncias, ampliar repertório de mundo, olhar para além do que dizem ser possível, fazer novos possíveis... Digam, senhores e senhoras cientistas: não é, então, para isso que deveríamos existir? A universidade, que se pretende um ambiente de descoberta, inovação e transformação da sociedade para o bem, não deveria assumir esses compromissos como pressuposto? Que sorte que a Bel, a BCCL, o bando e tantas coisas e gentes foram se achegando ao mundo acadêmico!

A biblioteca, no curso da transformação de vidas, começou a atrair olhares e interesses, a ponto de gerar fluxos suficientes para que as visitas precisassem ser agendadas em um dia específico da semana. Pessoas que vinham (e vêm!) conhecer o que se passa em meio a livros cuidadosamente selecionados, organizados, lidos e discutidos por jovens entusiasmados e cheios do que ensinar a quem mora para lá do Rio Pinheiros ou do Oceano Atlântico.

Livros, sonhos, cadeiras, projetos, imaginários, pessoas... também cada vez mais pessoas indo e vindo. *De fora para dentro*, porque, sim, Parelheiros, nessa perspectiva, deixa de ser "fora" da cidade e se recentraliza em novos processos sociopolítico-espaciais. Mas também *de dentro para fora*: a viagem na e pela leitura produz não apenas (ins)urgentes metáforas, mas também redes de encontros e trocas entre "os meninos" que passam a circular pertinho, perto e depois longe, contando suas histórias, apreendendo o mundo e rascunhando planos de vida. Como Mário Quintana, que acertou na mosca ao dizer que viajar é trocar a roupa da alma, esses meninos e essas meninas estavam testando novos figurinos, lindamente dispostos para si mesmos e para quem mais estiver sensível a olhar e fazer a vida por outras referências.

Ora, como fazer caber esse entramado de mobilidades em uma caixa tão definida – ainda que bonita – chamada "turismo literário"? Michèle Petit – que também me foi apresentada pela Bel – ensina: "O que a leitura torna possível é uma narrativa: ler permite iniciar uma atividade de narração em que se estabeleçam vínculos entre os fragmentos de uma história, entre os que participam de um grupo e, às vezes, entre universos culturais".

As narrativas produzidas pela turma da BCCL são cheias de marcações espaciais e pessoais (particularmente de jovens), que produzem plataformas para que distintos "universos culturais", enfim, se encontrem e, ainda melhor, a partir disso se vislumbrem construções coletivas. O que interessa mesmo são os encontros de vida, como chance para saber melhor das coisas do mundo, a partir de qualquer direção – uns indo, outros vindo, mas sempre se encontrando. Já disse o Riobaldo, e eu me fio demais nele: "O senhor vá lá, verá. Os lugares sempre estão aí em si, para confirmar".

E muita coisa acontece na e por causa da BCCL e tantas bibliotecas comunitárias pelo Brasil e América Latina. Mais do que territórios físicos, são elas mesmas viajantes, a compor um texto a ser movimentado, apreciado e expandido, com a inteligência e energia de bandos cada vez maiores, alçando voos cada vez mais longos; voos por opção, não por contingência! A conjugação de tantas vontades, insufladas por ações de promoção à leitura literária, produz a fina matéria-prima para reconhecer e preservar a diversidade do mundo, articular e desenvolver projetos políticos, produzir e aperfeiçoar teorias, mas, talvez principalmente, fazer com que a vida sempre (re)exista. Afinal de contas, é tanta coisa, tudo...

Thiago Allis, dezembro 2021

Agradecimentos

Eu deveria ter começado a tecer a lista de agradecimentos no dia em que inventei de fazer o mestrado na usp. Não fiz. Agora, corro o risco de deixar gente de fora. Perdoe-me se for este o seu caso, e aceite o meus sinceros agradecimentos: Obrigada! Muito obrigada!

Os nomes não aparecem em ordem hierárquica. Se pudesse (e soubesse), escreveria em círculos. Escrevo de minha escrivaninha lotada de objetos (mimos) enviados por pessoas queridas, enquanto suportavam a minha ausência. A frase parece leonina demais, mas sei que minha mãe, meu pai e minhas irmãs gostariam de me ter mais perto nos últimos meses. Obrigada pelo amor sem cobranças e todo o apoio.

Bernd, meu companheiro: obrigada por insistir para eu dormir, comer e descansar. Agradeço por garantir a cama arrumada, a mesa posta e a massagem espontânea. E, também, por nunca perguntar se eu já tinha acabado. Ao seu lado, foi mais fácil cuidar de mim. *Vielen Dank!*

Agradeço à D. Elisa por oferecer flores, caldo verde, torta de frango e amizade. Às queridas Val e Cris Lima, o incentivo e a coleção de *stickers* que me fizeram chorar de rir e ganhar fôlego para seguir escrevendo nas madrugadas. À gente querida da LiteraSampa e da rnbc, gratidão por sermos em bando.

Às minhas "irmãs das mobilidades" – Vânia, Eanne, Ana – agradeço por serem espelho e um mar de generosidade. Nos dias em que duvidei se conseguiria, vocês estavam perto, sendo exemplo. Que eu consiga ser o mesmo para Bethânia e as/os que virão. Felipe, obrigada por ir comigo até Parelheiros. Fábio, só posso dizer: obrigada, irmãozinho. Que o nosso "bonde das mobilidades" siga crescendo e que suas pesquisas movam mundos.

Agradeço a todas, todos e todes colegas, professores e estudantes, do PPGTUR/EACH/USP. Agradeço, especialmente, a quem me apresentou o Programa e disse que a USP era para mim: Natália Paes, obrigada! À Denise e ao Filipe, agradeço a paciência, a delicadeza e a competência na representação do grupo discente. À Vanderleia e ao Eduardo, agradeço o grupo *Nóis trupica, mas não cai*, no qual pudemos, sem vergonha, dissipar dúvidas que "os uspianos" não tinham. Agradeço à turma de 2018: Como nos ajudamos, meninas!. Um agradecimento especial ao Sidinei Damasceno, que pegou na minha mão para percorrer os corredores da biblioteca da EACH e ainda emprestou livros em seu nome para que eu estudasse. Deu certo: mais uma mulher preta na pós-graduação!

Agradeço às amigas que acreditaram nas coisas que ando dizendo e começaram seus mestrados: Aline e Vivi, vamos trazendo outras. A cada aluna/o e professoras/es da pós *Literatura para crianças e jovens* do Instituto Vera Cruz, agradeço o entusiasmo em me ouvir e por se apaixonarem pelas bibliotecas comunitárias.

Aos professores/as e parceiros/as Bianca Freire-Medeiros, Edegar Tomazzoni, Elisa Machado, Marcelo Vilela, Paulo Endo, Reinaldo Pacheco e Sara Bertrand, gratidão por aceitarem ler este texto e contribuir com o aprimoramento de minha pesquisa.

Agradeço ao time do IBEAC por acompanhar esta pesquisa passo a passo, apoiando-me na busca de solução para cada desafio, vibrando junto, envolvendo a família, poupando-me de algumas demandas institucionais. Cláudia, Flávia, Val, Gabriel, Lidiane, Gláucia: obrigada! Um agradecimento mais que especial às amigas Verita e Fernanda Pompeu: vocês são inspiração, amizade, sabedoria e amor. À toda gente (quanta gente!) que segue ao nosso lado, agradeço: Masi, Renata, Janine, Ângela, Dianne, Celeste, Dolores e toda a equipe do Instituto Emília, diretores/as e conselheiros/as, vocês são um grande presente nos 40 anos do IBEAC!

Obrigada a quem apoiou ou ofereceu apoio desde o início, mesmo que eu não tenha conseguido aproveitar suas generosidades. Valeu Jorge e Benê, Letícia Liesenfeld, Ana Paula Spolon, Ricardo Queiroz! À Isabel B. Vinasco, Jaime Bornacelly e Ana Maria T. Patiño, agradeço o entusiasmo colombiano com a minha pesquisa e por me apresentarem o NVivo. Agradeço a amiga Mirian Matias pelas traduções para o espanhol. Débora Tavares pela primeira revisão. Fernanda Rosa, Vittória Marina, Marcia Cunha, Gabriel Razo, que passaram as últimas semanas lendo, revisando e ajeitando esta dissertação comigo, eu nem sei o que dizer. Deixo a pergunta que me fizeram outro dia: "Querem o mundo?! Vou buscar".

À Neide de Almeida, irmã dos caminhos da leitura, obrigada por tudo e mais um pouco. Você sempre acreditou em nós e "nos meninos". Agradeço também à leitura de *Duas palavras,* de Ruth Guimarães, nos últimos suspiros de 2020. Aos meus amigos Cuti, Luiz Ruffato e Cidinha da Silva: obrigada por escreverem, me ensinarem e ainda serem meus amigos e amiga.

Bruninho, Du, Kel, Neia, Ni, Rafa, Rodrigo, Renan, Roger e todos/as adolescentes e jovens que passaram pela BCCL: obrigada por cada lágrima derramada enquanto escrevia sobre vocês, sobre nós. Sigam voando, meninos e meninas!

Thiago Allis, meu orientador e parceiro, obrigada por me deixar com saudades.

Passei a acreditar, com uma convicção cada vez maior, que o que me é mais importante deve ser dito, verbalizado e compartilhado, mesmo que eu corra o risco de ser magoada ou incompreendida. A fala me recompensa, para além de quaisquer outras consequências.

LORDE, A. *Irmã outsider.*

Introdução

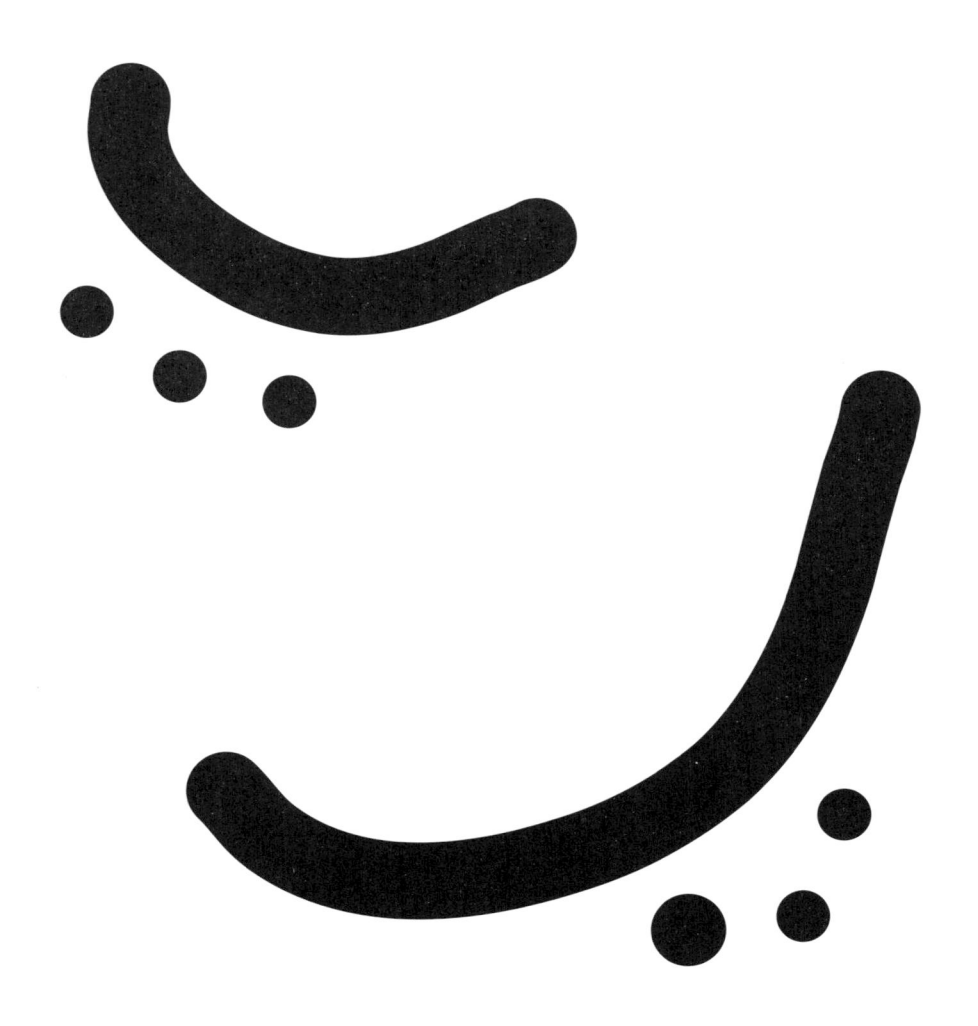

Abri a janela e me ensopei de paisagem.
CARRASCOZA, João Anzanello. "Chuva de Verão".
In: *Meu amigo João.*

Esta publicação é resultado da pesquisa sobre as manifestações de mobilidades turísticas na e da Biblioteca Comunitária Caminhos da Leitura (BCCL), no período de 2008 a 2020. A BCCL é uma pequena biblioteca criada pelo Instituto Brasileiro de Estudos e Apoio Comunitário (IBEAC) e um grupo de adolescentes, nas dependências de um cemitério na região de Parelheiros, área periférica rural a 50 km do centro da cidade de São Paulo. A biblioteca foi concebida e é administrada até hoje pelos/as jovens em parceria com o IBEAC e coletivos locais, apoiados ou não por organizações externas.

A BCCL é uma das centenas de bibliotecas comunitárias que nascem, no Brasil, da segregação espacial e da distribuição desigual dos equipamentos de cultura, da ausência de políticas do livro, leitura, literatura e bibliotecas, e da reivindicação e promoção do "direito humano à literatura".

Pertencer a uma área rural e periférica e, muito em função disso, não ser contado/a como produtor e consumidor de cultura de uma grande cidade coloca obstáculos específicos aos que buscam o acesso a livros e leituras: suas vidas parecem girar em torno da sobrevivência, com longas horas de trabalho e outras tantas de deslocamento em transporte público e a pé. Além de estar distantes geograficamente dos equipamentos culturais, como bibliotecas e livrarias, seus habitantes estão distantes dos centros de decisão e do imaginário das principais políticas públicas de cultura da cidade.

Quando criamos a BCCL com um grupo de adolescentes, eles/as tinham idades entre 13 e 17 anos.* Importante dizer que, além de serem filhos de agricultores/as familiares e trabalhadores/as braçais, e viverem em um território sem biblioteca ou outro equipamento cultural, tinham passado pelo processo de perda de interesse pela leitura, que parece marcar a passagem da infância para a adolescência. Quando ele se dá, a leitura desinteressada perde espaço, ficando reduzida à leitura obrigatória exigida pela escola, em que costumam ler apenas um resumo suficiente para as avaliações. Com estes "meninos e meninas" criamos uma biblioteca.

Nos 12 anos de BCCL, a leitura literária foi o principal conteúdo das (trans)formações dos/as jovens dessa região e desaguou em experiências bem-sucedidas as quais, pouco a pouco, foram despertando o interesse de visitantes do longe-dentro e do longe-fora – ou seja, pessoas interessadas em conhecer e vivenciar *in loco* as experiências nascidas nesse projeto, fossem elas moradoras da metrópole paulistana ou mesmo de outros continentes.

Assim, os sujeitos da pesquisa – além de mim, como pesquisadora – foram principalmente jovens vinculados à BCCL, mas

---

* A pesquisa original começou a ser redigida na forma impessoal, como aprendi na redação acadêmica; no entanto, logo nas primeiras páginas, percebi que o rigor científico e um texto pessoal atravessado por poesias não são incompatíveis. Por isso, adotei a primeira pessoa, por vezes do singular, quando o conteúdo estiver relacionado a ações e reflexões que dizem mais respeito a mim e, na maior parte do texto, no plural – o que indica a natureza coletiva de tudo o que se discutirá aqui.

também aqueles e aquelas que vencem muitos quilômetros para entrar em contato com esse mundo literário no extremo sul de São Paulo. Tanto uns quanto outros apresentam, nessas idas e vindas, características e comportamentos de quem poderíamos chamar "turistas", e sobre suas práticas de mobilidade, vamos refletir ao longo deste trabalho.

Vale ressaltar que a leitura aqui é entendida em seu sentido mais amplo, para além da decodificação mecânica de signos ou habilidades funcionais da leitura e escrita, relacionados a índices de alfabetismo.* Refiro-me, à leitura como um processo de compreensão abrangente, envolvendo elementos culturais, econômicos, políticos, críticos. Uma leitura de texto que passa pela "leitura de mundo", pelo hábito gratuito e curioso de ler como aprimoramento intelectual ou entretenimento.

Os textos literários foram os escolhidos para colocar a leitura em prática, para o desenvolvimento "do processo de apropriação da literatura enquanto linguagem**" que articula o que já está escrito (saberes globais) com o que é vivido (saberes locais) e lhes dá sentido. A leitura literária como apropriação para o "letramento literário", conteúdo das formações de leitores e mediadores de leitura das bibliotecas comunitárias.

Ler e viajar foram dois verbos conjugados pelos jovens durante todo o processo de consolidação da BCCL. Com o acesso a

---

* Cf. INSTITUTO PAULO MONTENEGRO. Indicador de Alfabetismo Funcional – INAF. São Paulo: IBOPE, 2018. O Indicador de Alfabetismo Funcional (INAF) foi idealizado e pesquisado pela parceria do Instituto Paulo Montenegro e a OSC Ação Educativa com apoio do Instituto Brasileiro de Opinião Pública e Estatística (IBOPE) desde 2001 a 2015, totalizando nove edições. O índice está organizado em dois grupos: analfabetos funcionais e funcionalmente alfabetizados.

** O conceito de "letramento literário", de Rildo Cosson, foi extraído do *Glossário Ceale: Termos de Alfabetização, leitura e escrita para educadores.* Disponível em: <tinyurl.com/52uu9apt> (Acesso: 21 jan 2021).

leituras literárias, pretendíamos que eles e elas vivessem outras histórias e viajassem por outros mundos, entrassem em contato com as suas histórias e mundos. Foi assim que, desde o início dessa empreitada, o IBEAC apostou nos deslocamentos deles e delas, para dentro e para fora da cidade, para compra de livros, visitas a outras bibliotecas, museus, teatros e participação em eventos literários – alcançando, inclusive, outras cidades e países, como estratégia estruturante para o sucesso do projeto. A inclusão de um/a jovem nos encontros, reuniões e eventos foi negociada com apoiadores financeiros da biblioteca desde o princípio. Sabíamos que era importante para o grupo, que ainda não tinha ultrapassado os limites da zona sul, se mover para conhecer a cidade, para sentir-se parte e proclamar esse pertencimento.

Estamos falando de adolescentes que não eram leitores e que não eram viajantes. O modo como o grupo foi transgredindo interditos de ordens distintas e se associando ao mundo daqueles que dedicam tempo a ler textos literários, entregues à "inutilidade da literatura", quando a vida parece ter outras exigências, despertou a curiosidade em pessoas de diferentes segmentos, as quais pediam para conhecer "de perto e de dentro*" o que acontecia em Parelheiros.

Instaurou-se um fluxo de idas e vi(n)das de visitantes, individuais e em grupos, da cidade de São Paulo e de outras cidades, estados e países, pesquisadores/as, gestores/as institucionais, jornalistas, escritores/as e turistas a Parelheiros. A biblioteca, de um lado, impulsionava os jovens e seus frequentadores a conhecerem

---

* As expressões "de perto" e "de dentro", utilizadas nesta introdução e em outras seções da dissertação, não se referem à categoria analítica de Magnani (2002) relacionada ao estudo dos fenômenos urbanos pelas lentes da antropologia. Aqui, nos referimos exclusivamente à localização dos indivíduos que chegam de fora e pedem para conhecer a BCCL vivenciando o seu cotidiano.

a cidade, o país e o mundo via literaturas e, também, de forma física: participando de eventos, conhecendo outros grupos, participando de conferências como público ou convidados/as – de Santa Bárbara d'Oeste a Berlim! E de outro lado, conforme a BCCL era "viajada pelos meninos", foi atraindo visitantes para si e para Parelheiros, contribuindo para a movimentação de pessoas, objetos, informações, ideias, imagens, imaginários e, por fim, da própria biblioteca.

Poderíamos olhar para o que estava acontecendo na perspectiva do "turismo literário", em que um destino é desenvolvido a partir da literatura: de visitas a exposições sobre autores/as, encenação de obras completas ou trechos, à visitação a espaços relacionados à literatura, como são as bibliotecas. Poderíamos, ainda, concentrar a pesquisa nas viagens que "os meninos e meninas" de Parelheiros fizeram e que se caracterizariam como "turismo literário", como inicialmente descrito: "o seu destino é o livro: o turismo literário como primeira experiência de viagem de jovens moradores de periferias". O objetivo era analisar o quanto essa experiência turística poderia vir a ser uma estratégia de formação deles para o turismo e, assim, contribuir à redução das barreiras objetivas e subjetivas para que jovens de áreas periféricas acessassem o lazer. Tema, sem dúvida, relevante também. Porém, a complexidade do que se dava na BCCL com as idas e vi(n)das de e para Parelheiros, e a ações que o IBEAC passou a desenvolver a partir delas, pedia mais. E, ao mesmo tempo, entendi que era possível acomodar mais olhares ao escopo desta pesquisa, a partir do lugar (aqui me refiro ao solo que encontrou no PPGTUR) em que ela estava sendo proposta.*

---

* O meu encontro com o Paradigma das Novas Mobilidades (PNM), desenvolvido por Sheller e Urry (2004), foi o terreno fértil que me permitiu encontrar instrumentos aplicados e teóricos para discutir mais e melhor tudo o que Parelheiros tem a apresentar. A partir do

O interesse de visitar a BCCL, manifesto inicialmente por representantes da cadeia criativa, produtiva, distributiva e mediadora do livro e, mais tarde, por gestores/as de políticas públicas, investidores sociais privados, jornalistas de diferentes meios de comunicação entre outros, deu-se por alguns fatores: I) a narrativa que envolve a localização da biblioteca, na extensão de um cemitério; II) sua gestão feita por jovens leitores/as e mediadores/as de leitura; III) o espalhamento das ações da biblioteca pelo território e demais projetos desenvolvidos pelo IBEAC; IV) a circulação dos/as jovens pelos principais eventos literários do país falando sobre o que liam, sendo porta-vozes de novas narrativas sobre a região onde vivem e as relações que ali se estabelecem, além de participar de intercâmbios com outras redes de bibliotecas e organizações sociais; V) a visibilidade internacional resultante de apoiadores/as financeiros e participação das gestoras em congressos nacionais e internacionais de literatura e bibliotecas.

Geralmente, o/a visitante da cidade, de cidades próximas ou de outros estados e países em passagem por São Paulo, sai cedo do centro, percorre cerca de 50 km de carro próprio ou carona (alguns em transporte público), passa o dia na biblioteca e retorna ao centro da cidade no final da tarde. Uma minoria se hospeda na própria região – até pela carência de uma rede de serviços tipicamente reconhecida como turística, a exemplo de hotéis. Aos turistas (de fora) juntam-se os visitantes (turistas?) originários/as da própria cidade ou de municípios vizinhos. Todos/as compartilham experiências, motivações, performances e mobilidades.

É bastante comum que autores/as e representantes de editoras que conhecem a biblioteca, as gestoras ou jovens, ou

---

"giro das mobilidades", foi possível analisar as imbricações entre literatura e viagem – percebidas e vividas por um grupo de jovens, por mim e demais gestoras do IBEAC e pelos/as visitantes de Parelheiros.

alguns de seus agentes, pessoalmente ou pela mídia, enviem livros para a BCCL; que artistas plásticos e institutos de cultura doem grafites, fotografias, exposições. Ou seja, com as visitas (pessoas), movem-se também materialidades, na forma de objetos (livros, fotografias, painéis, móveis, computadores, mudas de plantas), ideias (sobre eventos, financiamentos, editais, lançamentos de livros, outras informações), imagens (do espaço, dos jovens, de Parelheiros, de práticas literárias) e imaginários (sobre o fazer literário, juventude, territórios, mundo).

Gradativamente, as histórias, ideias, imagens e imaginários da biblioteca começam a viajar em outras dimensões de mobilidades, por meio de outros suportes, por exemplo, os midiáticos e as crescentes redes de apoiadores e entusiastas da BCCL, independentemente do deslocamento físico dos seus gestores/as e articuladores/as.

Dessa trama de reflexões e lacunas – não apenas na vida dessa metrópole, mas nos campos teóricos que sustentam esta pesquisa –, guiei-me por algumas perguntas: Como são engendradas as práticas e as narrativas turísticas manifestas em Parelheiros, a partir da BCCL? Quem são os agentes desse turismo? Quais suas motivações? O que se move com eles e elas? Em quais sentidos, velocidade e frequência se dão as mobilidades de pessoas, objetos, ideias, imagens e imaginários?

Considerando que ler se parece com viajar e que a estética dos enredos, das palavras e metáforas possibilitam vivenciar emoções apartadas do cotidiano, inventar mundos, encontrar-se com outros e consigo, ultrapassar umbrais, viajar para dentro e para fora de si mesmo, passar do espaço íntimo ao espaço público* e que os livros e as leituras possibilitaram aos adolescentes e jovens até então imobilizados em seus territórios, viajar (metafórica e fisicamente) fazendo com que as viagens, assim como a

---

* Cf. os três livros de Michèle Petit ao final, na Bibliografia.

literatura, deixem de ser um privilégio e sejam incorporadas às práticas e aspirações, foi identificada uma pergunta especificamente direcionada a este aspecto: Como os/as jovens da BCCL relacionam viagem e literatura em suas trajetórias de vida?

Por fim, ao nos indagarmos sobre as dinâmicas dessas viagens de e para Parelheiros, tendo uma biblioteca como referência empírica (mas também simbólica), chegamos à questão principal: *Como viagem e literatura – de formas prática e metafórica – se imbricam na construção das mobilidades turísticas de, em e para Parelheiros?* São várias perguntas que servem para orientar a execução de um conjunto de atividades aplicadas nesta pesquisa. Assim, a partir dos questionamentos iniciais, o objetivo central foi contribuir à análise das imbricações entre viagem e literatura na construção das mobilidades turísticas de e em Parelheiros.

A maioria dos/as visitantes da BCCL se aproxima do perfil de turistas que buscam destinos culturais: têm nível educacional elevado, maior poder aquisitivo que os/as moradores/as do local visitado, enfrentam a barreira das distâncias por uma vivência significativa. No caso de Parelheiros, chegam motivados/a pelas concepções de leitura, de gestão, pelos conteúdos e temas desenvolvidos, pela proposição de apropriação da leitura e pelo pertencimento identificado nos/as jovens.

Uma vez na biblioteca, observou-se que as trocas desencadeadas entre turistas de longe, visitantes de perto, moradores locais e os/as anfitriões têm alterado uma lógica servil, bastante comum em práticas turísticas. Há hospitalidade, sem subserviência. Em suas falas, os/as visitantes valorizam as práticas de hospitalidade, atribuindo um conjunto de vocábulos positivos relacionados à biblioteca como "casa" e "lugar de acolhimento". A diversidade de "visitantes" (de perto e de longe) coloca em discussão, na análise das práticas e das teorias turísticas, os dualismos do turismo convencional (anfitrião-hóspede, turista-viajante).

Ao mover-se pelas cidades do país e fora dele, os/as jovens construíram seus itinerários de viagem e de leitura. A reflexão sobre o caminho percorrido lhes fez perceber o quanto a literatura (as narrativas, os personagens, as autorias) contribuiu para que superassem as fricções, os obstáculos do meio do caminho. Eles e elas se tornaram viajantes e aprenderam a linguagem, as performances, os rituais que envolvem essa prática, sem que seus deslocamentos fossem motivados pelas razões típicas do turismo, e também sem deixar de valorizar e desenvolver identidades próprias nesse processo.

As viagens internas que a literatura lhes proporcionou estão registradas em diários de leitura, poesias, postagens em redes sociais, entrevistas sobre a biblioteca e o fazer literário para diferentes veículos de comunicação de massa, e nos canais de comunicação comunitária dos quais fazem parte, como a agência de notícias *Vozes daqui de Parelheiros*, que compreende um podcast e um jornal mural. Fazem com que a imagem da biblioteca viaje e mais pessoas nos procurem. As bibliotecas comunitárias estão espalhadas pelo país, como registrado na pesquisa *O Brasil que lê*, de Fernandez, Machado e Rosa. Como fator motivador desta pesquisa, pareceu relevante considerar esses espaços de vida cultural e literária como novas práticas e também referência para estudos turísticos.

A BCCL é uma biblioteca que continua se movendo. E com ela, movem-se os/as jovens, seus filhos e filhas, seus colegas, as gestoras do IBEAC, Parelheiros, os turistas e visitantes, os/as parceiros/as, as instituições parceiras e apoiadoras financeiras, os livros e quem os/as escreve. Uma análise mais conservadora do turismo tende a olhá-lo a partir da relação entre "viagem, viajante e destino", e deixa escapar tudo o que se move nessa relação. Esta pesquisa fez perceber o quanto a biblioteca foi se movendo junto com os movimentos de e para Parelheiros. Olhando para os 12 anos dessa história, percebemos as mudanças ocorridas em virtude daquilo que se moveu: pessoas, objetos, ideias, imagens, imaginários.

De tanto se mover, a bccl embarcou no giro das mobilidades e foi longe: chegou ao Programa de Pós-graduação em Turismo da Escola de Arte, Ciências e Humanidades da Universidade de São Paulo (ppgtur/each/usp). E nós chegamos com ela, com a esperança de que seja apenas uma parada, para olharmos e seguirmos nos movimentando.

Escrevi esta dissertação sobre mobilidades turísticas e literárias a partir de uma biblioteca comunitária, atenta a fazer companhia ao chão que nos fez voar

> O mundo voa
> E apenas o poeta
> Faz companhia ao chão.

Espero que o recorte das histórias e as análises que apresentarei nas próximas páginas deem conta de aproximar esses dois pedaços de chão – a biblioteca e a academia – e inspire novos voos.

Veredas:

O caminho percorrido

Meus escritos podem ser incorporados de emoção e subjetividade, pois, contrariando o academicismo tradicional, as/os intelectuais negras/os se nomeiam, bem como seus locais de fala e de escrita, criando um novo discurso com uma nova linguagem. Eu, como mulher negra, escrevo com palavras que descrevem minha realidade.

KILOMBA, Grada. *Memórias da plantação: Episódios de racismo cotidiano.*

Trocas de turbantes: Diário de uma mulher negra, gestora institucional, ativista da leitura e pesquisadora universitária.

Parelheiros, idas e vi(n)das: Ler, viajar e mover-se com uma biblioteca comunitária resulta da observação, descrição e análise das formas de turismo manifestas na BCCL.

Para Petit,[1] assim como todo psicanalista deve ser analisado, talvez toda pessoa que trabalhe para a leitura devesse pensar em seu próprio percurso como leitor/a. De forma análoga, eu diria que todo/a pesquisador/a deveria relatar o seu percurso de pesquisa, suas veredas, não apenas para cumprir uma formalidade ou atender ao rigor acadêmico de assegurar o passo a passo metodológico para os que virão, mas para ter a oportunidade de registrar a pessoa que foi se construindo no caminho da própria pesquisa – e nessa jornada, uma imagem que muito me acompanhou foi a da *trocas de turbantes.**

Ornamento estético, religioso e de resistência, os turbantes ocupam algumas gavetas de meu guarda-roupa e bons anos da minha vida. Ao refletir sobre as várias posições que ocupei durante a pesquisa, pareceu-me bastante apropriado compartilhá-las, dizer sobre as várias peças que usei. Faço deles um instrumento de registro do processo de reflexão de uma mulher negra, adulta, de origem periférica, ativista da leitura e que se tornara pesquisadora de uma das mais bem avaliadas universidades do país.

Inicialmente tratava-se de um diário de pesquisa e do cotidiano; depois, tornou-se um semanário, contendo histórias, fatos, reflexões, imagens, dicas que ajudaram a percorrer o caminho do mestrado e da escrita, e também os ruídos que roubaram tempo, mudaram rotas. Como em um diário, há rabiscos, ilustrações, fragmentos de conversas de WhatsApp, listas de afazeres, fotografias de pessoas e objetos.

Tomando o Paradigma das Novas Mobilidades (PNM) como arcabouço teórico para análise das imbricações entre literatura e viagem – percebidas e vividas por um grupo de jovens, por mim e demais gestoras do IBEAC e pelos/as visitantes de Parelheiros –, buscamos procedimentos metodológicos com o objetivo de responder às questões da pesquisa: *Que formas de turismo se manifestam em Parelheiros, a partir da BCCL? Como viagem e literatura – de forma prática e metafórica – se imbricam na construção das mobilidades turísticas de e em Parelheiros? Como são engendradas as*

---

* Trocas de turbantes entrecortam, e ao mesmo tempo conectam/enlaçam/amarram, as demais páginas deste livro. Elas são um registro possível do cotidiano da pesquisadora, como tentativa de não se perder de si mesma.

práticas e as narrativas turísticas manifestas em Parelheiros, a partir da BCCL? *Quem são os agentes desse turismo? Como os/as jovens da* BCCL *relacionam viagem e literatura em suas trajetórias de vida?*

Uma biblioteca como objeto-sujeito da pesquisa

Desde o momento em que ingressei no PPGTUR/EACH-USP, apresentei o tema aos jovens e à equipe do IBEAC, e estes passaram a acompanhar o desenvolvimento da pesquisa, a compartilhar seus saberes e se apropriar da linguagem correlata a ela. Refletimos e concluímos que, neste caso, a questão da investigação – a biblioteca e as mobilidades dela decorrentes – implicava tomar de forma relacionada a dinâmica entre o espaço físico e seus agentes. Nessa medida, o objeto pesquisado é também sujeito da pesquisa. A biblioteca e os jovens não estão reduzidos a informantes ou "exemplo" para este estudo:[2] eles e elas são construtores/as da metodologia, dos saberes descobertos e sistematizados ao longo dele. Ao serem reconhecidos como produtores de conhecimento, acredita-se que os agentes da BCCL dão mais um passo na transgressão ao academicismo tradicional, na descolonização da academia, na transformação das relações entre conhecimento e poder.[3] A adoção da nomenclatura objeto-sujeito parece ser a mais adequada para a posição que a biblioteca e seus agentes ocupam nesta pesquisa.

Múltiplos olhares sobre uma prática coletiva

Pela natureza da BCCL, denominei-a objeto-sujeito da pesquisa, termo desenvolvido a partir dos conceitos de bell hooks em defesa do direito de mulheres negras pesquisarem e escreverem suas próprias histórias em vez de serem sempre descritas por outras, geralmente brancas. Ao sugerir a transformação do silêncio em voz como um gesto revolucionário e de resistência, hooks afirma: "Falar se torna tanto uma forma de se engajar em uma auto-transformação ativa quanto um rito de passagem quando alguém deixa de ser objeto e se transforma em sujeito".[4] Nesta pesquisa, não há um objeto a ser estudado e definido pelos "sujeitos", mas uma realidade a ser olhada de forma coletiva: objeto-sujeito. Aqui, estudo um "objeto" – a biblioteca comunitária –, resultado de uma ação coletiva com jovens, que também são ouvidos, não apenas como informantes, mas como "sujeitos" que constroem o conhecimento com a pesquisadora.[5]

Envolvendo processos participativos e educacionais do qual também sou parte como ativista e profissional, essa investigação está conceitual e metodologicamente ancorada na Pesquisa Participante.[*] Os jovens e nós, gestoras do IBEAC, nos envolvemos de forma orgânica nas diferentes etapas da pesquisa, por apostarmos no sentido político-social-pedagógico do estudo acadêmico das práticas realizadas na biblioteca comunitária e no caráter transformador de uma pesquisa voltada para a realidade social em que estão imersos e nos benefícios para o coletivo.

Atendendo aos princípios da pesquisa participante, os sujeitos envolvidos não foram apenas informantes/respondentes de questionários. O grupo se aproximou, se familiarizou e, junto com esta pesquisadora, se apropriou da estrutura de uma pesquisa científica, dos métodos para coleta e análise de dados e das principais teorias de referência, o que favoreceu as trocas entre

---

[*] Para Brandão (1985, p. 13), a pesquisa participante, em suas mais distintas variações, pode utilizar esta nomenclatura não porque sujeitos populares participam de forma subalterna respondendo a questionários, "mas porque uma pesquisa coletiva participa organicamente de momentos do trabalho de classe, quando ela precisa se reconhecer no conhecimento da ciência".

saberes e fazeres populares e acadêmicos. Uma manifestação evidente disso, como se verá mais adiante, é como o conceito de "mobilidades", especialmente as simbólicas, passou a fazer parte do vocabulário e do olhar dos jovens para as dinâmicas desencadeadas na e a partir da biblioteca. A pesquisa e a ação caminharam juntas. Uma foi alimentando e transformando a outra.[6] No desenrolar do trabalho, ficou ainda mais explícito o fato de que não havia uma proprietária da investigação, mas uma pesquisadora-ativista que escolheu construir tempos e espaços de leitura e reflexões para contar, com rigor científico, sobre o corpo e a alma de uma história coletiva, redigindo um texto a partir das múltiplas vozes sobre essa realidade que ajudou a construir.

A perspectiva móvel permitiu olhar as idas e vi(n)das de e para a bccl, para além da análise estática de uma experiência periférica. Quando os/as jovens e as gestoras se moveram, movimentaram ideias, imagens, imaginários e a própria biblioteca em diferentes direções, chamando atenção para o que acontecia em Parelheiros – moveram consigo as linhas físicas e imaginárias que separam centro e periferia. Suas leituras e movimentos podem estar contribuindo para a ressignificação de suas existências e para que Parelheiros saia "do ponto cego" das relações hegemônicas.[7] E dessa trama de mobilidades, buscou-se identificar, nas brechas práticas e epistemológicas, manifestações de mobilidades turísticas no contexto da metrópole paulistana – ainda que não óbvias ou mesmo facilmente reconhecíveis e assimiláveis pelos entendimentos teóricos correntes. Talvez resida aí uma das possibilidades de descobertas e potenciais contribuições à área do Turismo.

A pesquisa foi se delineando com participação direta dos/as jovens e das gestoras do ibeac, sendo definidas cinco etapas distintas, complementares e concomitantes, desenvolvidas no decorrer de 30 meses: levantamento de pesquisas correlatas; pesquisa bibliográfica; pesquisa documental; levantamento de dados e sistematização e análise dos dados coletados.

Para olhar, ver, registrar, analisar e entender

Pesquisar de forma participativa um tema que, além de me envolver, ocupa a maior parte da minha existência e da instituição que coordeno, expôs-me a alguns riscos: coleta excessiva de dados e confusão entre objetivos da pesquisa e expectativas várias dos/as envolvidos, e minha pouca experiência como pesquisadora acadêmica. Os diálogos com o orientador/parceiro de pesquisa, foram primordiais para que ela não "desandasse", tal panela no fogo em que muitos colocam as mãos. Essa foi a metáfora que Thiago Allis encontrou para falarmos sobre o *caminho metodológico* da pesquisa: é o momento da *mise en place* – termo francês muito usado em programas de culinária e que significa "colocar no lugar", "pôr em ordem" para começar a cozinhar. É o momento de conferir se todos os ingredientes e utensílios estão disponíveis ou se será preciso substituir algum, checar o passo a passo da receita. Pois bem, neste capítulo apresento tudo o que preparei para olhar, ver, registrar, analisar e entender a pesquisa.

O QUE JÁ FOI PRODUZIDO SOBRE O TEMA?

O resultado desse levantamento[*] confirmou a percepção inicial de que esta pesquisa articula abordagens ainda pouco exploradas no Turismo, mas não se restringe a ele. Embora as bibliotecas comunitárias sejam muito mais conhecidas e reconhecidas na cena cultural e política do país hoje do que na década passada,

---

[*] Foi realizado o levantamento de teses e artigos em sites acadêmicos (Google Scholar, Scielo, Agência USP de Gestão da Informação – AGUIA, Plataforma Sucupira, Periódicos da Coordenação de Aperfeiçoamento de Pessoal de Nível Superior – CAPES), a partir da combinação de termos correlatos ao estudo: turismo e bibliotecas, turismo em bibliotecas, bibliotecas e mobilidades; e dois termos isoladamente: mobilidades turísticas e bibliotecas comunitárias.

esse desempenho não se reflete de forma proporcional na academia – ainda mais quando analisadas à luz das mobilidades e nas interfaces com o Turismo.

A entrada das bibliotecas comunitárias no espaço acadêmico é recente: data dos anos 2000[8] e não responde à diversidade de ações que nelas ocorrem. As pesquisas seguem concentradas na área de Biblioteconomia e Ciências da Informação.[9] Geralmente são os/as ativistas das próprias instituições que registram suas trajetórias na graduação, extensão e pós-graduação, com pesquisas sobre a história, a memória e as práticas de suas bibliotecas[10] ou em publicações independentes ou apoiadas por investidores sociais, como é o caso da Rede Nacional de Bibliotecas Comunitárias (RNBC), da qual faço parte.

É exemplo disso a pesquisa *Bibliotecas comunitárias no Brasil, impacto na formação de leitores*, conduzida por uma equipe multidisciplinar* composta por representantes de uma organização social, e publicada com o nome *O Brasil que lê: Bibliotecas comunitárias e resistência cultural na formação de leitores*. Para a discussão pretendida aqui, esse trabalho ofereceu importante subsídio, ao contrapor dados sobre hábitos de leitura àqueles do mercado editorial que, por sua vez, reforçam o imaginário do Brasil como um país que lê pouco, lê mal e não gosta de leitura.

---

* A pesquisa Bibliotecas comunitárias no Brasil: impactos na formação de leitores foi coordenada pelo Centro Cultural Luiz Freire (CCLF) em parceria com o Centro de Estudos em Educação e Linguagem – (CEEL) da Universidade Federal de Pernambuco (UFP) e o Grupo de Pesquisa Bibliotecas Públicas no Brasil (GPBP) da Universidade Federal do Estado do Rio de Janeiro (UNIRIO). Os pesquisadores/as foram os/as mediadores/as de leitura da Rede Nacional de Bibliotecas Comunitárias (RNBC). O apoio técnico e financeiro para a pesquisa e publicação dos resultados foram provenientes do Programa Prazer em Ler, do Instituto C&A (PPL/IC&A) e da Fundação Itaú Social.

A pesquisa de Machiavelli e Brignol[11] corrobora essa nova percepção, ao apresentar como a internet potencializou novas formas de conexão com o ambiente da leitura, permitindo que jovens interajam com seus autores e autoras favoritos, acompanhem as indicações de *booktubers*,[*] compartilhem suas leituras, se conectem com outros leitores/as, deem um sentido à realidade e se constituam como leitores/as. Oferece, ainda, elementos para a análise dos fatores que ampliam o envolvimento de jovens com a literatura e a mobilidade decorrente dessa aproximação. A antropóloga francesa Michèle Petit, ao ouvir dezenas de jovens de áreas periféricas, destaca a importância de mediadores/as de leitura (educadores/as, bibliotecários/as) e dos livros na superação de processos de exclusão.[12]

No levantamento sobre "mobilidades", foi possível observar que, no Brasil, embora o PNM seja abordado de forma interdisciplinar, há certa concentração nos estudos de temas relacionados a transportes e algumas contribuições teóricas à leitura das mobilidades turísticas em território urbano, onde a vida cotidiana e o turismo se misturam.[13] Os estudos de Aderaldo (2019) sobre "Mobilidade urbana e juventude", embora não abordem as bibliotecas comunitárias, tratam de diferentes modalidades de ativismo cultural e do uso tático que os jovens fazem das ferramentas tecnológicas, gráficas e comunicativas para que suas vozes ecoem para além de seus territórios.

As práticas e pesquisas sobre "turismo e bibliotecas" ou "turismo em bibliotecas" estão voltadas quase que exclusivamente

---

* *Booktubers* são leitores(as) especialistas ou não na área da leitura, os quais, nos anos 2000, passaram a ocupar as redes sociais – inicialmente o YouTube e depois o Facebook, o Instagram e outras plataformas – com vídeos sobre livros. Há indicações literárias a análises de obras e aulas de literatura com foco em obras recorrentes em processos de seleção para a universidade.

às bibliotecas públicas de cidades históricas ou bibliotecas privadas de cânones literários e personalidades, relacionadas ao "turismo literário" como uma categoria.* Não há estudos sobre as bibliotecas comunitárias como atrativos turísticos, sobre a hospitalidade das bibliotecas, e tampouco sobre o papel mobilizador desses equipamentos culturais localizados nas bordas das cidades. Parece pouco visível aos diferentes setores da área, entre eles o acadêmico, a mobilização de pessoas, objetos, ideias, imagens e imaginários, que as bibliotecas comunitárias proporcionam.

PESQUISA BIBLIOGRÁFICA: EM BUSCA DE RESPOSTAS E DE NOVAS PERGUNTAS

Uma vez que a análise das relações entre turismo, mobilidade e literatura a partir da Biblioteca Comunitária Caminhos da Leitura, de Parelheiros/SP, foi definida como objetivo principal da pesquisa, o arcabouço teórico do PNM pareceu o mais adequado à abordagem das mobilidades desencadeadas pela BCCL e das possíveis imbricações entre as três áreas.

Por trazer um olhar novo ao Turismo, o PNM requer pesquisas inovadoras, com "métodos móveis", isto é, capazes de captar movimentos materiais e imateriais. Dessa maneira, optou-se por uma combinação de métodos que, entre outros traços, considera a dimensão afetiva das vivências estudadas, a imersão e os movimentos das trajetórias individuais e coletivas sobre as quais se reflete. Essas características eram afins àquelas da pesquisa participante.**

---

* Conferir os artigos de Denise Salvador e Maria Manuel Baptista (2011), de Caué Capillé e Camille Reiss (2019) e Nayana Schamberlain e Juliana Teixeira (2018) citados na Bibliografia.

** Para Sheller e Urry (2006), a pesquisa social deve estar mais

Por não haver obras relacionadas diretamente aos termos "literatura e mobilidade", mobilizei o repertório literário acumulado ao longo de minha trajetória como educadora e combinei-o à consulta a especialistas em literatura e formação de jovens leitores/as –, obras que de alguma forma tocassem no tema.[*] Embora sejam muitos autores/as a fazer parte do campo teórico desta pesquisa, três obras de Petit (2009, 2010 e 2013) foram priorizadas para a análise das relações entre "literatura e mobilidades". A escolha se justifica por três principais razões: são trabalhos amplamente disseminados no Brasil entre os que atuam na área do livro e da leitura; os sujeitos pesquisados são jovens leitores/as frequentadores/as de bibliotecas (incluindo jovens brasileiros) e utilizam léxico correlato a mobilidade, viagem, turismo e leitura ainda não explorados em estudos acadêmicos. Ao analisar as novas perspectivas de relação entre os jovens e a leitura, Petit (2009) utiliza 34 termos relacionados a movimento, conforme descritos em *Mobilidades, turismo e leituras: O quadro teórico da pesquisa.*

---

atenta à dimensão afetiva de seus temas, condição para que se consiga acolher as viagens imaginativas e a atmosfera que as envolve, conteúdos facilitados pela literatura.

* Foram importantes os textos que relacionam literatura e viagens metafóricas (MANGUEL, 2017), o direito humano à literatura (CANDIDO, 2004), a literatura e a experiência como superação de imobilidades (LARROSA, 2012; MONTES, 2020), o direito à narrativa e o domínio da palavra como campos de disputa e movimento (BÉRTOLO, 2012), a leitura como possibilidade de transformação do mundo, produção de mudanças e mobilidades (CASTRILLÓN, 2013) e por fim, a leitura literária como "veículo" que move o leitor entre o espaço íntimo e o espaço público, possibilitando a superação de imobilidades geográficas e simbólicas (PETIT, 2009, 2010, 2013).

A narrativa que envolve a criação, localização e gestão da Biblioteca Comunitária Caminhos da Leitura pode ter sido o motivo para que, no período de 2009 a 2020, ela recebesse um volume significativo e diversificado de visitantes (ativistas, autores/as, gestores/as públicos, estudantes, pesquisadores/as, investidores/as sociais) da cidade de São Paulo, de outras cidades e países.

Com os/as visitantes (pessoas), chegaram, partiram e tornaram a circular adiante objetos (livros, móveis, equipamentos, objetos de arte), informações (sobre eventos, financiamentos, práticas de leitura), ideias (de novos projetos, sobre o fazer literário), imagens (de bibliotecas, leitores, centro, periferia) e imaginários (novas narrativas).

Embora uma análise quantitativa dos fluxos de pessoas e recursos (materiais e financeiros) pudesse oferecer por si só dados interessantes, os métodos qualitativos pareceram os mais adequados ao estudo proposto, por favorecerem a coleta de relatos sobre trajetórias físicas e metafóricas, individuais e coletivas, e iluminar o que há de comum e de singular no relatado, dirigindo o olhar para um campo ainda inexplorado nos estudos sobre bibliotecas comunitárias: as mobilidades turísticas e literárias. Assim, fez-se desta uma pesquisa aplicada, amparando-se em métodos e técnicas qualitativos tradicionalmente utilizados quando se pretende a exploração mais profunda de uma experiência olhada "de dentro para dentro".[14]

Para a coleta de dados empíricos foram escolhidos e desenvolvidos diferentes métodos qualitativos e contou-se com o envolvimento dos/as jovens e das gestoras do IBEAC. Cada uma das etapas concomitantes, bem como os métodos e técnicas utilizados, são descritos a seguir:

A. PESQUISA DOCUMENTAL: NOSSOS PASSOS VÊM DE LONGE

O IBEAC cultiva, ao longo de sua história, o cuidado com a preservação de sua memória. Atuando na instituição desde 1997, participei de sua prática de registro (diários e relatórios escritos, vídeos e publicações), acrescentando-a às minhas próprias memórias e produção. Assim, para além de suas memórias e registro (seis relatórios no total), das memórias dos jovens e das demais gestoras do IBEAC, recolhi e analisei os registros pessoais (cadernos de anotações, fotografias, postagens em redes sociais), portfólio da BCCL elaborado para apoiadores e um Trabalho de Conclusão de Curso (TCC) sobre a Biblioteca (*Na biblioteca, o tamanho dos sonhos*).

B. GRUPO FOCAL: CÍRCULO DE MEMÓRIAS E HISTÓRIAS[*]

Desta forma, foram importados dados do Círculo de Cultura, grupo mediado em outubro de 2018 por Valdirene Rocha, uma das formadoras do IBEAC e que representa a BCCL e a Rede LiteraSampa na Rede Nacional de Bibliotecas Comunitárias (RNBC). A partir do *mailing* da biblioteca, a mediadora e os/as jovens organizaram e enviaram convites a potenciais participantes. O círculo contou com a presença de 21 pessoas, entre jovens fundadores/as da biblioteca, vizinhos/as, formadores/as, parceiros/as e gestoras do IBEAC, os quais assinaram a autorização do uso de suas falas e imagens. O roteiro propunha aos/às participantes recontar, por meio de fotografias e microcontos, a história da biblioteca. O material foi sistematizado para integrar uma publicação nacional (*no prelo*).

---

[*] Grupo focal é um método qualitativo utilizado quando se acredita que a interação entre os sujeitos é tão ou mais importante que as respostas individuais. Nesta pesquisa, interessava ouvir e considerar as histórias e memórias que não haviam sido captadas pelos meios de comunicação oficiais ou que ainda não eram palavras escritas.

Parte dele foi incorporada à seção *Uma biblioteca para chamar de nossa: A Biblioteca Comunitária Caminhos da Leitura (BCCL).*

Na realização do Círculo de Cultura, os/as jovens trouxeram conteúdos correlatos aos significados das viagens e das leituras, individuais ou coletivas, em suas vidas. Tinham entre 13 e 16 anos quando fundaram a biblioteca, em parceria com o IBEAC, e realizaram seus primeiros deslocamentos e viagens. Avaliou-se ser importante saber um pouco mais dos jovens que não estão mais no cotidiano da BCCL: os sentimentos (positivos ou negativos) que a biblioteca lhes despertou e desperta, qual relação mantêm com ela, com a leitura e as viagens, que biblioteca deixaram e hoje encontraram.

C. QUESTIONÁRIO ELETRÔNICO PARA OS VISITANTES: AS PERCEPÇÕES DE QUEM VISITOU A BCCL

O questionário *Parelheiros, idas e vi(n)das*[*] passou pela leitura do grupo por 30 dias, e durante dois encontros de formação dos/as jovens foram feitos sugestões e ajustes. Chegou-se a 35 questões e, com o apoio de uma das gestoras do IBEAC para sua formatação num formulário eletrônico, ele foi enviado a 10 pessoas para pré-teste.

A princípio, foi mandado para pessoas cujo preenchimento se desejava assegurar, para garantir a diversidade de percepções de visitantes, desde a criação da biblioteca: representantes de instituições parceiras (locais, externas – nacionais e internacionais); apoiadores financeiros (ativos ou não), escritores/as, ativistas da

---

[*] Trata/se de um questionário com perguntas fechadas e abertas com a finalidade de captar as percepções que visitantes têm da BCCL. Com ele, foi possível constituir um perfil dos visitantes e construir uma cartografia dos fluxos dos movimentos de pessoas, objetos, ideias, imagens, imaginários gerados de e para a BCCL e Parelheiros. A coleta ocorreu entre 17/11/2019 e 21/02/2020.

área do livro, leitura e bibliotecas; pesquisadores/as; representantes de coletivos; representantes de organizações sociais.

Foram coletadas 78 respostas. A partir desse primeiro levantamento, estratégias complementares foram adotadas: disponibilização do link para o questionário nas redes sociais, precisamente no perfil do Facebook e do Instagram da pesquisadora; "marcação" de pessoas (recurso disponível nessas redes sociais) feita pelos /as jovens, pelas gestoras do IBEAC e por alguns respondentes; envio por WhattsApp, feito por todos /as envolvidos na pesquisa e por parceiros/as. O processo durou quatro meses. No total, foram coletadas 168 respostas válidas (11 em espanhol, 16 em inglês e 141 em português) garantindo-se o tratamento dos dados apenas de forma coletiva, sem identificação dos respondentes.

A sistematização das respostas e a pesquisa documental tornou possível a análise do movimento dinâmico dos/as jovens da BCCL, das gestoras, dos/as visitantes, autores/as, ativistas, apoiadores/as, turistas, dos livros, das histórias, da biblioteca, das inter-relações que modificaram as mobilidades e imobilidades em Parelheiros. Quando ocorreu o movimento? O que ou quem se moveu? Em qual ou quais sentidos? Em qual ritmo e velocidade? Qual ou quais os resultados/desdobramentos do movimento? Essa análise permitiu observar as nuances das mobilidades de atores, objetos, ideias, informações, imagens e a "interdependência fluida" entre elas.

D. QUESTIONÁRIO ELETRÔNICO PARA OS JOVENS E GESTORAS DA BCCL E DO IBEAC: OS MOVIMENTOS A PARTIR DA BCCL

Para a identificação dos movimentos das pessoas e objetos que constituem a biblioteca e de como ela também se move e se modifica, criou-se uma planilha – *#De Parelheiros para o mundo*. Nela, foram registrados elementos relacionados ao movimento: *quem* (da BCCL se moveu), *com quem se encontrou* (agentes institucionais), *local do encontro* (bairro/cidade da instituição ou do evento), *motivos do encontro* (entrega/recepção de objetos, recursos materiais, informações, ideias). Passados oito meses, havia apenas 74 respostas; sendo assim, decidiu-se, a partir dos dados disponíveis, fazer um novo questionário de múltipla escolha), o qual listava 152 instituições que haviam estado presentes na BCCL, para que os cinco jovens e seis gestoras da biblioteca respondessem se tiveram e que tipo de relacionamento tiveram com cada instituição: *encontrou* (na BCCL ou outro lugar) ao menos uma vez; *visitou* ao menos uma vez; visitou para *apresentar* a BCCL; *desenvolveu alguma ação, iniciativa* ou *projeto de leitura; desenvolveu outras ações, iniciativas* ou *projetos* (que não sejam de leitura).

Com este levantamento, foram identificados[*] e descritos os movimentos realizados pelo IBEAC e pela BCCL no período de 2008 a 2020, assim como foram identificadas para quais direções as leituras, viagens, pessoas, objetos, informações, ideias e imagens têm levado os/as jovens, as gestoras, a biblioteca, o IBEAC e os/as visitantes de Parelheiros.

E. REGISTRO E ANÁLISE SIMPLES DE CONTEÚDOS VEICULADOS NA MÍDIA: A BCCL EM MANCHETE

Considerando o período de 2012[**] a 2020, foi feita uma planilha para registro das matérias e postagens sobre a BCCL em mídias

---

[*] Com a utilização do software NVivo, procurou-se visualizar os movimentos feitos pelos/as jovens e pelas gestoras, e analisar os resultados/desdobramentos desses movimentos, captando a atenção de novos atores e impulsionando a mobilidade de pessoas, objetos, imagens e imaginários.

[**] O primeiro registro de menção na mídia sobre a Biblioteca Comunitária Caminhos da Leitura localizado por nós data de 2012. Há uma matéria impressa não localizada, anterior a esse período, publicada no jornal alemão *Brasil Post*, que já encerrou suas atividades.

sociais e sobre o IBEAC em Parelheiros, fossem elas matérias espontâneas ou agendadas pelas agências de comunicação. Iniciou-se com levantamento em ambiente digital, utilizando os seguintes descritores, e nesta ordem: IBEAC; Biblioteca Comunitária Caminhos da Leitura; Escritureiros; Bel Santos Mayer; Sidineia Chagas; Bruno Souza (Bruninho); Ketlin Santos e Rafael Simões, participantes mais assíduos em eventos externos.

Até 9 de outubro de 2020, haviam sido coletadas 589 matérias. O *clipping* da BCCL, gerado com o registro das aparições na mídia e redes sociais, é utilizado de forma complementar ao "olhar dos/as visitantes" expresso no questionário eletrônico, sem que haja um exame aprofundado da linguagem utilizada ou dos conteúdos.

Foram filtrados ano a ano, de 2012 a 2020, os títulos das manchetes e incluídos do site *wordclouds.com* para a geração de uma nuvem de palavras, a fim de identificar aquelas utilizadas para mencionar a BCCL, o IBEAC e os projetos desenvolvidos em Parelheiros e, finalmente, analisar como os projetos e a organização são descritos ao longo dos anos. Foram retiradas as conjunções e datas para melhor entendimento.

De forma livre, foram avaliados a imagem e o imaginário da BCC e de Parelheiros que viajam pelos meios de comunicação, nas palavras de quem caminhou fisicamente por suas salas ou o fez pelas narrativas dos/as jovens e gestoras. Esses dados associados à análise dos fluxos das idas e vi(n)das de/para Parelheiros, permitiram extrair a "interdependência fluida" entre as mobilidades dos sujeitos e das imagens e imaginários. A análise coletiva dos dados tornou possível confrontar, com os envolvidos no projeto, o quanto esse imaginário coincide, ou não, com a biblioteca que construíram, para assim planejar a direção das ações.

F. QUESTIONÁRIO ABERTO E ENTREVISTA SEMIESTRUTURADA: OS/AS JOVENS E SEUS ITINERÁRIOS DE LEITURAS E VIAGENS

Foram levantados os dados relativos ao lugar que as viagens e os livros ocuparam e ocupam na mobilidade de cinco jovens que fundaram a BCCL ou que nela atuam há mais de cinco anos:* Bruno, Ketlin, Rafael, Sidineia e Silvani. Outros cinco jovens que atuaram na BCCL por no mínimo cinco anos e que não fazem mais parte do cotidiano da mesma (Eduardo, Rodrigo, Roger, Renan, Tamiris) foram convidados a responder exclusivamente o questionário.

O roteiro elaborado sugeria que eles construíssem, individualmente e de forma gráfica (geográfica ou fantástica), seus itinerários leitores, destacando alguns momentos: registro do ponto de partida, as motivações para participar da biblioteca, a frequência e ritmo de atuação nesses anos, os obstáculos encontrados (fricção), o saldo da experiência (os pontos de chegada), três livros importantes para sua vida, um livro que deu de presente para alguém (Quando? Para quem? Por quê?), três fotografias importantes relacionadas à biblioteca, as viagens que fez (o que levou, o que trouxe de material concreto e simbólico) e, por último, a resposta à pergunta: "Que biblioteca você é?"

Parte das solicitações foi alterada no percurso. Os dois grupos (atuantes e não atuantes) tiveram muita dificuldade em construir um mapa. Ainda que na consigna estivesse explícita a possibilidade de criação de mapas imaginários, ficaram presos

---

* A definição de cinco anos como prazo mínimo de vivência na BCCL se deu por se tratar de metade do tempo de existência da biblioteca, e também pelo fato de cinco anos ser considerado um marco no ciclo profissional de um jovem, para a construção de autonomia (Cf. os textos de HUBERMAN, 2000 apud FERNANDEZ; MACHADO; ROSA, 2018, p. 84).

à representação geográfica dos itinerários e, com pouca habilidade cartográfica, não atenderam à demanda. Apesar de várias tentativas, não foi possível entrevistar uma das jovens que teve atuação destacada na biblioteca: graduada em Letras e atualmente trabalhando no setor do livro e da leitura, respondeu simpática e afirmativamente aos convites, mas nunca encaminhou sua resposta. Dois jovens ex-atuantes (Renan e Roger) pediram que a entrevista fosse apenas oral, pela dificuldade que tinham de expressar por escrito seus sentimentos em relação ao projeto. Esses pedidos, obviamente, foram respeitados. Para Renan e Roger, foram feitas apenas quatro perguntas, voltadas ao significado da biblioteca em suas vidas. Diante da impossibilidade de encontros pessoais, optou-se por entrevistas pela plataforma Hangouts e Zoom. Apenas Renan respondeu por WhatsApp.

A partir da análise do conteúdo das entrevistas foi possível estabelecer frequências, correlações e codificação entre termos e imagens, possibilitando uma melhor visualização dos dados e identificação das 50 palavras que mais se repetiam.

[QUADRO I]

PALAVRAS-CHAVE DAS MOBILIDADES DO TURISMO E DA LEITURA

Nome	Definição	Palavra-chave
Leituras	Contato com obras e textos literários: livros lidos, autores, trechos de livros citados nas entrevistas. Letramento literário	Leituras
Objetos	Objetos que se movem com as pessoas: objetos pessoais carregados em viagens (ida e/ou volta), doados ou comprados para a biblioteca. Materializações das mobilidades dos objetos	Objetos

Nome	Definição	Palavra-chave
Planos	Desejos, sonhos, motivação, projetos pessoais e coletivos, planos	Planos
Imagi-nação	Viagens simbólicas, ideias e imaginários	Imagi-nário
Direito	Direito à mobilidade, direito de ler livros prescritos, ignorados ou censurados. Justiça de mobilidade	Justiça
Ritmo	As percepções sobre os deslocamentos pessoais no tempo e no espaço: o ritmo da leitura, os ciclos de formação individual e coletiva	Ritmo
Identi-dade	Identidade, identificação, referências, inspirações, modelos	Identi-dade
Dificul-dades	Dificuldades, obstáculos, restrições, fricções, injustiças relacionadas às mobilidades/oportunidades de se mover	Fricções
Viagem	Descolamentos físicos na cidade de São Paulo e viagens para cidades de outros estados e países	Viagem
Desloca-mentos	Movimentos e deslocamentos feitos (pelos jovens, gestoras e visitantes) na e para a biblioteca, no bairro, na cidade de São Paulo e de outros estados e países. Refere--se, também, às oportunidades vividas no universo do livro, leitura e bibliotecas	Mobili-dades

FONTE: ELABORAÇÃO PRÓPRIA (2020)

De pior lugar para se viver a melhor lugar para se nascer

São Paulo, 05 de dezembro de 2020.

Sábado. Hoje, na Capital, haverá sol com muitas nuvens durante o dia. Períodos nublados, com chuva a qualquer hora. Temperatura – Mínima: 18°; Máxima: 25°. Qualidade do ar: média. O sol nasce às 05h11 e se põe às 18h43.
A lua é cheia.
RUFFATO, Luiz. *Eles eram muitos cavalos.*

É tudo São Paulo: De Pinheiros a Parelheiros

Para falar de Parelheiros, foi importante refazer o caminho da sede do IBEAC, na Av. Dr. Arnaldo, 2083, em São Paulo, até a BCCL, Rua Sachio Nakao, 21, em Parelheiros. Foi preciso também fazer um caminho no tempo, voltando algumas décadas na história da capital paulista, para compreender os quase 50 km e as cercas que separaram o bairro de Pinheiros de Parelheiros. Foi inevitável que, pelo caminho, canções se misturassem a poemas, crônicas, falas de personagens e às conversas do entorno. Busquei aqui uma forma diferente da citação regular, para espalhar esses ruídos palavreados, que chegam como águas de outras fontes.[*]

---

[*] As poesias, trechos literários e músicas incluídas como ruídos que

No trajeto, deu-se o encontro com a história de constituição das periferias de São Paulo, da ocupação desordenada do solo por moradias precárias, sem saneamento básico ou outras infraestruturas: um processo de favelização das cidades brasileiras, com raízes no regime colonial, que, na iminência da libertação legal da escravidão (1888), em vez de uma reforma agrária, privatizou o acesso à terra (1850).

> [...] a terra da Fazenda Caxangá, que havia rendido fartura de frutos por toda a sua vida, estava retalhada. Cada homem com desejo de poder havia avançado sobre um pedaço e os moradores antigos foram sendo expulsos. Outros trabalhadores que não tinham tanto tempo na terra estavam sendo dispensados. Os homens investidos de poderes, muitas vezes acompanhados de outros homens em bandos armados, surgiam da noite para o dia com um documento de que ninguém sabia a origem. Diziam que haviam comprado pedaços da Caxangá. Alguns eram confirmados pelos capatazes, outros não.[15]

Nas décadas pós-abolição, além da impossibilidade de ter acesso à terra que deveria ser comprada, outras barreiras foram impostas aos "novos cidadãos": passavam a ser contratados em sistema "análogo à escravidão*" para seguir trabalhando em ter-

---

atravessam o texto foram registrados com outra fonte e destacados em **bold**, a fim de não confudi-los com as citações diretas, voltadas a elucidar ou fundamentar a ideia da frase que a antecede.

* Embora a escravidão legal tenha sido abolida em 1888, o trabalho em condições "análogas à escravidão" é recorrente no país e foi tipificado pela Lei 10.803/2003 que revisa o Artigo 149 do Código Penal do Brasil (Lei no 2.848/1940). Assim, "trabalho análogo à escravidão" é considerado todo trabalho que submete a pessoa "a trabalhos forçados ou a jornada exaustiva, quer sujeitando-o a condições degradantes de trabalho, quer restringindo, por qualquer meio, sua locomoção em

ras alheias, contraindo altas dívidas com moradia, ferramentas de trabalho e alimentação. Mais tarde, com a expansão da mecanização da agricultura e a intensificação da monocultura de exportação, foram abandonados à própria sorte.

Nos anos 1960 e 1970, caminhões de nordestinos levantaram a poeira vermelha das estradas rumo ao asfalto sudestino. Fugindo da fome e da seca, atraídos e traídos pelo mito do progresso e do sucesso para todos, muitos tiveram que amassar muita lama nas periferias da cidade de São Paulo, tendo por vezes a concessão do direito à ocupação ilegal do solo, sem garantia do direito à cidade.[16]

> Pau de arara, não
> Pau de arara, não.
> É um pobre nordestino
> Fugindo da seca do sertão
>
> A razão de um nordestino
> Arriba lá do sertão
> É que a seca marvada
> Não é brincadeira, não.
>
> [...]
>
> O lugar que a gente nasce
> Tem por ele adoração
> Porém, não arresistindo,
> Põe nas costa o matulão
> Na capital inda há jeito
> Para se ganhar o pão

---

razão de dívida contraída com o empregador ou preposto". Disponível em <tinyurl.com/2s4efytz> (Acesso: 7 jan 2021).

Porque para trabalhar
Num farta disposição
Tem valor um nordestino, Seu moço,
não é pau de arara, não.[17]

O fluxo migratório provocou um aumento da densidade demográfica urbana sem precedentes na história do país, levando ao nascimento e ao crescimento desordenado das grandes metrópoles. Ao estudar o crescente fluxo populacional das áreas rurais para as áreas urbanas brasileiras a partir dos anos 1950, Milton Santos tomou como referência os núcleos com mais de 20 mil habitantes e registrou um salto, em 1940, de 15% do total da população vivendo em áreas urbanas, para 28,43%, em 1950. Com expressivos aumentos a cada década, chegou-se, na de 1980, a mais da metade (51%) da população do país vivendo em "cidades médias".

Em seu estudo, o geógrafo chama a atenção para a necessidade de interpretar com cuidado as séries estatísticas, pois "o número, em momentos distintos, possui significado diferente[18]", são miragens. De fato, hoje não se chamaria de "cidade média" uma aglomeração com 20 mil habitantes. Desde os anos 1980, esse termo faz referência às cidades com 100 mil habitantes e passa-se a considerar, na análise das concentrações urbanas, as cidades que têm entre 100 mil e 750 mil habitantes. De acordo com a Pesquisa Nacional por Amostra de Domicílio (PNAD, 2015), 84,72% da população brasileira vive em áreas urbanas. Na região Sudeste, onde se encontra a cidade de São Paulo, a concentração é ainda maior: 93,14%.

Almoço de negócios
Sem dar vista,
Dois canibais palitam os dentes
Na Avenida Paulista.[19]

É com o surgir da Revolução Industrial, no século xix, que a urbanização, entendida como a tendência à concentração populacional nas maiores cidades, assumirá proporções mundiais, alterando as relações sociais e levando-a às dimensões que conhecemos hoje.[20]

Assim, cabe destacar que "urbanização" conota, ao mesmo tempo, a expansão territorial dos centros urbanos de cidade à metrópole e à megalópole em um contínuo urbano, estendendo suas características morfológicas. Santos destacará o processo de *macrourbanização* e *metropolização* como o fenômeno de importância fundamental aos estudos nas últimas décadas, a partir de algumas características:

> concentração da população e da pobreza (contemporânea da rarefação rural e dispersão geográfica das classes médias); concentração das atividades relacionais modernas (contemporânea da dispersão geográfica da produção física); [...] "involução metropolitana", com a coexistência de atividades com diversos níveis de capital, tecnologia, organização e trabalho; maior centralização da irradiação ideológica, com a concentração dos meios de difusão das ideias.[21]

Aos poucos, a imagem da cidade e dos centros urbanos como o lugar para se "ganhar a vida", como expressão de bem-estar, acolhimento, diversidade em harmonia, funcionalidade, tecnologia e facilidades vai se fragilizando, tornando-se ilusória. João Sette Whitaker Ferreira desmistifica a imagem de São Paulo como "cidade global", ao analisar[22] as marcantes alterações ocorridas na organização de suas atividades econômicas a partir de 1960. Afirma tratar-se mais de uma posição ideológica do que real, uma vez que esse *status* não considera os antagonismos, as desigualdades e a segregação dos bairros.

Tá vendo aquele edifício, moço?
Ajudei a levantar
Foi um tempo de aflição
Era quatro condução
Duas pra ir, duas pra voltar

Hoje depois dele pronto
Olho pra cima e fico tonto
Mas me vem um cidadão
E me diz, desconfiado
Tu 'tá aí admirado
Ou 'tá querendo roubar?

[...]

'Tá vendo aquele colégio, moço?
Eu também trabalhei lá
Lá eu quase me arrebento
Fiz a massa, pus cimento
Ajudei a rebocar
Minha filha inocente
Vem pra mim toda contente
Pai, vou me matricular
Mas me diz um cidadão
Criança de pé no chão
Aqui não pode estudar

Essa dor doeu mais forte
Por que é que eu deixei o Norte?
Eu me pus a me dizer
Lá a seca castigava
Mas o pouco que eu plantava
Tinha direito a comer.[23]

Flávio Villaça, ao analisar os bairros residenciais de algumas cidades, lança perguntas na tentativa de entender a disputa de determinadas classes sociais por alguns espaços: "Qual a razão da segregação? Seria a conveniência de morar perto dos 'iguais'? Seria a busca de prestígio e do *status* social? Seria a preservação dos valores imobiliários?". Na busca de respostas, define segregação como o processo pelo qual diferentes camadas socioeconômicas se concentram crescentemente em determinadas regiões da metrópole. Destaca como mais conhecido padrão de segregação a oposição entre centro e periferia:

> O primeiro, dotado da maioria dos serviços urbanos, públicos e privados, é ocupado pelas classes de mais alta renda. A segunda, subequipada e longínqua, é ocupada predominantemente pelos excluídos. O espaço atua como um mecanismo de exclusão.[24]

O geógrafo francês Jacques Lambert definiria o país dos Racionais MC's (2002) como "dois Brasis" que estariam unidos por "uma nacionalidade brasileira", que afastaria o "imenso império português da América" de qualquer risco de "separatismo nacionalista".[25] Para Lambert, o Brasil desenvolvido e moderno caminharia de forma harmônica com o Brasil arcaico e rural, mesmo que separados um do outro por diversos séculos. Em síntese, uma aposta desenvolvimentista que contaminaria, se não a prática, ao menos os discursos de muitos especialistas e gestores públicos.

Nós aqui, vocês lá, cada um no seu lugar
Entendeu? Se a vida é assim, tem culpa eu?
Se é o crime ou o creme, se não deves não teme
As perversa se ouriça, os inimigo treme
E a neblina cobre a estrada de Itapecirica
Sai, Deus é mais, vai morrer pra lá zica

Não adianta querer, tem que ser, tem que pá
O mundo é diferente da ponte pra cá.[26]

O aumento não planejado – ao menos não formalmente – da densidade demográfica da cidade, a incapacidade de absorver e de integrar um número sempre crescente da população, ampliou a estratificação social e as áreas constituídas por habitações populares. Ao longo das últimas décadas, políticas municipais, estaduais e federais buscaram reduzir o déficit habitacional no país, mas, ainda assim, as discrepâncias na qualidade urbana e de vida no interior das metrópoles segue gritante. Uma heterogeneidade que desencadeou tradicionais distinções entre centro e periferia, ainda que as áreas periféricas e depreciadas venham se expandindo por áreas classificadas como bairros das classes altas e média, chegando a se misturar com elas e a criar uma nova configuração urbana: uma heterogênea continuidade de tipos de arquitetura e de modos de habitar.

Todavia, apesar dessa contiguidade, são notáveis e extremas as distinções entre as áreas habitadas pelas massas economicamente excluídas e aquelas onde vivem os que ocupam o topo da pirâmide social da cidade. Entre a Av. Dr. Arnaldo e a Rua Sachio Nakao há casarões, luxuosos edifícios, lustrosas torres corporativas, grades, casas improvisadas nas calçadas e praças, conjuntos habitacionais, casinhas com quintal, cercas, casebres, barracos, sítios, chácaras.

Alguma coisa acontece no meu coração
Que só quando cruza a Ipiranga e a avenida São João
É que quando eu cheguei por aqui eu nada entendi
Da dura poesia concreta de tuas esquinas
Da deselegância discreta de tuas meninas

[...]

Quando eu te encarei frente a frente não vi o meu rosto
Chamei de mau gosto o que vi, de mau gosto, mau gosto
É que Narciso acha feio o que não é espelho
E à mente apavora o que ainda não é mesmo velho
Nada do que não era antes quando não somos mutantes

E foste um difícil começo
Afasto o que não conheço
E quem vende outro sonho feliz de cidade
Aprende depressa a chamar-te de realidade
Porque és o avesso do avesso do avesso do avesso.[27]

De acordo com o censo de 2010, 11,4 milhões de brasileiros vivem em "aglomerados subnormais", para utilizar um termo genérico do Instituto Brasileiro de Geografia e Estatística (IBGE) para assentamentos irregulares como favelas, invasões, grotas, baixadas, comunidades, vilas, ressacas, mocambos, palafitas, entre outros. Metade destes (49,8%) está na região Sudeste. Na metrópole paulistana, chega-se a mais de dois milhões de habitantes morando em favelas – a maior parte delas na Zona Sul (Campo Limpo, M'Boi Mirim e Cidade Ademar) –, em moradias com falta de pelo menos um dos três serviços básicos de saneamento: água, esgoto e energia elétrica.

Ainda que várias pesquisas apontem para um subdimensionamento destes dados, de acordo com Maricato "por falhas metodológicas ou ainda por uma dificuldade óbvia de conhecer a titularidade da terra sobre a qual as favelas se instalam",[28] é paradoxal que na cidade mais rica do país se viva em condições habitacionais tão desiguais. Segundo a autora, para analisar esse contexto é preciso considerar as raízes coloniais de um país que segue refém da dominação externa e que internamente nunca rompeu com as formas de dominação pautadas no patrimonialismo e manutenção dos seus privilégios, levados da esfera privada para a pública.

13 de dezembro de 1958... **A nortista começou a queixar-se que os seus filhos vão voltar para o interior porque não encontram serviço aqui em São Paulo. Vão colher algodão. Fiquei com dó da nortista. Eu já colhi algodão. Fiquei com dó da nortista.**[29]

A industrialização brasileira e da cidade de São Paulo contou com uma "reserva de mão de obra" barata, assegurando de forma confortável o pagamento de baixos salários, insuficientes ao custeio de condições dignas de moradia. O crescimento econômico observado no país no período de 1940 a 1980 não alterou a desigualdade social existente. E assim, a recessão econômica nas décadas 1980 e 1990, "sobre uma sociedade já desigual, aprofundou a exclusão social".[30]

Para Ferreira, a elite brasileira tratou de assegurar sua hegemonia interna, oferecendo mão de obra barata para as multinacionais "utilizando para isso do seu controle sobre o próprio Estado",[31] que, por sua vez, não garantiu qualquer condição de infraestrutura urbana ou de moradia. Assim, com a intensificação da migração rural-urbana, "agravada pela ausência de uma reforma agrária, estourava a demanda habitacional, e cresciam de forma inexorável os bairros periféricos",[32] os bairros dormitórios. O país "importava" as empresas, mas não as medidas adotadas em seus países de origem para assegurar condições de bem-estar aos trabalhadores, como moradia, entendendo que isso causaria um aumento do custo de reprodução da classe trabalhadora. Dessa forma, decidiu que:

A "melhor" política habitacional, no contexto do subdesenvolvimento brasileiro, era a da não política habitacional". Daí decorre o forte suporte à cultura da "casa própria" nas políticas habitacionais, em especial durante o regime militar, no âmbito do Sistema Financeiro de Habitação – SFH. A casa própria, ao contrário da locação social, maciçamente adotada nos estados do

Bem-Estar Social, desonerava o Estado de produzir e financiar o parque habitacional de baixa renda, e ajudou a sustentar, pelo seu recorte privatista (Maricato, 1996), o milagre econômico, por meio dos grandes contratos com as empresas de construção civil. Esta foi uma das razões pelas quais a política habitacional brasileira desviou-se para beneficiar a população acima de cinco salários mínimos, e não a população realmente pobre que, dado o modelo econômico de intensa concentração da renda, não parava de crescer. O déficit habitacional, que já era significativo, ampliou-se ainda mais a partir da década de 1970.[33]

Ainda de acordo com Ferreira, São Paulo – que já exercia uma posição de destaque no país colonial como "capital da economia cafeeira" –, nos anos 1990, com a "globalização econômica, caracterizada pela desregulamentação dos mercados financeiros e a ascendência das finanças",[34] passa a ser anunciada como "cidade global". Especialistas avaliavam que a única "salvação" para a cidade, pós-recessão, seria construir-se como cidade de tecnologia de ponta para alcançar o desenvolvimento. Nessas análises, São Paulo, em vez de se tornar obsoleta, seguiria no centro, garantindo, de um lado, o "alto grau de especialização do emprego, em negócios e serviços financeiros", atividades terciárias "de ponta" em apoio a empresas globalizadas e o turismo de negócios e, de outro, atividades de baixa qualificação e remuneração para garantia da parte logística de limpeza e segurança.

O mito da "São Paulo cidade global", então, ganhou força.[35] No entanto, tratou-se de uma "globalidade parcial", que alcançou apenas uma parcela da cidade. Uma globalidade indiferente "às desigualdades sociais e espaciais", que contaria com concessões como a de Ablas, que classificou São Paulo como uma "cidade-mundial", mesmo que situada "na semiperiferia do sistema capitalista mundial, concentrando, por isso mesmo, 'o que existe de melhor e de pior na sociedade brasileira'".[36] Defensor da ideia de parcial globalidade de São Paulo, Koulioumba reconhece o crescimento das desigualdades sociais e destaca as "ilhas de excelência globalizadas"[37] equiparáveis a outros países do Hemisfério Norte. Com estes olhares, foi se conformando um imaginário de São Paulo como uma "metrópole híbrida" que vive os conflitos e dualidades resultantes das segregações espaciais e desigualdades no acesso aos direitos.

> *I – Torre de Babel*
> **Eles ergueram a torre de Babel**
> **Bem na Praça Antônio Prado.**
> **O esqueleto de aço cobriu-se de carne**
> **[de cimento]**
> **E as vigas e guindastes**
> **Eram braços agarrando estrelas**
> **Para industrializá-las em anúncios comerciais.**[38]

Desde 2008, percorrendo a Marginal Pinheiros para chegar a Parelheiros, vimos de perto o que as revistas e jornais anunciavam sobre as metamorfoses da Zona Sul especialmente, das avenidas Nações Unidas e Engenheiro Luiz Carlos Berrini: dispersão de uma cidade corporativa, sobre o Vetor Sudoeste, com seus grandes prédios comerciais, expansão das linhas de trem e metrô, estilos de vida importados.

A Marginal Pinheiros passa a ser o novo cartão postal da cidade, convidando novos aventureiros para São Paulo, ignorando aqueles que estão à margem, para além do Rio Pinheiros: à margem da cidade. Estes últimos viriam depois com um incremento habitacional na região. Afinal, quem é que limparia tantas vidraças? Quem seriam os ascensoristas dos grandes edifícios? Em Parelheiros, vão se concentrar as aldeias indígenas e aqueles trabalhadores que não conseguiram se integrar ou que se tornaram a mão de obra barata de reserva para os prédios da Avenida Berrini.

Enquanto isso, nos fundões da Zona Sul, no distrito de Parelheiros, era possível ver de perto o Brasil colonial, o Brasil das aldeias indígenas, da população negra desterrada, dos nordestinos migrantes seguindo a miragem da "cidade global", da "cidade do sucesso": um Brasil invisibilizado. Para Ferreira, a elite paulistana prefere seguir ignorando a realidade urbana. As "ilhas globalizadas" fingem não ser de sua responsabilidade o oceano de desigualdades onde estão assentadas:

> Acreditar na lógica capitalista liberal, tão em voga entre urbanistas, pela qual essas "ilhas" poderiam gerar sinergias econômicas decorrentes das atividades privadas capazes de alavancar o desenvolvimento econômico da cidade toda, é insistir no falso-modelo do "crescer o bolo para depois distribuir", dando mostra de profundo (mas proposital) desconhecimento quanto às causas estruturais do nosso subdesenvolvimento.[39]

O autor analisa e questiona as características atribuídas às "cidades globais" como suficientes para sustentar as aparências, uma ideologia que atende aos interesses dominantes. Talvez essa ideologia explique o porquê de muitas pessoas chegarem a Parelheiros achando que seria uma situação transitória, algo com que se contentar até que pudessem melhorar a vida e partir para um lugar mais perto do centro, mesmo que isso significasse apenas alguns minutos a mais na cama e maior segurança para preencher o campo "endereço" na busca por vagas de trabalho cada vez mais escassas.

1. uma fotografia que alguém tirasse fixando esse exato instante em que me preparo para partir em busca do meu destino, sem saber se um dia conseguirei voltar para rever meus parentes,

reverenciar os mortos, saudar os vivos, já antevendo os obstáculos com que vou me deparar até talvez alcançar um ponto em que me torne visível, motivando o orgulho da minha família, captaria a tristeza dos meus olhos nublados, mas não os relâmpagos que incendeiam minha cabeça: será a vida isto? (...) e amanhã quando acordar, estarei numa cidade estranha, entre gente estranha, aprendendo, a cada nascer do sol, a desmanchar os fios do que fui e a tecer a história do que vou ser, solitariamente emaranhado em lembranças que mantêm meus pés enterrados no passado quando meus braços se arremetem náufragos à frente.[40]

Uma das características das cidades-globais é que elas emergem da transformação do sistema produtivo – e portanto, das relações socioespaciais, especialmente a partir da decadência das indústrias. Para Ferreira, isto não é exatamente o que vem acontecendo com São Paulo: há uma "descentralização das indústrias da cidade de São Paulo, espalhando-se por cidades vizinhas, mas não necessariamente uma transição da indústria para os serviços".[41] Portanto, trata-se de um equívoco afirmar que a região da Berrini faz parte de uma transição da industrialização para o setor terciário, uma vez que nos últimos 25 anos não se registram indústrias naquela região.

Fix, em outro estudo,[42] demonstra como a ação da especulação imobiliária estrutural influencia e modifica as estruturas socioespaciais para agregar valor à propriedade privada da elite. Foi assim no caso da Berrini: uma área de várzea, inundada, com um bairro residencial, por investimento de consórcios internacionais que dominaram o mercado imobiliário da região, foi transformada em centro econômico, após expulsar quem ali vivia, como já ocorreu em décadas passadas.

É que em 1948, quando começaram a demolir as casas térreas para construir os edifícios, nós, os pobres, que residíamos nas habitações coletivas, fomos despejados e ficamos residindo debaixo das pontes. É por isso que denomino que a favela é o quarto de despejo de uma cidade. Nós, os pobres, somos os trastes velhos.[43]

Expulsar, demolir, reconstruir, renovar. Verbos conjugados no passado e no presente. Intervenções que fazem nascer uma "nova cidade". E a cidade vai mudando de rumo. Os deslocados de sempre também, sem um projeto humanitário que garanta o direito de viver a cidade e de pensar o seu destino de forma audaciosa, como propunha Lefebvre, permitindo-se "opor à cidade eterna as cidades efêmeras e aos centros estáveis as centralidades móveis".[44]

Marco zero: Parelheiros ambiental e cultural

Se dizia daquela terra que era sonâmbula. Porque enquanto os homens dormiam, a terra se movia espaços e tempo afora. Quando despertavam, os habitantes olhavam o novo rosto da paisagem e sabiam que, naquela noite, eles tinham sido visitados pela fantasia do sonho.
COUTO, Mia. *Terra sonâmbula.*[45]

O Distrito de Parelheiros possui duas Áreas de Proteção Ambiental (APA): Capivari-Monos e Bororé-Colônia. Nelas, encontram-se a Mata Atlântica preservada e três bacias hidrográficas (Capivari, Guarapiranga e Billings), que abastecem cerca de 25% da população metropolitana. Dentre seus moradores estão brasileiros dos diferentes estados do país, descendentes de alemães, de japoneses e indígenas do povo Guarani Mbya das aldeias (Tekoa) Krukutu, Tenondé Porã e Tape Miri.

A ocupação da região se dá de forma desordenada em decorrência dos motivos apresentados anteriormente. Sabe-se que, nos tempos coloniais, ela era uma pacata paragem na rota para o litoral paulista, doada a quatro sesmeiros portugueses. No final da colonização portuguesa, os terrenos tornaram-se terras devolutas e, no início do século XIX, representantes do Império brasileiro decidiram povoá-las com imigrantes alemães, dando como garantia a posse dos terrenos onde se estabelecessem. O primeiro grupo de imigrantes alemães, com mais de 200 pessoas, chegou ao porto de Santos e foi levado para São Paulo em 1828, quando o país ainda vivia sob o regime da escravidão legal e a cidade contava com cerca de 20 mil habitantes. Aproximadamente 100 alemães aceitaram as terras devolutas e se tornaram os principais habitantes do território da atual APA Capivari-Monos, na qual seus descendentes ainda vivem.[46]

Um segundo movimento imigratório marcou a região nos anos 1940, com a chegada de grupos de colonos japoneses que, trabalhando na agricultura, contribuíram junto com os alemães para que a região de Parelheiros e Marsilac se transformasse na principal produtora agrícola de São Paulo. No entanto, a II Guerra Mundial interferiria significativamente na vida desses habitantes de Parelheiros. Os japoneses foram retirados de áreas próximas às represas, sob a alegação de que poderiam envenenar as águas; o isolamento lhes dificultou o aprendizado da língua portuguesa. Mais tarde, esse grupo e seus descendentes criariam associações para preservação de sua cultura, como a Associação Cultural Beneficente Nipo-Brasileira Colônia, que fica ao lado da BCCL.

Outra referência à comunidade japonesa é o Solo Sagrado de Guarapiranga. Fundado em 1995 é o maior templo da igreja messiânica fora do Japão. Os alemães, por sua vez, diante do avanço do nazismo na Europa, deixaram progressivamente de falar o idioma, para evitar a discriminação por parte dos brasileiros.

O nome do bairro onde muitos deles moravam foi mudado de Colônia Alemã para Colônia Paulista pelo então presidente Getúlio Vargas.

Parelheiros tem um bem tombado pelo Conselho de Defesa do Patrimônio Histórico, Arqueológico, Artístico e Turístico do Estado de São Paulo (CONDEPHAAT), desde 2003: a Cratera da Colônia que, com idade estimada em 36 milhões de anos, foi descoberta acidentalmente em 1961, a partir de fotos aéreas. Algumas organizações têm se empenhado em conseguir o tombamento de casas, igrejas e cemitérios da comunidade alemã que ali se instalou nos séculos passados. Reivindicam o tombamento, como o direito de ter preservadas as memórias de seus antepassados.

A participação ativa dos moradores no processo de registro de suas memórias e mapeamento dos locais expressivos para a sua história e para a história da localidade pode ser uma significativa oportunidade de fortalecimento das identidades culturais dos diferentes grupos que compartilham o território e contribuir para a consolidação do Patrimônio Cultural da região, da cidade e do país.

Para Rocktaeschel,[47] a valorização da própria cultura, dos seus saberes e fazeres contribui para a valorização da autoestima e autoimagem de um povo e, consequentemente, para seu fortalecimento e empoderamento gradual, para que tome as rédeas do seu próprio desenvolvimento. Assim, as leis de preservação do Patrimônio Histórico, Cultural e Ambiental de uma localidade, além de contribuírem para a efetivação do direito constitucional à memória e à história, podem promover o fortalecimento da autoimagem e da autoestima de uma comunidade.

Um marco para o Patrimônio Histórico e Cultural de Parelheiros é o Cemitério do Colônia, construído em terreno cedido por Dom Pedro. Fundado por alemães em 1829, é o cemitério mais antigo da cidade de São Paulo. Após décadas de abandono, foi reativado nos anos 2000 pela Associação Cemitério dos Protestantes (Acempro),[48] que tem requerido seu tombamento aos órgãos responsáveis. É nesse cemitério (de origem alemã), situado na rua Sachio Nakau (nome de origem japonesa), que o IBEAC e um grupo de adolescentes (de maioria afro-brasileira/negra) criaram a BCCL, com a missão de ofertar livros, mas também de registrar e disseminar as histórias e memórias da sua comunidade, contribuindo, assim, para a preservação do Patrimônio Histórico e Cultural de Parelheiros e para mudança da imagem negativa que se tem sobre a região.

Embora Parelheiros seja considerada estratégica para a vida da cidade em decorrência de seu rico patrimônio ambiental, até pouco tempo era desconhecida pela maioria dos paulistanos.

Construção da escada de pneus UBS *Colônia*

ARQUIVO IBEAC (2015 E 2009)

Cemitério do Colônia – Visitantes e jovens da BCCL.

No ano de 2014, as regiões de Parelheiros e Marsilac foram reconhecidas como Polo de Ecoturismo da cidade de São Paulo, atribuição que veio acompanhada da promessa de desenvolvimento socioeconômico da região. Nesse mesmo ano, um novo Plano Diretor de São Paulo reconheceria a região compreendida pelas APAS Capivari-Monos e Bororé-Colônia como áreas rurais da cidade de São Paulo. Alguns investimentos foram feitos para que Parelheiros fosse vista como área de turismo e lazer na capital paulista, entre eles, um site exclusivo para este fim[*].

Analisando o cenário no qual Parelheiros se insere, é possível identificar que, apesar de contar com potencialidades turísticas convencionais (cachoeiras, represa e rios navegáveis, crateras geológicas, aldeias indígenas), ainda são necessários investimentos para mudar tanto a imagem estereotipada que habitantes de áreas centrais têm da região, quanto o desconhecimento local e nacional sobre ela. Os dados socioeconômicos e as notícias veiculadas na mídia, acessados por aqueles que nunca foram à região, geram ou geravam, na década passada, o sentimento de que aquele é um lugar apenas a ser evitado.

Em 2008, chamava atenção o fato de ser o distrito com mais baixo Índice de Desenvolvimento Humano (IDH) do município, de acordo com o Atlas do Trabalho e Desenvolvimento da Cidade de São Paulo da Secretaria Municipal de Desenvolvimento Econômico e do Trabalho de São Paulo. Tomando como referência as 31 subprefeituras da cidade, Parelheiros apresentava o segundo maior número de óbitos por homicídio, o sexto pior número de óbitos de jovens do sexo masculino de 15 a 29 anos. Tinha uma das mais altas taxas de desemprego de jovens e a segunda pior taxa de emprego da cidade (13%). Possuía o mais alto percentual de gravidez precoce, o maior índice de mortalidade materna e a pior taxa de analfabetismo da cidade.**

---

* Sobre o Polo de Ecoturismo, acessar <www.cidadedesaopaulo.com/ ecoturismo>.

** Atlas do Trabalho e Desenvolvimento da Cidade de São Paulo – Secretaria Municipal de Desenvolvimento Econômico e do Trabalho de São Paulo. Prefeitura de São Paulo. 2008. Disponível em: <tinyurl. com/3fwvk4da> (Acesso: 30 de nov 2020).

Em 2019, o Mapa das Desigualdades de São Paulo, atualizava dados da cidade: apontava que em Parelheiros, 56,61% da população é preta e parda, o 3º maior percentual da cidade; 51,03% da população é de mulheres e estas sofrem violência acima da média da cidade – 284,6 para cada 10 mil mulheres entre 20 e 59 anos. O índice de feminicídio – número total de ocorrências para cada 10 mil mulheres entre 20 e 59 anos – é de 1,56, colocando Parelheiros como o 13º distrito com mais ocorrências entre os 96 existentes. Quanto à moradia, 10,84% dos moradores/as vivem em favelas. No quesito saúde, o tempo de espera para consultas com um clínico geral na rede pública é de 61,4 dias; no que se refere à gravidez na adolescência, a proporção de nascidos vivos cujas mães tinham 19 anos ou menos, em relação ao total de nascidos vivos, é de 16,53% – o 2º pior distrito da cidade, depois de Marsilac. Na área da educação, a proporção de matrículas efetuadas nas pré-escolas da rede municipal para cada habitante na faixa etária de 4 a 6 anos é 57,8%. As matrículas no Ensino básico em escolas públicas alcançam 82,01%. No item cultura, Parelheiros tem zero em quase todos os quesitos: não há cinema, teatro, casas de show. Há uma casa de cultura recém-inaugurada, a Casa de Cultura de Parelheiros.

Mas o dado mais alarmante, ao menos para mim, o que mais choca, é a idade média de morte em Parelheiros: 59,47 anos – a 8ª pior da cidade de São Paulo. Faz muito sentido ocupar um cemitério de Parelheiros para defender a vida. Esse é um dado perceptível até para o olhar mais distraído: passados 12 anos, falamos de vida em um lugar de morte. Parelheiros tem outras histórias para contar.

Ponto de chegar: Instituto Brasileiro de Estudos e Apoio Comunitário (IBEAC)

> Aqui de onde o olho mira
> Agora que ouvido escuta
> O tempo que a voz não fala
> Mas que o coração tributa
> O melhor lugar do mundo é aqui
> E agora
> GIL, Gilberto. Aqui e Agora, do álbum *Refavela* (1977).

O IBEAC é uma organização da sociedade civil (OSC) sem fins lucrativos, criada em 1981 por Franco Montoro (1916-1999), 27° governador de São Paulo, juntamente com um grupo de pessoas envolvidas com o processo de democratização do país. Minha atuação na instituição tem início em 1997, como formadora e, em seguida, coordenadora, com Vera Lion, do Programa de Direitos Humanos.

O Programa nasceu com o objetivo de mobilizar, organizar e empoderar segmentos populares, especialmente grupos em situação de alta vulnerabilidade (jovens, mulheres e população negra) para a consolidação de uma cultura de direitos humanos que privilegie a participação, a intersetorialidade e a territorialidade, ou seja, o desenvolvimento de práticas capazes de superar ações fragmentadas e de articular representantes de comunidades, organizações sociais, coletivos, gestores públicos e privados. Os vários projetos, realizados com diferentes parceiros e apoiadores, podem ser organizados em oito eixos temáticos: I) Formação e Pesquisa em Direitos Humanos; II) Meio Ambiente; III) Economia Solidária e Empreendedorismo Social; IV) Saúde e Direitos Humanos; V) Jovens e Seus Interlocutores; VI) Monitoramento e Avaliação; vii) Turismo de Base Comunitária e viii) Direito Humano à Literatura e Bibliotecas Comunitárias.*

É no eixo Direito Humano à Literatura e Bibliotecas Comunitárias que nasce a formação de Jovens Agentes Comunitários de Direitos Humanos e as bibliotecas comunitárias Livro-Prá--Que-Te-Quero (no Jardim São Savério) e Solano Trindade (em Cidades Tiradentes).** Nas duas experiências, o IBEAC procurou ser escuta do desejo coletivo, mediando as relações com o mundo adulto das instituições e fortalecendo a autonomia dos jovens. O que ocorreu com a Biblioteca Comunitária Solano Trindade exemplifica. Ela nasceu da iniciativa dos jovens do Núcleo Cultural Força Ativa de Cidade Tiradentes (SP), mais tarde denominado Coletivo de Esquerda Força Ativa. O coletivo é uma das primeiras "posses de *hip-hop****" da cidade de São Paulo, e desde

---

* Mais informações sobre os projetos desenvolvidos pelo IBEAC podem ser encontradas em www.Ibeac.org.br. Detalhes sobre o Programa de Direitos Humanos encontram-se nas publicações 100% DH (2001), *Outras violências* (2001), *Passo a passo, porta em porta: Sistematização do Projeto de Formação de Agentes Comunitários de Saúde* (2004) e *Outras Violências: Conceitos, percepções e atitudes de moradores de treze Distritos de Saúde do Município de São Paulo* (2003).

** As duas bibliotecas comunitárias fazem parte da pesquisa de doutorado *Bibliotecas Comunitárias como prática social no Brasil*, de Elisa Campos Machado, defendida na ECA/USP, em 2008.

*** As posses de *hip-hop* eram coletivos periféricos voltados à disseminação da cultura *hip-hop*, por meio de encontros em escolas, debates políticos e uso de letras de *rap*. A Força Ativa era uma posse nascida na Zona Norte de São Paulo e que, desde meados de 1989, levantava as pautas raciais nas periferias da cidade. Em 1995, a posse se reorganiza em Cidade Tiradentes, Zona Leste, como Núcleo Cultural. Criam o *rap Vamos ler um livro*, que dá origem ao projeto de mesmo nome, incentivando os *rappers* à leitura como forma de ampliação do potencial de suas letras. Em 2001, inauguram a Biblioteca

1995 denuncia a ausência de livros e espaços para leitura no bairro localizado no extremo leste da cidade e que concentra o maior conjunto habitacional da capital, com população estimada de 211 mil habitantes segundo o Censo 2010, e de 228 mil de acordo com a Geofusion/2020, empresa voltada ao mercado e que analisa as concentrações populacionais.

Em 1999, o IBEAC propôs ao grupo a realização de oficinas quinzenais sobre Direitos Humanos, participação e cidadania. A formação compreendia a compra de livros relacionados aos Direitos Humanos e um pequeno recurso mensal (cerca de US$10) para cada participante subsidiar suas despesas de transporte e alimentação. O grupo decidiu juntar o recurso e adquirir mais livros e o IBEAC se dispôs a encontrar caminhos para que tivessem um espaço: conseguiu um contrato de comodato com a Companhia Metropolitana de Habitação de São Paulo (COHAB), para uso social de uma sala na Avenida dos Têxteis, n° 1050, Cidade Tiradentes, onde a biblioteca funciona há 19 anos. Ao longo de sua trajetória, o IBEAC formou uma rede de amigos e colaboradores que, conhecedores do trabalho do instituto, também apoiam ações com seus próprios recursos, de financeiros a afetivos. A reforma e mobília necessários para início das atividades da biblioteca resultaram desse tipo de doação particular.

Os/as jovens seguiram realizando encontros literários, especialmente sobre literatura negra e cursos de formação política de esquerda. Acessaram a universidade. Há educadores/as, mestre/as, doutorandos/as defensores dos Direitos Humanos cujas trajetórias tiveram início nessa biblioteca. Desde 2017, a BC Solano Trindade faz parte da Rede LiteraSampa, representada por uma nova geração ativista. Um de seus fundadores, Djalma Góes (Nando), atualmente é conselheiro do IBEAC.

Comunitária Solano Trindade, e em 2013, passam a nomear-se Coletivo de Esquerda Força Ativa.

ARQUIVO BC SOLANO TRINDADE (2019)

Biblioteca Comunitária e CDDH *Solano Trindade.*

Em 2006, em processo de maturação das reflexões e aprendizados com experiências como essa, começa a ganhar corpo a possibilidade de concentração geográfica das ações desenvolvidas pelo IBEAC. Após dois anos de prospecções, pesquisa e planejamento, a decisão foi por Parelheiros.

O desejo era chegar a um território esquecido ou estigmatizado e encontrar "pontos de luz" que ajudassem a ver e apostar "no lado cheio do copo pela metade*". Antes mesmo de definir a região, a premissa era de que nenhum lugar merecia ser olhado como "o pior lugar para se viver", que nenhum lugar merecia ser visto única e exclusivamente a partir de suas carências. Contribuir para que os/as moradores/as identificassem seus talentos

---

* As expressões foram utilizadas em diferentes contextos pelo educador e antropólogo Tião Rocha, do Centro Popular de Cultura e Desenvolvimento (CPCD) ao se referir à "pedagogia do copo cheio", de sua autoria, que visa apostar nas potencialidades dos locais e das pessoas.

e competências na busca de soluções simples para o que parecia não haver solução. A ideia era convocar vontades, compartilhar tecnologias sociais, fortalecer um tecido social que desejasse contar com um apoio externo.

Parelheiros atendia a todos os critérios. Para começar, foram escolhidos três bairros (Barragem, Colônia e Nova América) e realizadas algumas reuniões com as poucas lideranças comunitárias e os representantes dos parcos serviços públicos existentes (três Unidades Básicas de Saúde [UBS], que à época contava com uma única gerente e um único médico – e cinco escolas estaduais). As primeiras reuniões tinham o intuito de apresentar os dados da região segundo as pesquisas disponíveis no município e algumas teses e estudos, dados esses desconhecidos da maioria, mais acostumada a ser tratada como "objeto de estudo" do que como "sujeito de sua história".

Alguns dados causaram desconforto aos/às participantes, especialmente para aqueles que, ali vivendo, carregavam Parelheiros para além do horário comercial e não podiam abandoná-la no jaleco da cadeira para retomar no dia seguinte. Para os moradores e moradoras, as pesquisas pautadas em denunciar as carências e violências não revelavam o quanto de vida e de sonhos havia ali. Pulsava, ainda, um sentimento de injustiça por parte de um grupo que, embora tivesse comprado suas casas dentro do que seria "regularmente possível", era tratado pela mídia como "invasores" e impedido, pelo poder público, de promover melhorias em suas casas, por estarem em área de mananciais. Esses moradores discordavam da regulamentação das Áreas de Proteção Ambiental sem envolvimento da comunidade. Como entender que, de repente, você e sua família devem preservar a natureza para que outros/as, que a destruíram, vivam bem?

Para uma minoria, uma organização que chegava do centro, embora com toda uma trajetória nas periferias de cidades, seria "só mais uma" a começar algo para depois abandonar, como haviam feito tantas outras que tinham passado por ali. Segundo uma das lideranças, muitos forasteiros haviam feito promessas e logo desistido do percurso de 50 km desde o centro da cidade, percorridos em quase duas horas de carro e mais de três horas entre subidas e descidas de ônibus e trem. Ainda assim, deci-diram confiar, "fiar juntos" uma nova história que priorizasse os/as jovens. No entanto, os/as jovens não estavam ali. Como levá-los? Uma professora, a professora de artes, Darlene Glória, encarregou-se do chamado.

E assim, em setembro de 2008, reuniram-se 27 jovens para começar o que não se sabia exatamente o que seria. A resposta surpreendeu. "E agora"? Uma certeza: continuar.

Ponto de partir: Leitura e reescrita da Declaração Universal dos Direitos Humanos

> Toda pessoa tem direito de dizer o que pensa e divulgar sua opinião. Muitas vezes não respeitam a opinião das crianças e adolescentes. Muitas escolas não têm grêmio estudantil
> E muitos jovens nem sabem o que é isto. Tem gente que não respeita as opiniões dos jovens.
> *60 jovens pensando os 60 anos da* DUDH *1948-2008*

Os jovens chegaram. Era preciso inventar algo que não tivesse cara, cheiro, movimento de escola. Eles saíam das aulas e iam ao encontro proposto pelo IBEAC no contraturno. Inicialmente, uma vez por semana. Depois duas, três – muitas, até sempre.

Em 2008, a Declaração Universal dos Direitos Humanos (DUDH) completava 60 anos e, em parceria com dois empreendedores* da Rede Ashoka,** propusemos a esta organização um projeto por meio do qual 60 adolescentes das regiões leste e sul de São Paulo produziriam diagnósticos sobre a situação dos Direitos Humanos em seus territórios.

O grupo leu e discutiu os 30 artigos da DUDH e, reescrevendo-os em linguagem mais acessível ou "até que suas mães possam entender" (considerando que a absoluta maioria era filha de mães não letradas), transformaram a declaração em um Jornal Mural, espalhado nos vários espaços de Parelheiros: comércios, escolas, UBS.

Dentre as situações denunciadas, os adolescentes de Parelheiros destacaram a ausência total de equipamentos culturais e a limitação do direito de "ir e vir" decorrente da insuficiência de transporte e da falta de segurança na utilização de uma ponte quebrada fazia anos e que não era reformada pelo poder público "para não ferir as regras ambientais". Essa medida aumentava em até 2 km o percurso para alguns moradores chegarem às escolas e à UBS.

---

* Escrevemos um projeto colaborativo com Valdênia e Paulo. Valdênia Paulino Lanfranchi é fundadora do Centro de Defesa dos Direitos Humanos e Sociais – CDDHS de Sapopemba. Desde os anos 1990, atuamos juntas, criamos e fomos formadoras de Centros de Defesa dos Direitos da Criança e do Adolescente como o Mônica Paião Trevisam. Paulo Lima é criador da *Revista Viração-Educomunicação*, da qual eu Vera fazemos parte como conselheiras pedagógicas

** "A Ashoka é uma organização sem fins lucrativos que lidera um movimento global por um mundo no qual todas e todos se reconheçam como agentes de transformação positiva na sociedade. Criada em 1980 na Índia, e presente desde 1986 no Brasil, considerada a quinta ONG de maior impacto social no mundo, segundo a publicação suíça *NGO Advisor*". Disponível em: <tinyurl.com/2p8cpnhh> (Acesso: dez. 2020). Conta com 3.500 empreendedores sociais no mundo todo. Destes, 383 estão no Brasil. Fellow da Ashoka desde 2004, atuo como conselheira da organização desde 2018. Em 2019, Bruno Sousa, um dos jovens mediadores de leitura, foi selecionado para a Rede Ashoka de jovens transformadores pela democracia.

O jornal rendeu muitas conversas. Rendeu também a contratação de uma van para conhecerem a praça da Sé e a Avenida Paulista. Se isso não é propriamente turismo, há uma roupagem que faz lembrar... Em qualquer caso, era uma primeira dilatação de perímetros, de alcance para um grupo de jovens atados a certas imobilidades que a periferia impõe.

Encerradas as ações sobre os 60 anos da DUDH, 15 jovens aceitaram continuar o percurso. Os encontros semanais desenvolvidos pelo IBEAC, chamados "Planejação", constituíram-se em espaço para discutir temas de interesse do grupo e definir pequenas ações de melhoria das condições de vida da comunidade. Para enfrentar a dificuldade de acesso à UBS Colônia em dias de chuva, construíram juntos uma escada de pneus, que provocou o debate sobre o descarte irregular do lixo e inspirou a construção de uma outra no bairro Nova América.

Uma ação marcante e definidora da história do grupo e do IBEAC foi a elaboração coletiva do projeto *Pílulas de Leitura*, em 2009, apoiado pelo Programa Prazer em Ler do Instituto C&A,[*] para a criação de uma biblioteca comunitária e a realização de mediação de leitura nas UBS e escolas da região. A aprovação do

---

* O Programa Prazer em Ler do Instituto C&A (PPL/IC&A), encerrado em 2018, tinha como objetivo contribuir para a efetivação do direito à leitura, por meio da formação de leitores e da formulação e aperfeiçoamento de políticas públicas. O PPL atua em três frentes: no desenvolvimento de projetos de leitura em diferentes espaços institucionais (ONGs, escolas, bibliotecas, entre outros); na disseminação à sociedade da importância da leitura e de boas práticas na área; e na articulação com diferentes agentes sociais que atuam ou podem atuar na promoção da leitura. Disponível em <www.institutocea.org.br>. O IC&A apoiou financeiramente (de 2009 a 2018) a BCCL, e depois a Rede LiteraSampa e a Rede Nacional de Bibliotecas Comunitárias (RNBC), criadas pela atuação conjunta das bibliotecas comunitárias. Em 2017, teve início a transição do legado do IC&A com as redes de bibliotecas comunitárias para a Fundação Itaú Social, que as apoia desde 2019.

projeto colocava o grupo em um novo circuito: o da literatura. Teriam 20 mil reais para a aquisição de livros, recurso para comprar estantes e um pequeno apoio para cada jovem participante.

De forma perseverante, o universo dos livros, de seus autores e autoras e a leitura literária com suas metáforas foram ocupando o mundo de adolescentes e jovens de Parelheiros. Críticos das difíceis condições de trabalho de suas mães e pais, a maioria pequenos agricultores/as ou trabalhadores/as de serviços gerais, eles e elas queriam pensar um outro futuro possível. A literatura garantia o direito ao sonho e à fabulação, ampliava repertórios, colocava em questão o "destino dado", provocava a construção da "Parelheiros que queriam".

Decolagem: Os/as adolescentes embarcam nos livros

> Nesse tempo, já me dera conta de que procurar era minha sina, emblema de todos aqueles que saem à noite sem qualquer finalidade exata, razão de todos os destruidores de bússolas.
> CORTÁZAR, Julio. *O jogo da amarelinha*

Por necessidade, crença e estratégia, tinha-se sempre (e ainda se faz assim) um convite "na ponta da língua" para os/as amigos/as e parceiros/as antigos/as e os que foram se enlaçando no caminho: "Você não gostaria de ir a Parelheiros ensinar como faz? Dizer como é isto? Ajudar a querer fazer também e tão bem?" E, no "fazer", "ser", "querer", couberam muitas coisas. Em 2009, já com um pequeno acervo da biblioteca instalado em uma sala da UBS Colônia, desenvolvemos o projeto *Plataforma Verde de Parelheiros*, que contava com apoio de um fundo municipal proveniente da Secretaria do Verde e Meio Ambiente (SVMA). Por pouco, esse projeto não foi para a lista do "é melhor esquecer". Uma série de entraves de cunho administrativo, de gestão e concepções por parte da svma levaram-no à descontinuidade.

Sua importância para essa pesquisa está no rol de conteúdos abordados, a aproximação dos/as adolescentes e jovens com os adultos da comunidade mediada por temáticas ambientais e práticas artesanais, organizadas em três grandes linhas: *Cuidando da nossa casa, Cuidando do nosso bairro* e *Mão na massa*. Sobre os conteúdos propriamente ditos, eram eles: meio ambiente saudável como direito; relações de gênero e entre gerações; ecologia e economia: o uso da água e da energia em casa; atitudes ambientalmente sustentáveis; levantamento dos desafios e problemas ambientais da região; produção de tintas ecológicas, de composteira e de escada de pneus; confecção de biojoias com sementes da região; produção de jornal mural para comunicar os resultados do projeto; oficinas de escrita criativa.

Em 2009, a svma questiona a pertinência de oficinas de comunicação em um projeto de recorte ambiental, abrindo espaços para que fizéssemos novas elaborações e com outros parceiros/as:

A diversidade de temas se explica pelo objetivo de que os jovens construíssem um roteiro turístico que, além de mostrar a riqueza e diversidade ecológica e ambiental da região, mostrasse a diversidade dos grupos de moradores – descendentes de alemães, japoneses, africanos e povos indígenas –, contasse e valorizasse a história de vida de alguns antigos moradores e mostrasse iniciativas e projetos desenvolvidos pela comunidade local. Os jovens participantes do curso precisavam aprender a fazer entrevista, escrever de forma leve e interessante, fotografar pessoas e lugares, enfim, recuperar o passado, escrever sobre o presente e projetar o futuro da região e de suas vidas. Por isso as oficinas de escrita criativa, que foram ministradas pela jornalista e professora Régine Ferrandis. Além disso, houve investimento em atividades de comunicação, pelo fato de os jovens serem pouco visíveis nos bairros, possuírem uma imagem negativa e precisarem construir espaços para se comunicar com a comunidade onde vivem, propor novas ações e construir uma imagem positiva para outros jovens e para o mundo adulto local. Para isso, foram desenvolvidas oficinas de Jornal Mural, com jovens educomunicadores da ONG [*Organização não governamental*] responsável pela premiada Revista *Viração Educomunicação*, feita por jovens para jovens [...].[49]

Ações de permacultura.

As raízes na comunidade foram se fortalecendo. A cada projeto, pensávamos em ações que aproximariam os jovens de suas comunidades. Foi assim com *Manancial de Culturas*, aprovado com Lei de Incentivo Federal (Lei Rouanet) e desenvolvido nos anos 2013 e 2014. Com o desejo de fazer de Parelheiros, mais precisamente dos bairros Barragem, Colônia e Nova América, um "museu a céu aberto", visitamos vários museus da cidade – Museu Afro Brasil, Museu da Língua Portuguesa, Pinacoteca do Estado de São Paulo, Memorial da Resistência, Museu da Pessoa – para participar de oficinas conceituais e práticas, e entender o "fazer museológico". Em pouco tempo, como se verá adiante, alguns desses museus e outros (como o Instituto Tomie Ohtake) passaram a procurar o IBEAC para conhecer a BCCL: queriam conhecer os jovens da área rural urbana que leem. Queriam pensar ações coletivas. Assim, às idas de jovens de Parelheiros para outros espaços da cidade, foram se somando vindas de outros grupos ao território.

Vários projetos foram desenvolvidos visando fortalecer as ações principais da biblioteca: de formação de mediadores e de mediação de leitura, leituras compartilhadas, bate-papo com autores/as, cinedebate literário, saraus. Até que o grupo criou o *Cortejo de leitura*, que inicialmente levava músicas e poesias para as ruas do bairro onde está sediada, e depois, para vários bairros de Parelheiros, e em seguida ainda, para eventos literários de áreas centrais e de outras cidades.

A BBCL é uma biblioteca que está "em caminho", caminha com os/as jovens mediadores/as, com as gestoras do IBEAC e com as leituras que ocupam suas pequenas salas, o jardim, as frestas, os vazios, os vãos entre as sepulturas do cemitério que a hospeda (esta história será melhor contada nas próximas linhas). Crônicas e seus personagens misturam-se às histórias e visões de mundo dos que a frequentam. Ficções em prosa ou poesia atravessam seus corpos, dão porosidade aos ossos e musculatura peitoral necessária aos voos solos ou em bando.

Caminhando pelas obras literárias que lhes chegaram e pelas que buscaram, perambularam, movem-se por paisagens, histórias, personagens próximos e distantes dos seus universos. Quanto mais liam, mais familiarizados ficavam com os territórios literários. Aos poucos, traçavam suas rotas para seguir as viagens propostas pelos autores/as. Cada jornada lida ampliava memórias, repertórios de palavras que permitiam recriar paisagens. Se nas histórias contidas em suas mãos sabiam que existiria "um ponto de chegada, um vislumbre no horizonte[50]", na BCCL foram se colocando em caminho, rumo a um futuro construído na primeira pessoa do plural. "Nós" estávamos construindo uma história coletiva em Parelheiros e também uma história de bibliotecas comunitárias do Brasil.

Troca de turbante: Diário de uma mulher negra, gestora institucional

Troca de turbantes, de Magno Faria (aquarela, 2020)

Em junho de 2018, a BCCL recebeu a *Jornada de Mobilidades de Políticas Urbanas: Rebatimentos Locais de Modelos Globais*. Pela primeira vez, me encontrava na BCCL com "minha" turma de pesquisadores(as) "da USP" e com tudo o que aquilo poderia significar para "os meninos" (termo que comumente utilizo para referir-me a eles e elas). Trata-se de um substantivo desconectado de suas idades (alguns chegaram aos 26 anos!); é chamamento carinhoso aos/às caçulas da casa, àqueles(as) que vimos nascer e crescer.

O encontro em Parelheiros (Articulação em Rede e Cooperações Internacionais: Ações Comunitárias para o Desenvolvimento do Turismo de Base Local na periferia de São Paulo) contou com a participação de pesquisadores de três universidades – Thiago Allis (EACH/USP), orientador/parceiro e coordenador do projeto; Maria Velasco González e Manuel de la Calle Vaquero (ambos da Universidad Complutense de Madrid, na Espanha).

Depois de apresentar um pouquinho da região e almoçarmos juntos, organizamos uma roda na varanda da biblioteca, local onde habitualmente acontecem as conversas com os(as) visitantes. O assunto grafado no convite – "a circulação de ideias, de modelos, de políticas urbanas, considerando elementos, vozes, pressupostos, interesses, contestações e expectativas nas várias escalas territoriais, sociais e políticas" – não intimidou o grupo que gosta de acolher, conversar, aprender mesmo em idiomas que não lhes sejam familiares.

Era em mim que havia algo diferente. Em dado momento, peço a palavra e todos se viram. Meus quase 1,80 m que raramente passam despercebidos, naquele dia contava com uns centímetros a mais do turbante amarelo. Todos me olham. A palavra era minha. Olho a roda, feita para conectar olhares. De onde estou, vejo todos e todas. Antes de dizer, explico aos meus: "Agora vou usar o turbante da pesquisadora". Rimos. Em tempos de *memes**, a metáfora (ou metonímia?) estava dada e passou a ser usada por mim e por outros em diferentes ocasiões: seja em territórios "uspianos", seja no chão da biblioteca, momentos em que a pesquisadora e a ativista se encontraram.

Naquele dia, a palavra "mestrado" escorregou de outro jeito nos ouvidos "dos meninos". Já não precisavam recorrer ao dicionário, tinham mais pessoas com quem compartilhar seus

---

* *Meme*, termo grego que designa imitação, popularizou-se via redes sociais.

significados e sentidos. Se li bem seus pensamentos, os resumiria assim: "A Bel que está aqui, mulher negra, ativista da leitura, parceira, coordenadora, pesquisadora, mestranda... é a mesma Bel da periferia Leste, que foi para o centro, para a Sul e agora volta à Leste para uma das mais reconhecidas universidades do país. Deve ter um lugar para nós lá também".

Neste processo do mestrado, acompanhei e facilitei, com apoio do Thiago Allis, um fluxo de informações, imagens, objetos, imaginários e pessoas de Parelheiros para a USP e da USP para Parelheiros. São desde pequenas ações, como a Roda Poética para Marielle Franco realizada, no SPMOB 2019, a grandes mobilizações como o encontro com o escritor Mia Couto na EACH, aproximando o PPGTUR, o Cursinho Popular da EACH, a Rede LiteraSampa e a Editora Companhia das Letras.

Em cada final de semana, chegaram mensagens da turma desejando "boas produções", "boas leituras", "boa sorte no mestrado" ou com pedidos de desculpas "por invadir o momento de

"Afeto na lata" de Helder Holiveira; Mia Couto, Thiago Allis e Bel Santos em visita do escritor à USP Leste

*Amigos/as no exame de
qualificação para o mestrado.
À direita, encontro do "Bonde das
mobilidades" orientandas/os do
Dr. Thiago Allis.*

escrita", "por não conseguir preencher a planilha" ou orientações
do tipo: "Peguei este livro porque acho que tem a ver com seu
mestrado"; "Passa isto para o Thiago, acho que ele vai gostar";
"Vê se o Thiago não quer ir".

O mestrado foi se tornando cada vez mais participativo. Logo
ouvi alguém do grupo dizendo "mobilidades das coisas". E isto
foi lindo! Os cafés com amigas e amigos, porém, rarearam um
pouco, é verdade. Depois de março de 2020, com a pandemia da
covid-19, inexistiram. Quando aconteciam, fiquei sempre atenta
a não monopolizar a conversa com "minhas mobilidades", mas
quando víamos, lá estava eu falando do assunto. Cresceu o grupo de encantados com o tema. Durante o café, mesmo ou pelo
WhatsApp e Messenger, e até pelo correio, chegavam indicações,
livros, ideias, imagens... Quem dera eu pudesse ler tudo para
aprender, refletir, compartilhar...

O assunto entusiasma: há ainda poucos escritos sobre as
bibliotecas comunitárias, considerada a importância que têm
na formação de leitores/as e mobilização de comunidades (e vi-
sitantes/turistas). Coloquei-me em busca na pesquisa, para

conseguir dizer o que e como nossa prática merece ou pode ser contada na academia.

Em casa, com o marido, os cuidados para preservar a intimidade do lar foram redobrados, mas foi inevitável que os livros se misturassem às xícaras, plantas e lençóis. Encontrei acolhida, cuidados, afetos e torcida na família, entre os amigos e amigas. Certamente havia aqueles e aquelas que não viam a hora de que "isso" acabasse, com esperanças de que deixaria de recusar os convites para mesas, oficinas, eventos. "Ê ventos!" escreveu-me uma vez Elisa Lucinda, na dedicatória de um de seus livros. Que eles venham. Alguns vieram como brisa, e outros, como vendavais.

É possível que eu não esteja contando nenhuma novidade sobre as alegrias e desafios de não ser exclusivamente pesquisadora-mestranda. Quantos podem se dedicar exclusivamente? Porém, se eu não conto novidades é porque nunca as ouvi, porque ninguém me contou antes. Um dia, avançando a madrugada, depois de algumas horas de conversa e outras tantas xícaras de café, cruzando uma versão nova do memorial de qualificação, Thiago Allis perguntou-me: "E por que você não conta? Por que não traz isto em sua dissertação?" Afeita a desafios, topei. Comecei a fazer um diário de pesquisa. Na verdade, como confessei antes, um semanário, depois, quinzenário. Ao final escrevia quando dava. Por vezes, gravei um áudio para não perder as informações.

No meu diário de mestrado (que na verdade são dois cadernos pela metade e duas cadernetinhas preenchidas até nas capas), há histórias, fatos, reflexões, reclamações, celebrações, imagens, bilhetinhos que me ajudaram a percorrer o caminho da escrita do mestrado. Nele, estão também, as distrações e ruídos que roubaram tempo, mudaram rotas.

Eu já contei um pouquinho, na metodologia, o porquê de trazer este registro para a dissertação. Só faltou dizer que eu não aguentava mais escrever de forma impessoal: "descobriu-se", "percebeu-se", "a pesquisadora". Eu queria usar o "eu", o "a gente", o "nós". Este foi o espaço. Quando eu já estava redigindo o terceiro capítulo, Márcia Cunha, uma das amigas leitoras me perguntou: "Foi pedido do orientador, a escrita impessoal?". Não, não tinha sido. Eu, que desde cedo aprendi que "deveria ser a melhor, para ser tratada como igual" e achava ter me libertado disto, tentava ser igual. A pergunta da Marcinha chegou em tempo. Trouxe respiro. Revisei o texto inteiro para falar da biblioteca na primeira pessoa do plural: *nós*.

Comecei a contar para uma e para outro sobre a "troca de turbantes". Meu amigo Magno Faria, ouviu a história, gostou e me deu o presente de ilustrar cada troca. Foram meses trocando ideias pelo WhatsApp com textos, músicas, imagens e áudios que mais pareciam podcast. Eu fiquei atenta a não ultrapassar os limites da amizade, com meus pedidos. Pedi desculpas, algumas vezes, porque não tinha palavras para tudo o que recebi, como as mensagens que acompanharam a última versão das aquarelas em 30 de dezembro de 2020:

> *Oi Bel. Tá bem? Espero que sim. Espero que este dia de sol, do qual eu gosto muito (risos), irradie você aí. E que você esteja bem, plena, com vontade, desejosa de descansar (risos), de fazer o que quiser... essas coisas que acontecem nesse finalzinho de ano. Parece que tudo vai acabar para começar de novo. Acho bonito o ritual.*
>
> *Enfim, estou pensando aqui nas suas ilustrações e nem sei se dá tempo ainda, mas em vez de perguntar se dá tempo, estou fazendo [...] vou mexendo um pouco mais naquela própria imagem [...] resolvi*

brincar com algumas propostas de coloração, de fotografias, e teve uma ideia que chegou num conceito (E ele me manda cinco fotos de uma aquarela ao sol, em meio a plantas). [...]Eu fiquei pensando bastante em dois ou três eixos para estas fotografias. Os títulos que você desenhou para sua dissertação sugerem a ideia de acúmulo, quase como num livro álbum para crianças e não só, né? Mas esta questão do acúmulo: "O que que vem depois?" Mas sem esquecer o que que veio antes. Veio sankofa na cabeça... a questão do ancestral: "Eu sou, porque nós somos". Esse "nós" atemporal, "nós-agora-aqui" e "desde muito antes"... Desde a diáspora. "Eu sou porque nós somos". Ubuntu.

O primeiro capítulo é um turbante que já é você [...] ou alguém... Eu pensei que era você. [...] Já tem uma sombra a partir do turbante; você já sabe que vem algo depois [...] tem uma fertilidade na parte amarela. Oxunesca [...], uma fertilidade que você causa: onde você anda as coisas brotam [...] até não saber mais o que é planta, quem é que brotou, formando um grande coletivo... Parece-me que é uma das suas habilidades

[...] Posso estar falando uma grande bobagem: super me arriscando [...], mas é tudo muito sincero. Acabei de tirar estes retratos. Estava sol, depois destes dias de chuva pensei: "Deixa eu aproveitar esse sol!" E agora começou a bater, talvez, Iansã que você deve estar sentindo [...] ela em alguns momentos derrubou a imagem para colocar de outro jeito. Ela também me orientou. Está registrado.

Ah! A ideia das plantas irem se acumulando [...], Se é uma escrita para a sua mãe... Eu sempre lembro dela com as dicas pro meu tio que estava com pressão baixa, das outras ervas, manuseios, quintais [...] coisas que identificam uma época da Zona Leste em que era possível ter quintal em algumas casas, porque antes era tudo mato. Identifica território também.

Bem... é uma tentativa

Magno, pedagogo, contador de história, a partir da aquarela
que ilustra a "Troca de turbantes": artista plástico

FOTOS DA FAMÍLIA. ACERVO BH · FOTOS DO OUII OMBRO. ACERVO CIDA JURADO 2020

Deu certo! Muito certo! Gratidão Magno, Oxum e Iansã. Gratidão meninas do Real Parque (Juliana Piauí, Márcia Licá e Luciana Gomes) por estarem em minha história e por terem incluído o Magno.

A amiga Letícia Liensefild foi me ajudando a escolher os verbos: troca, enlace, amarrações... Fui encontrando uma forma para fechar o capítulo, sem "fechar o tempo" na academia. Queria que este texto abrisse portas para quem lê e para minha vida.

Na seção 3.4 *Ponto de partir: Leitura e reescrita da Declaração Universal dos Direitos Humanos* conto o que aconteceu em 2008: a DUDH fazia 60 anos e nenhum dos "meninos" a conhecia. Após lermos os 30 artigos, propus a consigna: "Vamos reescrever esta Declaração até que a mãe da gente entenda?" Todos/as nós, inclusive eu, somos filhos de mães não letradas ou com baixo letramento. Reescrevemos os Direitos Humanos para elas e por elas. Em Parelheiros, temos feito isto com muitos outros documentos: apresentado o original, acrescentamos ao lado a nossa reescrita.

Agora chegou minha vez: trouxe ao final de cada capítulo da dissertação, nas *Trocas de turbantes*, fragmentos do processo de pesquisa de mestrado, para que "os meninos" de outro dia, hoje jovens-adultos, conheçam. Escrevi para que "o bonde da leitura" se encoraje a juntar os vários turbantes. Escrevi para que as amigas e amigos "jovens há muito mais tempo", que como eu ficaram

distantes da academia enquanto faziam o mundo que a gente sonhou, acreditem que nunca é tarde para sermos sujeitos dos nossos saberes. Escrevi para mim, para que não me esquecesse que também tive uma vida nestes dois anos e que o mestrado fez parte dela. No fundo, o Magno entendeu bem o meu pedido: escrevi para minha mãe, D. Dorinha que, em suas orações, está sempre pedindo que tudo de melhor "passe à frente" de suas cinco filhas, e que no dia da defesa do meu mestrado, pretendia entrar pela primeira vez em uma universidade pública: a USP.

Como a defesa será virtual, devido à pandemia, ela, que aos 82 anos começou a se mover no mundo das redes sociais, estará conectada à sala, ouvindo um resumo do que realizei nestes 30 meses. "Obrigada, minha mãe!". Escreverei também para as minhas sobrinhas-netas Lorrany e Eloah, e para a sobrinha de coração Zahira Dandara, para que, entendendo um pouquinho sobre o que "a tia" fez neste tempo, perdoem as minhas ausências e continuem nossa história.

No meio da biblioteca havia um caminho:
A conquista do direito de ler, escrever e contar a própria história

Uma biblioteca para chamar de nossa: a Biblioteca Comunitária Caminhos da Leitura (BCCL)

Eis que o portão se abre e, ufa, que alívio! É apenas a casa do coveiro. Isso mesmo: a nova biblioteca será na casa daquele que sepultava os corpos. E olha que o espaço nem era tão assustador assim: um lugar verde, florido e acolhedor. E aquela história de que "Não vou pro cemitério nem morto", rsrsrs, foi por água abaixo. Foram. E muito vivos e cheios de energia. VALDIRENE ROCHA, 2020.[*]

O meu "ponto de chegar" foi o IBEAC. O nosso "ponto de partir", a reescrita da Declaração Universal dos Direitos Humanos (DUDH). A BCCL, a estrada e o caminho. Nem estrada nem caminho existiam ainda. Fomos abrindo passagem com os pés no chão e voando alto.

Como apresentamos em *Parelheiros: De pior lugar para se viver a melhor lugar para se nascer*, não chegamos ali para criar uma

---

[*] Valdirene Rocha integrou a equipe Entre-Redes, responsável por escrever as histórias das bibliotecas comunitárias da RNBC. A história completa da BCCL está disponível em <rnbc.org.br/redes/literasampa> (Acesso: 5 jan. 2021).

biblioteca, e tampouco encontramos um grupo de jovens leitores/as ávidos para criar um espaço assim. Foi a escuta aguçada, treinada por anos bem pertinho dos/as jovens das comunidades por onde passei, e/ou os anos de silenciamento na minha história de adolescente e jovem periférica, e/ou o método de trabalho do IBEAC, e uma boa dose de serendipidade, que nos levaram a construir um projeto de biblioteca comunitária para um edital do Programa Prazer em Ler/IC&A, no final de 2008. Diria Petit: "é sempre na intersubjetividade que os seres humanos se constituem, e suas trajetórias podem mudar de rumo depois de algum encontro".[51]

Desde agosto de 2008, estávamos juntos/as falando de direitos. Na verdade, identificando a falta de materialização deles. Eles e elas queriam reabrir a biblioteca da Escola Estadual Barragem II, onde estudavam, na qual protagonizaram a luta para a manutenção do ensino médio. Diante da informação da extinção do curso, juntaram suas vozes, se fizeram ouvir pela Coordenadoria Estadual de Educação de São Paulo. A história foi parar no álbum de reescrita da DUDH. Ali se iniciava o processo de "escrita com sentido". O grupo, após as oficinas de "escrita criativa" com a francesa Régine Ferrandis, se denominara *Escritureiros: Aventureiros da escrita de Parelheiros*. O processo como leitores/as demoraria um pouco mais.

Decididas a enfrentar a pressão do prazo do edital e para garantir um processo participativo na escrita do projeto, analisamos o contexto, levantamos os sonhos, necessidades e possibilidades. Resultado: nasceu e foi aprovado, o projeto "Pílulas de Leitura" com foco na mediação de leitura na sala de espera da UBS Colônia, na prescrição de livros pelos médicos, na formação sobre mediação de leitura e desenvolvimento do acervo da biblioteca. Uma salinha na UBS nos foi emprestada para acomodar os desejos e planos. Teríamos recurso para compra de livros e estantes.

Parte da história que segue foi recuperada durante o Círculo de Memórias e Histórias da bccl, grupo focal proposto pela Rede Nacional de Bibliotecas Comunitárias (rnbc) e realizado no dia 4 de outubro de 2018.

É Laniela Feitosa, uma das primeiras formadoras dos jovens de Parelheiros, quem nos lembra destes momentos:

> O pessoal da ubs ofereceu uma salinha, pois não queriam que a gente fosse embora. A sala era pra ser do dentista, mas não tinha dentista. Alguns não queriam muito que usássemos o espaço. Dividíamos com os Agentes Comunitários de Saúde. Depois veio a construção da escada de pneus. Lembro também que Wilza passava no ibeac com seu carro e íamos fazer compras, comprávamos um monte de besteiras pra comer: o pão com mortadela nos traz muitas histórias. As formações eram de mediação de leitura para que atuássemos na ubs. Uma das primeiras coisas que os meninos falaram foi que odiavam ler. Começamos, então, a ler juntos o livro *Depois daquela viagem*. Em cada formação líamos um capítulo; além das formadoras, os jovens também liam. Lembro que eles levavam os livros pra casa, mas no retorno nunca lembravam o que tinham lido. Tinha encontros de formação, às vezes, que a gente só lia, pois eles não queriam parar de ouvir histórias (*Círculo de Memórias e Histórias da* bccl, 4/10/2018 – Acervo pessoal)

Eduardo Alencar, um dos adolescentes que fundou a biblioteca e atuou de 2009 a 2015, acrescenta:

> [...] Na verdade, a gente achava muito careta ficar lendo, até que a gente percebeu que tínhamos algo em comum. Decidimos levar o projeto pra frente, por isso estamos aqui até hoje. Lembro que o primeiro livro que a Sidineia leu pra mim foi *Nós*, da Eva Furnari. Depois tivemos o prazer de conhecê-la na

Bienal do Livro. Coisas muito ricas pra gente. Não tem como esquecer desses momentos. Eu recebi o convite da Tamires Siqueira pra vir conhecer o projeto, aceitei alegando que não tinha nada pra fazer em casa. Na verdade, tinha, só não queria ficar em casa. Minha mãe me incentivou a vir, pra "fazer alguma coisa da vida". Minha família viu o quanto isso era importante para mim, Niela e Wilza [formadoras] me ensinaram muito. Hoje sou mediador de leitura por conta do "pontapé" delas. Elas nos fizeram acreditar no poder da literatura (...). No princípio, não gostávamos de ler, não tínhamos acesso... Até chegar à primeira livraria para comprar os livros, conhecer, poder escolher e comprar os livros. Poxa! Dava orgulho olhar para a estante e pensar: "Fui eu que comprei esse livro pra biblioteca!". São coisas bem gratificantes que marcam (*Círculo de Memórias e Histórias da* BCCL, 4/10/2018 – Acervo RNBC).

Dentre os momentos marcantes, relatados em microcontos, a primeira ida a uma livraria é citada várias vezes no grupo. Renan Gomes, outro jovem fundador da BCCL e que atuou até 2015, é um dos que se refere às livrarias, recordando que:

[...] a partir dos encontros, pensamos em algo que envolvesse a leitura, pois na época não tinha nada relacionado a isso em Parelheiros. Fizemos a nossa "primeira viagem", saindo de Parelheiros para Vila Madalena (sorri e provoca risos no grupo). Tudo era tão longe! E nós fomos para a Livraria da Vila e para a Livraria Cultura, na Paulista (*Círculo de Memórias e Histórias da* BCCL, 4/10/2018 acervo RNBC).

Antes de ter recurso para aquisição de livros, nosso embrião de biblioteca alimentava-se de doações de amigos/as e descarte de sitiantes que deixavam caixas de livros na porta da D. Cléo, no bairro Nova América. Proprietária do *Ateliê Dama* para venda dos seus artesanatos, Cléo fazia empréstimo de livros recebidos em doação. A vizinhança podia emprestar alguns livros dentre os dispostos nas prateleiras no quarto de seu filho. Rafaela Nunes, atualmente mãe mobilizadora* e mediadora de leitura que participa da BCCL desde 2013, foi uma das frequentadoras do *Ateliê Dama*:

> Tive acesso a essa biblioteca quando tinha 8 anos; e foi aí que despertou meu gosto pela leitura. Lembro quando ela falou que ia fechar o espaço e estava doando os livros. Fiquei péssima, não teria mais nada no bairro. Faz pouco tempo que estive lá e descobri que ela doou os livros pra Biblioteca Caminhos da Leitura (*Círculo de Memórias e Histórias da* BCCL, 4/10/2018 – acervo RNBC).

De fato, quando Cléo soube que estava nascendo uma biblioteca comunitária em Parelheiros, ficou tão feliz que doou boa parte dos livros – infelizmente, a maioria enciclopédias e livros didáticos com informações defasadas e poucos úteis para o nosso propósito. Eduardo recorda que "não achamos legal desfazer, então reservamos um lugar na estante pra eles, bem no alto", inacessível. Porém, nós (aqui peço licença para colocar "o turbante de gestora") queríamos uma biblioteca literária que considerasse a bibliodiversidade, ou seja, a diversidade no processo criativo: vozes de diferentes autorias, autoria negra, indígena e periféricas para que a diversidade humana fosse encontrada

---

* O coletivo de Mães Mobilizadoras é um grupo de mães, tias e avós que mobiliza a comunidade de Parelheiros para o cuidado com gestantes e a primeira infância. A ação, formação e supervisão do grupo é feita pela parceria do IBEAC com o Centro Popular de Cultura e Desenvolvimento (CPCD) e compõe um conjunto de estratégias denominada Centro de Excelência em Primeira Infância.

facilmente na biblioteca. E mais: queríamos uma curadoria que nos ajudasse a levar à biblioteca publicações que considerávamos de melhor qualidade.

Um passo importante foi construir critérios para descarte e compra. Para definir o que comprar, contamos com as formadoras Laniela Feitosa e Wilza Nunes, que já tinham passado por formação com a organização social *A cor da letra;** Neide de Almeida, assessora pelo PPL/IC&A; encartes e profissionais de livrarias; amigos e amigas leitores; a jornalista e escritora Fernanda Pompeu. Para o descarte, o diálogo com outras bibliotecas comunitárias nos encontros de formação promovidos pelo PPL/IC&A foi primordial.

Com a definição de critérios e nossas participações em eventos literários, contribuímos para uma mudança (em curso) do imaginário referente a bibliotecas comunitárias como uma sala abandonada, com livros igualmente abandonados. Além de nos afirmarmos como espaço para o encontro de pessoas, tenho repetido nas várias oportunidades o que aprendi com a prática das bibliotecas comunitárias: o/a leitor/a autônomo/a lê em qualquer lugar e qualquer coisa. É capaz de abandonar um livro sem remorsos. Exerce os seus "direitos de leitor".[52] Aquele/a que ainda não é leitor/a, que está em formação, precisa dos melhores livros, ou seja, das melhores narrativas nos melhores suportes, de espaço acolhedor e aconchegante e de um/a mediador/a acolhedor/a e leitor/a. Este tema está bem sistematizado nas cartas do livro *Expedição Leituras: Tesouros das bibliotecas comunitárias no Brasil.*[53]

---

* A organização social A cor da letra, realizando essa e outras ações, foi uma importante organização de São Paulo, responsável pela formação de mediadores de leitura e articuladora dos Seminários Conversas ao Pé da Página.

A aprovação de um projeto, ainda que ele tivesse o tempo de 12 meses, pareceu pouco para quem se dispunha a ficar 10 anos no território (Sim! Eu e Vera tínhamos decidido, como gestoras, ficar 10 anos com o grupo, na esperança de que aos vinte e poucos anos, eles e elas pudessem ser gestores/as do espaço, gerar outros projetos e ações). Com o recurso, seria possível enfrentar o prazeroso desafio de constituir o acervo e também reduzir os riscos de "perder os meninos" para precários serviços braçais longe de casa, uma vez que conseguimos incluir uma pequena bolsa de apoio (R$ 100,00) para os que tinham mais de 16 anos. Nós os escutamos dizer: "Não queremos levar a vida de nossas mães, que passam até seis horas no transporte público para trabalhar como domésticas ou para plantar aqui e vender no centro". Ouvimos. Pensamos, juntos/as, as saídas. O projeto era nosso, a biblioteca era nossa, como é possível verificar nos relatos de cada um. Se era nossa, precisávamos pensar em formas de envolver a comunidade para que esta também se sentisse pertencente.

Assim foi pensado desde o começo. Durante o Círculo de Memórias e Histórias da BCCL, relatam o processo para a escolha do nome: o grupo fez uma enquete no bairro com três alternativas – "Zumbi dos Palmares", "Caminhos da Leitura" e uma terceira que nenhum de nós conseguiu recordar. O escolhido foi "Caminhos da Leitura". Lembram-se de que isso provocou certa irritação interna. A maioria dos/as jovens, moradora do bairro Barragem, queria que fosse Zumbi dos Palmares, pela força e identidade com o herói negro. Chegaram a pensar em desconsiderar a escolha dos/as moradores/as (riem ao revelar esse pensamento). Reconhecem que esse foi mais um momento importante para o grupo: aprender a participar, ouvir e construir consensos.

Quem imaginaria que "Caminhos", caminhar pela leitura, movimentar-se, seria mesmo o que nos aguardava? Que um dia nossa "Caminhos da Leitura" se moveria tanto, a ponto de passar por alguns Trabalhos de Conclusão de Cursos (TCC) e chegar a uma dissertação do PPGTUR/USP sobre mobilidades? Olhando desse lugar, parece-nos que a comunidade de Parelheiros não poderia ter escolhido nome melhor.

Outras estratégias de aproximação da comunidade com a literatura foram criadas: poesias nas ruas, nos postes, nos muros; mediação de leitura nas escolas e creches do bairro incluída na grade curricular. Na UBS do Colônia, os livros eram o caminho para falar de outros temas que preocupavam a comunidade, como a dificuldade para subir a ladeira em dias de chuva, levando-nos a construir a escada de pneus. Um dia, ouvimos que faltava dentista. Acompanhamos e fortalecemos a reivindicação da comunidade: o dentista veio. Nossos ouvidos não ouviram só coisa boa. O dentista precisava de uma sala. Só tinha uma: a nossa! E agora? Entre o sorriso com dentes plenos e a leitura, qual escolha?

As nossas andanças pelo bairro, a presença nas escolas e na UBS, foram nos tornando conhecidos. Todos/as queriam um atendimento bucal público. Nós também. E depois de um ano falando sobre direitos humanos, não questionamos a escolha desleal entre o dentista e a biblioteca. Não havia, naquele momento, uma escolha a ser feita.

Alguém contou que a antiga casa do coveiro do Cemitério de Colônia, bem atrás da UBS, estava abandonada, com portas e janelas destruídas havia tempos. Seria preciso uma reforma, se os proprietários aceitassem cedê-la em contrato de comodato ao IBEAC. A experiência com a Biblioteca comunitária Solano Trindade nos ensinara essa forma de contrato: sem pagamento de aluguel, o inquilino se responsabiliza a cuidar e a oferecer um bem público. Foram algumas conversas, estranhamentos, dúvidas quanto ao distúrbio que uma biblioteca próxima ao velório poderia causar, mas ao final, conseguimos. O primeiro contrato foi feito por dois anos. Depois seria renovado algumas vezes.

A reforma foi feita em sistema de mutirão pelos jovens e seus familiares, com o apoio de parceiros e adotando os princípios da permacultura,* que reúne conhecimentos de sociedades tradicionais com técnicas inovadoras, criando uma "cultura permanente", sustentável, baseada na cooperação entre a humanidade, usufruindo do ambiente sem destruí-lo, proporcionando um espaço acolhedor, capaz de transformar morte em vida. Construímos mais um pedaço de estrada e um novo caminho: os conhecimentos adquiridos nas oficinas "mão na massa" poderiam enfim ser aplicados em algo coletivo.

ARQUIVO IBEAC (2010)

Mudança da biblioteca da UBS para o cemitério.

Era junho de 2010. Tinha jogo do Brasil na Copa do Mundo, mas tínhamos também que receber a mudança da biblioteca. Era

---

* Permacultura é um conceito criado pelos australianos Bill Mollison e David Holmgren, nos anos 1970. Trata-se de uma reunião dos conhecimentos de sociedades tradicionais com técnicas inovadoras, com o objetivo de criar uma "cultura permanente", sustentável, baseada na cooperação entre a humanidade e a natureza. Fonte: <tinyurl.com/ycy6hr7p> (Acesso: 8 jul. 2018).

o dia em que o pai de Tamires Siqueira poderia nos ajudar. No Círculo de Memórias e Histórias da bccl, André Barbosa, administrador do Cemitério do Colônia,* diz o quanto aquilo ficou marcado para ele: "Fiquei me perguntando: 'Esses meninos não vão parar pra assistir ao jogo?' Vocês não pararam e continuaram montando a biblioteca".

O processo de realocação da biblioteca não foi algo escolhido, recebido com alegria ou sem questionamentos. Estamos falando de adolescentes, que embora vivessem rondados por mortes evitáveis, provocadas por causas externas e violentas, acometendo jovens como eles/as, não tinham a menor intenção de avizinhar-se tanto à "dita cuja". Ninguém queria "estar mais pra lá do que pra cá". Uma das jovens, Regina, dizia que não iria "nem morta". Numa resposta rápida, disse-lhe que mortos iríamos todos/as, que nosso desafio seria ir vivos e favorecer que a literatura ajudasse outros a viverem também. A inspiração veio dos pensamentos de Antonio Candido sobre o direito humano à literatura, e de Michèle Petit sobre o papel da leitura literária na construção de subjetividades, de repertório para nomear o mundo, tendo melhores condições para viver nele e transformá-lo.

Assim, a criação de espaços para a fabulação, para a fantasia, para o uso de metáforas, para a construção estética e para a arte

---

* O Cemitério de Colônia é um cemitério privado, administrado pela Associação Cemitério dos Protestantes (Acempro). Fundado em 1829, o primeiro cemitério protestante do Brasil é tombado como patrimônio histórico do município. Estão preservadas lápides originais de colonos alemães e cruzes de ferro fundidas na Real Fábrica de Ferro São João de Ipanema, que funcionou em Iperó, no interior paulista, até 1895. O cemitério, que continua ativo, avançando no quintal da bccl, recebe católicos desde 1845. Nas visitas à biblioteca, especialmente no Sarau do Terror, inclui-se a visitação ao cemitério, guiada por André Barbosa ou pelos jovens.

foi escolhida como estratégia do IBEAC, como contribuição ao enfrentamento das violências e violações de direitos. Convidamos Helder Oliveira, grafiteiro da zona sul, para nos ajudar a pensar como levar mais poesias para as ruas. O encontro teve início com uma conversa sobre o espaço e seus sentidos. Ao nos perguntar se tínhamos orgulho ou vergonha de ter uma biblioteca em um cemitério, nos entreolhamos. As respostas saíram em tom de riso e poesia: "Ao sair da UBS, partimos daquela para uma melhor!"; "falaremos de vida, onde antes só tinha morte"; "se não tivemos flores para oferecer, levaremos poesia".

Fez-se, ali, mais um laço, com os fios que juntavam o grupo em três encontros semanais; dois deles, mais voltados à organização do espaço, à mediação de leitura, catalogação e classificação de acervo. Em um encontro semanal, chamado de "Planejação" e que se mantém até hoje, trabalhamos conteúdos voltados ao planejamento do cotidiano, à continuidade das ações como a escrita de projetos, monitoramento e avaliação das ações, mobilização e articulação da comunidade e dos parceiros/as e apoiadores/as, entre outros temas. Eles e elas foram preparados/as para se tornar referência para outros jovens e para a comunidade. E se tornaram "Embaixadores de Parelheiros", revelando aos vários cantos da cidade de São Paulo uma Parelheiros ainda pouco conhecida e distante dos estereótipos negativos comuns sobre a região.

O enraizamento comunitário em 12 anos de existência da BCCL levou ao fortalecimento do conceito e prática de garantia do direito humano à literatura para todos.[54] Uma história que começa na Unidade Básica de Saúde, vai para o cemitério, para as ruas e nestas vai criando novos espaços para os livros.

Do cemitério à maternidade: A literatura como direito humano

Lemos para ganhar tempo, para nos evadirmos,
para buscar um sentido para a vida, para nos distrairmos,
para vivenciar emoções alheias ao nosso cotidiano, para usufruir
um prazer estético com a linguagem [...], para participarmos
de uma corrente de construção e circulação de sentidos e
interpretações do mundo pela palavra que atravessa os milênios
e dá sentido à vida humana.
GARCEZ, Lucília. A leitura na vida contemporânea. *Revista*
Brasileira de Estudos Pedagógicos, v. 81, n. 199.

Há um desconhecimento por boa parte da população sobre a existência e a função das bibliotecas e suas especificidades, que vêm se modificando no tempo, como abordaremos. Compartilharemos a nossa compreensão do direito humano à literatura e como o temos vivenciado em Parelheiros. Era de se esperar que os/as moradores/as de um território que desconhecia a experiência de bibliotecas de acesso público, e ainda gestada por jovens que a levavam para as ruas, estranhassem ver livros, cantos e poesias ocupando as ruas:

"E lá vem a macumba!", diz a menina, entre risos, juntamente com todos os que passam pela rua ou esperam a abertura dos portões da Escola Estadual Prof. Belkice Manhães Reis, em Parelheiros, no extremo sul da capital paulista. Ela bem sabe que não se trata de candomblé, mas o espanto inicialmente causado pelo surgimento de um grupo de adolescentes vestindo roupas coloridas e batendo instrumentos de percussão vai ser sempre assim lembrado pelos moradores do bairro.

Agora, todos já estão acostumados a ouvir e a receber com boa vontade os garotos e garotas bem-humorados que circulam pelas ruas empoeiradas no projeto Cortejos Literários, para contar histórias e dar seu testemunho sobre a importância da leitura literária para o desenvolvimento humano (Instituto de Desenvolvimento Educacional, Cultural e de Ação Comunitária, 2013).

A biblioteca comunitária caminhava com os jovens, construindo sentidos para eles/elas e para a comunidade. Pode parecer estranho mover-se para criar raízes, mas era exatamente o que se fazia: mover-se era condição para o enraizamento comunitário. Tornar a biblioteca conhecida e disseminar o direito humano à literatura virou princípio e meta.

A quinta edição da pesquisa "Retratos da Leitura no Brasil",[*] realizada pelo Instituto Pró-Livro, no item sobre "Percepções e usos das bibliotecas", apontou que, para 51% dos/as entrevistados/as leitores/as que haviam lido um livro, integral ou parcialmente, nos últimos três meses, as bibliotecas são espaços para estudar e realizar pesquisas ou tarefas escolares e que apenas 16% acredita que seja "um lugar voltado para todas as pessoas". Quando questionados se "sabe[m] ou ouvi[ram] falar de um lugar onde poderia[m] pegar livros emprestados", 47% declara conhecer bibliotecas públicas e 14% cita algum lugar na comunidade onde há livros.

Em um país em que 48% de 8.076 entrevistados em 2019 para a referida pesquisa declararam não ser leitores (não ter lido um livro completo ou parcialmente nos últimos três meses) e, dentre os leitores, apenas 23% declararam ter comprado livros

---

* A pesquisa Retratos da Leitura no Brasil é realizada pelo Instituto Pró-livro a cada quatro anos. Mais detalhes sobre o método e resultados estão disponíveis em <www.prolivro.org.br> (Acesso: 29 dez. 2020).

nos últimos três meses, as bibliotecas comunitárias ganham ainda mais importância, porque fazem muito mais que distribuir livros: (trans)formam leitores.

Ao cunhar a expressão "direito humano à literatura", afirmando que nenhum povo vive sem metáforas, Candido coloca a literatura entre as necessidades universais. De acordo com o autor, precisamos da literatura e das metáforas para organizar e expressar sentimentos, nos humanizar, compreender que não há um destino dado. A literatura, "pelo fato de focalizar as situações de restrição dos direitos ou de negação deles, como a miséria, a servidão, a mutilação espiritual, pode contribuir para desmascararmos o que está velado".[55]

À literatura, fomos acrescentando leituras sobre crítica literária e formação de leitores/as. Esses textos foram se tornando o nosso chão, horizonte, céu. Os/as jovens foram se tornando leitores e mediadores de leitura: aquele "sujeito que cria um ambiente favorável para que o leitor em potencial se sinta à vontade para iniciar a viagem no universo da leitura e da literatura".[56]

Para Fernandez, Machado e Rosa, as bibliotecas comunitárias desempenham papel essencial na qualificação de mediadores/as de leitura. Em entrevista para a RNBC, Fernandez arremata:

Com certeza, como já colocamos na questão anterior, o imaginário é de trabalho improvisado, com pessoas com trabalhos mais intuitivos do que qualificadas para atuar. Além do dado da escolaridade, outro que destacamos é que a biblioteca comunitária foi recorrentemente citada como o espaço que contribuiu para que as pessoas voltassem pra escola, concluíssem sua formação, continuassem estudando, enfim, contribuiu para que as pessoas superassem muitas vezes suas dificuldades com a formação escolar. Além disso, foi muito frequente que pessoas que frequentam a biblioteca comunitária reconhecessem que é lá que aprenderam a ler e que isso se dá pela ação acolhedora de mediadores de leitura, que estão atentos às demandas desses leitores (Rede Nacional de Bibliotecas Comunitárias, 2018).[57]

Em Parelheiros, passamos a criar modos de espalhar literatura na comunidade, de promover o encontro entre ela e os livros, para que se tornassem "interagentes", isto é, mais que usuários da biblioteca, aberta a leitores e não leitores.[58]

Desde o início, os/as jovens mediadores/as se envolveram com o desenvolvimento do acervo: lemos catálogo de livrarias e jornais literários, realizamos bate-papos com autores/as consagrados/as e consagramos outros/as. "Saber que nem todo grande autor/a está morto/a nos levou a destacar essa informação nas prateleiras da biblioteca, com livros autografados e a legenda 'Estes a gente conhece!'".[59]

Aos poucos, os/as jovens foram se sentindo pertencentes a uma família literária e passavam a incluir a compra de livros e visita a eventos literários em suas programações. Quanto mais nos movíamos, mais éramos procurados por editoras, organizações de fomento à leitura, autores/as que citávamos em postagens nas redes sociais, interessados em ver de perto uma pequena biblioteca instalada em um local até pouco tempo desconhecido e esquecido da cidade de São Paulo.

Descobrindo o prazer pela leitura, mesmo sem saber exatamente como isso acontecia, os/as jovens mediadores/as sabiam que seria algo para começar desde cedo: levaram livros e mediação de leitura, quinzenalmente, para as creches e escolas do bairro. O grupo de estudo de *A casa imaginária: Leitura e literatura na primeira infância*, de Yolanda Reyes, deu origem às "semeadoras/es de leitura": um projeto escrito por eles/as para o Programa de Valorização de Iniciativas Culturais (VAI) da Secretaria Municipal de Cultura de São Paulo (SMC/SP).* A mediação de leitura chegou

---

* O programa de Valorização de Iniciativas Culturais (VAI) "foi criado pela Lei 13.540 e regulamentado pelo decreto 43.823/2003, com a

às gestantes e puérperas, para que assimilassem a importância da leitura literária desde o nascimento. Em 2020, uma parceria do IBEAC com o Instituto Emília, com apoio da Fundação Itaú Social, envolvendo cerca de 60 pessoas entre mediadores/as de leitura, educadores/as, agentes comunitários/as, profissionais da saúde, deu origem ao livro *Nascidos para ler, no melhor lugar para se nascer*. Trata-se de um livro com fotografias de crianças de Parelheiros e com prosas poéticas relacionadas às expressões registradas. O livro passou a ser distribuído aos/às nascidos/as em Parelheiros a partir de 2021.

Junto às "Mães Mobilizadoras" e aos/às "Agentes de desenvolvimento de comunidade saudável" do Centro de Excelência,* os/as mediadores/as de leitura levam os livros para os encontros com as gestantes nas UBS, a *Casinha das Histórias*, o *Banco do Livro*, as *Ruas Adotadas*, os sítios de produtores orgânicos do *Acolhendo em Parelheiros*, a *Amara Cozinha*, a *Casa do Meio do Caminho*: todos espaços criados pelo IBEAC e parceiros. Oportunamente, alguns deles serão apresentados.

Procuramos garantir que as pessoas ficassem expostas aos livros. E para isso, os espalhamos em todos os locais (sorveteria, bar, UBS, hospital, sítios, creches), realizamos *Cortejo de Leitura* levando músicas e poesia para as ruas, o sarau Mulheres na Literatura sobre autoria feminina, o Clube de leitura, o Cinedebate literário e o Sarau do Terror com literatura sobre morte, terror

---

finalidade de apoiar financeiramente, por meio de subsídio, atividades artístico-culturais, principalmente de jovens de baixa renda e de regiões do Município desprovidas de recursos e equipamentos culturais". Disponível em: <tinyurl.com/4jpnthzh> (Acesso: 29 dez. 2020). A BCCL teve cinco projetos apoiados pelo programa nestes 11 anos.

* O Centro de Excelência em Primeira Infância é desenvolvido pelo IBEAC em parceria com a Organização da Sociedade Civil (OSC) Centro Popular de Cultura e Desenvolvimento (CPCD).

e medo. A literatura e outros saberes são espalhados nas portas das casas, em postes de luz e muros, nos grupos de WhatsApp, pela Agência Comunitária Vozes Daqui de Parelheiros.*

Enfim, inventamos muitas maneiras de fazer do acesso à leitura um direito garantido em vez de privilégio. Essa até poderia ser uma história exemplar. Única. Isolada. Mas não é. Não se trata do voo solitário de *Fernão Capelo Gaivota*, de Bach;[60] quando o assunto é literatura e bibliotecas comunitárias, o voo é em bando.

As bibliotecas comunitárias no Brasil: um voo em bando

> *As bibliotecas, só aparentemente, são casas sossegadas.*
> *O sossego das bibliotecas é a ingenuidade dos ignorantes e*
> *dos incautos. Porque elas são como festas ou batalhas contínuas,*
> *e soam canções ou trombetas a cada instante.*
> MÃE, Valter Hugo. *Contos de cães e lobos.*

Enquanto as bibliotecas públicas são criadas e mantidas pelo Estado, as bibliotecas comunitárias no Brasil têm origem diretamente relacionada à distribuição desigual dos equipamentos culturais nas cidades e à ausência do Estado no tratamento das políticas do livro, leitura e bibliotecas.[61] Indivíduos e grupos comunitários de áreas periféricas e rurais privadas de equipamentos de cultura, de bibliotecas públicas e escolares, apoiados ou

---

* A Agência de Educomunicação Vozes Daqui de Parelheiros conta com representação de todos os espaços e times dos projetos do IBEAC e CPCD em Parelheiros. Na agência, podem ser encontrados os episódios de *podcast*, as edições do jornal mural, vídeos e publicações. Disponível em <tinyurl.com/5dtrmhcs> (Acesso: 29 dez. 2020).

não por instituições, escolhem a defesa da democratização do acesso à leitura e à escrita como suas causas. Empenham-se em conhecer autores e autoras que falam sobre suas existências, em escrever e reescrever as próprias histórias, dizer o que pensam sobre o vivido. Buscam "ressuscitar o que parecia sepultado", "gravar o ainda por fazer", "preservar o passado e promover rupturas".[62]

Em diferentes pontos do país, nas frestas do abandono, em espaços improvisados nos fundos de associações, no quarto de alguém, com livros doados ou adquiridos com sacrifício e dispostos em estantes descartáveis, lideranças comunitárias reconstroem o que a diáspora destruiu: um lugar na cidade,[63] uma biblioteca comunitária. Indivíduos, em sua maioria jovens, fazem pontes entre potenciais leitores, livros e autores e autoras invisibilizados/as, abandonados/as pelo cânone literário.

Machado, na tese *As bibliotecas comunitárias como prática social no Brasil*, apresenta pontos comuns entre as bibliotecas comunitárias:

1. a forma da constituição: são bibliotecas criadas efetivamente pela e não para a comunidade, como resultado de uma ação cultural.

2. a perspectiva comum do grupo em torno do combate à exclusão informacional como forma de luta pela igualdade e justiça social.

3. o processo de articulação local e o forte vínculo com a comunidade.

4. a referência espacial: estão, em geral, localizadas em regiões periféricas.

5. o fato de não serem instituições governamentais, ou com vinculação direta aos Municípios, Estados ou Federação.[64]

Embora pareça que as bibliotecas comunitárias sejam um fenômeno recente, desde o final dos anos 1970 o termo é citado no

Brasil, referindo-se à experiência americana de integração entre bibliotecas públicas e bibliotecas escolares.[65] Mário de Andrade e Paulo Freire, décadas antes, já citavam as "bibliotecas populares" como espaço de acesso à leitura, envolvimento e desenvolvimento da cultura do país.[66]

Passadas algumas décadas, ainda que seja crescente a visibilidade desses espaços na mídia e o interesse de algumas áreas em pesquisá-los, há proporcional imprecisão ao defini-los. São encontradas distintas concepções para bibliotecas comunitárias: como "espaço de educação não formal" ou "biblioteca alternativa" (ALMEIDA JÚNIOR, 1997; ALVES, 2015; GOHN, 2009; SALCEDO, 2015); espaços gestados pela comunidade, mesmo quando mantida por recursos do Estado ou privados (CAVALCANTE; FEITOSA, 2011); distintas das bibliotecas públicas, escolares e populares (ALMEIDA JUNIOR, 1997); espaços de relevância cultural e política em interação com outras modalidades de bibliotecas (ALVES, 2020); local de interação social e desenvolvimento pessoal e comunitário com características bastante específicas (MADELLA, 2010; FERNANDEZ; MACHADO; ROSA, 2019).

Os estudos sobre o estado da arte das definições de "bibliotecas comunitárias" no Brasil (MACHADO, 2009; SANTOS, 2018; ALVES, 2020) revelam, em parte, a reivindicação dos/as ativistas por um conceito que abarque os processos de construção de autonomia, a gestão compartilhada dos espaços, o enraizamento comunitário, a mediação de leitura, a mobilização cultural e a incidência nas políticas públicas que caracterizam uma parcela significativa dessas bibliotecas. Os/as mediadores/as de leitura e gestores/as de bibliotecas comunitárias as têm transformado em centros de cultura, superando a estereotipada compreensão das bibliotecas como local exclusivamente de empréstimo de livros. Nelas acontecem encontros de pessoas, escutas de histórias, conversas sobre livros, debate sobre temas propulsores de transformações individuais e coletivas. Nelas são discutidos problemas que afligem indivíduos e grupos e quaisquer questões que interessam às comunidades. Nelas são articuladas ações, mobilizados recursos, desenvolvidas estratégias de comunicação (MACHADO, 2008; PRADO, 2009; CASTRILLÓN, 2011; GUERRA, LEITE, VERÇOSA, 2018).

Com base na definição de Machado de que as bibliotecas comunitárias são um projeto social sem vínculo direto com instituições governamentais, mas articuladas com as instâncias públicas e privadas locais, "lideradas por um grupo organizado de pessoas, com o objetivo comum de ampliar o acesso da comunidade à informação, à leitura e ao livro[67]", e que visa à autonomia e à emancipação social, chegamos a um conceito, em 2006, ao criarmos, de forma coletiva, a Rede Nacional de Bibliotecas Comunitárias (RNBC). A partir daí, definíamos bibliotecas comunitárias como

> [...] espaços de incentivo à leitura, que entrelaçam saberes da educação, cultura e sociedade, que surgem por iniciativa das comunidades e são gerenciados por elas; ou, ainda, espaços que, embora não tenham sido iniciativas das próprias comunidades, se voltam para atendê-las e as incluem nos processos de planejamento, gestão, monitoramento e avaliação. O que caracteriza as bibliotecas comunitárias é seu uso público e comunitário, tendo como princípio fundamental a participação de seu público nos processos de gestão compartilhada. As bibliotecas comunitárias podem ser mantidas com fontes de recursos Municipais, Estaduais, Federal, iniciativa privada, organização não governamental, organismos internacionais e comunidades.[68]

Nessa definição, demarca-se a importância de que elas recebam recursos públicos para garantir o acesso da população ao livro, à leitura e aos espaços em territórios em que o Estado não se faz presente na política de leitura. E não são poucos os lugares desprovidos desse equipamento cultural! Basta olhar os dados do

Sistema Nacional de Bibliotecas Públicas (SNBP) de 2015, órgão federal criado em 1992 e que atualmente está subordinado à Secretaria Especial de Cultura (SECULT) do Ministério do Turismo (MTur), que reúne as bibliotecas públicas municipais e estaduais. Sem verificar se de fato algumas bibliotecas municipais continuam existindo, pois é recorrente que elas sejam desalojadas para privilegiar outros tipos de equipamentos, no Estado de São Paulo contava-se com 842 unidades[69] distribuídas em 645 municípios: uma média de 53 mil habitantes por biblioteca, enquanto a média nacional é de 33 mil, e a recomendação da Organização das Nações Unidas para a Educação, Ciência e Cultura (Unesco) é de dois livros disponíveis por habitante.

Sem dúvida, estamos longe de alcançar as metas recomendadas, como a que previa uma biblioteca por espaço educacional até 2020.* De toda forma, nessas contas não entram as bibliotecas comunitárias.

Não há um mapeamento nacional que as quantifique. Além da RNBC – composta atualmente por 119 bibliotecas comunitárias, organizadas em 11 redes locais –, sabemos da existência de outras duas redes: a rede de bibliotecas comunitárias da Expedição Vaga-Lume, com mais de 150 bibliotecas comunitárias em áreas rurais da região amazônica e que tem entre suas metas a gestão das bibliotecas comunitárias feita por crianças, suas

---

* A lei 12.244, de 25 de maio de 2010, dispõe sobre a universalização das bibliotecas nas instituições de ensino do país (Disponível em: <tinyurl.com/3yeae6fw>. Acesso: 28 dez. 2020) e determina a implantação de bibliotecas em todas as instituições de ensino do Brasil, públicas ou privadas, até 2020. Em 2019, de acordo com o Instituto Nacional de Estudos e Pesquisas Educacionais Anísio Teixeira (INEP), apenas 51,7% das escolas públicas possuíam bibliotecas (Ver DADOS DO INEP mostram que 55% das escolas brasileiras não têm biblioteca ou sala de leitura. Notícias da Câmara Legislativa (Brasil), 6/12/2018).

famílias e educadores/as,* e as 110 bibliotecas comunitárias criadas a partir de 1999 pelo programa Ler-é-Preciso do Instituto Ecofuturo, e que estão em 60 municípios de 12 estados brasileiros, aproximando pessoas e livros, investindo na formação de leitores/as.**

Para além das especificidades de cada rede, sabemos que compartilhamos o compromisso com a democratização do acesso ao livro e à leitura. Um sistema nacional de bibliotecas comunitárias facilitaria um maior conhecimento sobre essas redes. Porém, o que há são iniciativas isoladas de sistemas municipais de bibliotecas e de coletivos, como a RNBC, que acaba de lançar o *Mapa de leitura*,*** "um aplicativo para conectar bibliotecas comunitárias entre si e com leitores, voluntários, colaboradores e parceiros". Trata-se de um cadastramento que pretende fornecer, em breve, uma base quantitativa e qualitativa de bibliotecas comunitárias, além de estimular a formação de novas redes.

Nos últimos anos, temos acompanhado o surgimento de bibliotecas comunitárias e o crescimento de articulações interbibliotecas, estimuladas ou não por apoiadores financeiros. A RNBC é uma delas: foi criada em 2015 com apoio do Programa Prazer em Ler do Instituto C&A (PPL/IC&A), que já apoiava as bibliotecas comunitárias individualmente e as redes de leitura, desde 2009. Em 2017, o IC&A decidiu se retirar das pautas de educação e investir na cadeia produtiva da moda. Teve início um

---

* Mais informações sobre a Expedição Vaga-Lume estão disponíveis em: <www.vagalume.org.br> (Acesso: 30 nov. 2020).

** Mais informações sobre o Instituto Ecofuturo em <tinyurl.com/erpev5k8> (Acesso: 30 nov. 2020).

*** O Mapa de leitura foi desenvolvido por um grupo de estudantes de Porto de Alegre, que passou a integrar a RNBC. Está disponível em <www.mapadaleitura.com.br> (Acesso: 28 dez. 2020).

movimento da gerente do Programa de Educação do Instituto, Patrícia Lacerda, para transferência dos legados construídos durante anos, sinalizando para o risco de alguns movimentos retrocederem, caso não tivessem apoio financeiro para prosseguir com as ações. Em suas palavras, a RNBC "deveria ser considerada um Patrimônio Nacional. Ela é detentora de saberes, de um legado de clareza de propósito".[70] E assim, em uma reunião da Rede Leitura e Escrita de Qualidade para Todos (LEQT*), da qual participo representando a RNBC, a Fundação Itaú Social "apanhou o grito", e começou-se a tecer o amanhã:

I.
Um galo sozinho não tece uma manhã:
ele precisará sempre de outros galos.
De um que apanhe esse grito que ele
e o lance a outro; de um outro galo
que apanhe o grito de um galo antes
e o lance a outro; e de outros galos
que com muitos outros galos se cruzem
os fios de sol de seus gritos de galo,
para que a manhã, desde uma teia tênue,
se vá tecendo, entre todos os galos.

---

* "A Rede LEQT reúne representantes de investidores sociais privados, organizações sociais, setor público, academia, produção editorial, bibliotecários e autores. Tem como missão contribuir para o desenvolvimento democrático da cultura e escrita no Brasil por meio de ações coordenadas e cooperativas entre empresas, poder público e organizações da sociedade civil, de modo a superar a fragmentação e descontinuidade nas políticas de promoção da leitura e a obter mais e melhor impacto na área por meio dessa atuação em rede". Disponível em: <tinyurl.com/ufnu3ud2>. (Acesso: 29 dez. 2020).

2.

E se encorpando em tela, entre todos,
se erguendo tenda, onde entrem todos,
se entretendendo para todos, no toldo
(a manhã) que plana livre de armação.

A manhã, toldo de um tecido tão aéreo
que, tecido, se eleva por si: luz balão.[71]

É de Patrícia Lacerda que pego emprestada a expressão "voando em bando, vamos mais longe". Com um novo apoiador, a RNBC segue como "um movimento pela democratização do acesso ao livro, à leitura, à literatura e às bibliotecas", defendendo o direito humano à literatura, revelando um *Brasil que lê*,* escreve e valoriza a diversidade do país.

O "bando" de São Paulo que voa com a RNBC é a Rede Litera-Sampa, que surgiu em 2010, quando 7 organizações sociais dos municípios de São Paulo, Mauá e Guarulhos se juntaram com o objetivo de promover a leitura literária. Ao longo desse período, a rede cresceu, agregou bibliotecas escolares, uma biblioteca

---

* "O Brasil que lê", além de dar nome à publicação da pesquisa "Bibliotecas Comunitárias no Brasil: Impactos na formação de leitores", coordenada por Fernadez, Machado e Rosa (2018), é o nome do festival literário e musical realizado pela RNBC no formato digital, no período de 7 e 28 de novembro de 2020 e que terá nova edição em 2021. A publicação e a programação do festival estão disponíveis em <www.rnbc.org.br> (Acesso: 28 dez. 2020). Em dezembro de 2020, a RNBC foi surpreendida pela apropriação do nome por uma pesquisa nacional de mapeamento e análise de iniciativas de formação de leitores e mediadores, sob responsabilidade da parceria entre Instituto Itaú Cultural, Instituto Interdisciplinar de Leitura da PUC-Rio, Cátedra Unesco de Leitura PUC-Rio e JCastilho Consultoria. Disponível em: <tinyurl.com/2hps2jcj> (Acesso: 17 dez. 2021).

pública e outras bibliotecas comunitárias, tecendo uma rede de leitura e levando os fios para novas tramas nas ruas, becos e vielas de onde estamos inseridos.

Palavreando as ruas, como o poeta Aleixo, jogando "palavra no vento pra ela voar", palavras "que nem remédio", palavras "para guerrear" ou "em pétala de rosa, se o tempo for de amar", "palavras ao vento, só prá ver ela voar[72]" entre crianças, jovens, adultos, idosos/as, leitores e não, letrados e não, entre a gente e interagentes, na defesa do direito humano à literatura, chegamos à final do Prêmio Jabuti 2019. Levamos nosso lembrete e recado: "A periferia lê"!

Prêmio Jabuti 2019 Rede LiteraSampa finalista.

As redes de bibliotecas comunitárias, em constante expansão, pelas cidades do Brasil vão tecendo suas tramas e colocando, ideias, sonhos e pessoas em movimento. A bccl se junta a outras saídas de becos e vielas de São Paulo e cria a Rede LiteraSampa. Vai mais longe e mais junto, e cria a rnbc.

A biblioteca começa a se mover

Um lugar é também o resultado das experiências intangíveis, matéria da memória acumulada, e vai muito além da fachada, dos alicerces e dos salamaleques da decoração. Acontece que a fúria do contemporâneo, afeita aos grandes negócios, esmaga o intangível, vê a tradição apenas como simulacro e despreza o que não é mensurado pelas expectativas do mercado.
SIMAS, Luiz Antonio. *O corpo encantado das ruas.*

A viagem coletiva apareceu bem cedo como estratégia pedagógica e de fortalecimento do grupo.* Revisitei minha caixa de e-mail e fui encontrando as idas e vindas de/para Parelheiros, e as tramas e os entrelaçamentos necessários para que cada desejo/ sonho se materializasse. Um começo importante foi um convite dirigido a mim, em 2012, para que dois jovens pudessem participar da Flipzona, espaço da Flip Festa Literária Internacional de Paraty (RJ) dedicado à fala de jovens. Pediam nome e RG para compra das passagens de avião. Coletivamente decidimos que seriam Sidineia Chagas e Renan Gomes. Pela primeira, vez eles subiriam ao palco de um evento literário, um dos mais antigos e talvez o mais famoso evento do gênero do país, para falar de Parelheiros.

Quando dei a notícia, os olhos do grupo tinham um misto de brilho, emoção e tristeza pelos que ficariam. Tínhamos vivido a experiência de participação no Encontro Nacional de Adolescentes – ENA, em Santa Bárbara d'Oeste, interior de São Paulo, em que todos puderam estar. Não demorou para que chegassem com perguntas e propostas: "E se em vez de a dupla ir de

---

* Em *Nós viajamos a biblioteca*, abordaremos com mais detalhes os deslocamentos dos jovens e as viagens que envolveram a BCCL.

avião, utilizássemos o valor para comprar passagens de ônibus e ir mais alguns Escritureiros? Será que não conseguiriam uma escola para dormir e utilizar o dinheiro do hotel para comer?". Uma enxurrada de ideias.

Foi assim, com a primeira ida a Paraty (outras se sucederam) que desencadeamos, além da viagem, um importante fluxo de informações e relações da BCCL: vários parceiros mobilizados, muitas reuniões, incontáveis mensagens de e-mail e telefonemas. Tudo porque acreditávamos na importância "dos meninos e das meninas" levarem a biblioteca e Parelheiros para outros lugares e no impacto que viajar juntos/as poderia produzir na constituição do "nós", como pude reler em e-mail que enviei a um parceiro, que ajudou na compra de passagens de ônibus:

> [...] Vera deu início, por telefone, à mobilização de alguns amigos dela e dos filhos. Ajudaria ter um material escrito, algo simples, para mandar por e-mail (...) no final, 11 Escritureiros dos que estão desde o início querem participar. Tínhamos combinado que seriam 8! Estamos com pena de deixar 3 de fora sabendo o quanto as viagens fortalecem os grupos, não apenas pelos saberes novos, mas especialmente pelos processos coletivos de conhecimento pessoal, de convivência... Achamos que seria bom e importante para eles, mas nos adequaremos aos recursos e ao espaço. Vamos ver! Vai dar certo! Beijos (Bel Santos para Edson Feitosa, 14/06/2012, 00:40 – Acervo pessoal)

Conseguimos que todo o grupo fosse para Paraty. Na entrevista com os cinco jovens mediadores de leitura, essa viagem foi mencionada recorrentemente pela confiança depositada em um grupo tão jovem, pela experiência literária, pelo clima que se instaurou na casa alugada, pelas decisões coletivas para alimentação, limpeza, acomodação nos quartos. Foi um marco. Pegamos gosto pelo viajar entre os que falam de leitura e procuramos contagiar mais pessoas. A bccl deu início a um dos primeiros movimentos de intercâmbio entre bibliotecas. Entre 2011 e 2012, quando ainda não existia a rnbc, 50 pessoas de três redes locais *LiteraSampa, ValeLendo* (do Vale do Paraíba) e Redes de Leitura (de Porto Alegre) encontraram-se em São Paulo para trocar experiências e impressões sobre literatura africana, após a leitura de obras de Mia Couto e Ondjak, e visitas a espaços culturais da cidade: o Museu da Língua Portuguesa, a Biblioteca de São Paulo, o Museu Afro Brasil e o Sarau da Cooperifa.* Em Porto Alegre, participamos da *Feira do Livro de Porto Alegre*, visitamos pontos turísticos da cidade e realizamos um sarau literário pelo Rio Guaíba. Eu e dois jovens representamos a bccl.

Entre 2017 a 2018, as viagens foram incorporadas de forma efetiva, à afetiva, à metodologia de formação de formadoras/es e de sistematização da rnbc. Chamada de *Entre-Redes*, contando com apoio financeiro do ppl/ic&a e da Fundação Itaú Social (fis), a ação consistiu na viagem, em duplas, de 10 representantes de bibliotecas comunitárias a outras bibliotecas de redes diferentes das suas. Em um terreno que conhecem bem, que lhes é familiar e ordinário, deveriam buscar o estranhamento, o extraordinário para os eixos de atuação da rnbc: espaço, acervo, mediação, enraizamento comunitário, gestão compartilhada, comunicação, articulação, incidência política, mobilização de recursos.

Aos viajantes cabia "arrumar as malas" (fazer leituras, organizar o roteiro, planejar a visita) e aos anfitriões escolher o que

---

* A Cooperifa é um movimento cultural criado em outubro de 2001 por Sérgio Vaz, ao desenvolver atividades poéticas no bar do Zé Batidão, na periferia do extremo sul da cidade de São Paulo. Dentre as intervenções culturais que realizam, encontram-se: Cinema na laje, Chuva de livros, Várzea poética, Poesia no ar, Ajoelhaço, Natal com livros, Mostra cultural, Sarau nas escolas, Canja poética e o Sarau da Cooperifa que, segundo os criadores, "é quando a poesia desce do pedestal e beija os pés da comunidade". <www.cooperifa.com.br>.

mostrar e preparar a acolhida. A equipe gestora da RNBC, em diálogo com as redes locais, providenciava todos os detalhes que envolvem viagens (consulta e compra de passagens, reserva de hotel, recurso para alimentação etc.). Um processo que, dentre tantas aprendizagens, resultou na primeira publicação da RNBC – *Expedição Leituras: Tesouros das bibliotecas comunitárias no Brasil*, que adota, no formato e na linguagem, elementos do viajar: os textos são cartas escritas para toda a Rede a partir dos diários de viagem; há, por exemplo, seções como "Arrumando as malas" e "Uma viagem pelas bibliotecas comunitárias"; entre os encartes, encontram-se cartões postais e o "Mapa traçado pelos sistematizadores".[73]

Voltando às viagens da BCCL, em 2015 foi a vez de outros 50 mediadores/as de leitura integrantes das redes *Conexão Leitura* da capital do Rio de Janeiro, *Baixada Literária* da Baixada Fluminense, *Tecendo uma Rede de Leitura*, de Duque de Caxias, e *LiteraSampa*, de São Paulo, se encontrarem na cidade do Rio de Janeiro. Dialogamos sobre "Literatura e Resistência" com a escritora Nilma Lacerda, realizamos um sarau literário na Biblioteca Comunitária José Paulo Paes e o Museu da Maré no Complexo da Maré, a Biblioteca-Parque Estadual, o Centro Cultural do Banco do Brasil (CCBB), a Casa França-Brasil, o Centro Cultural dos Correios, o Museu de Arte do Rio (MAR), as praias de Copacabana e Ipanema. Para a quase totalidade do grupo, foi a primeira viagem em avião, a primeira estada em hotel, o primeiro roteiro turístico. Eu e quatro jovens estávamos lá novamente.

Os encontros com os/as jovens e gestoras da BCCL geraram curiosidade em pessoas de diferentes segmentos em conhecer de perto e de dentro o que acontecia em Parelheiros. Passamos a receber semanalmente pedidos de visitantes individuais e de grupos: pesquisadores/as universitários, grupos de jovens, gestores/as de políticas públicas municipais e estaduais, jornalistas, escritores/as, turistas em visita a Parelheiros pela primeira vez e que queriam conhecer uma experiência de biblioteca comunitária gestada por adolescentes e jovens da qual "ouviram falar"; financiadores de projetos querendo apresentar a biblioteca como um exemplo de atuação ou espaço de diálogo sobre desenvolvimento territorial e mobilização juvenil.

O grupo se organizou para apresentar a biblioteca, o cemitério, os demais projetos da região e a região em si. Nos últimos anos, foi preciso fixar um dia no mês para as visitas. Novamente – e talvez sem uma intenção explícita – volta a estética turística à cena: o receber, com os rituais deambulatórios e narrativos, vão compondo práticas de hospitalidade que, noutras condições, seriam chamadas de "receptivo turístico". Não é o caso, exatamente, do que se observa aqui, mas, por óbvio, há uma performance que lembra a dinâmica turística e isso será objeto de melhores discussões mais adiante.

Começamos a direcionar as visitas aos eventos. Em um dado momento, perceberam que o Sarau do Terror, idealizado por eles e elas, despertava o interesse do público. O evento, que acontece próximo ao Dia de Finados, foi uma forma encontrada pelo grupo para ressignificar a localização da biblioteca em um cemitério. Tendo a morte como mote, o Sarau do Terror dura em média oito horas, divididas entre visita ao Cemitério de Colônia, guiada por seu administrador, incluindo declamação de poemas e apresentação teatral de algum clássico da literatura (*Macbeth*, de William Shakespeare, por exemplo, pela Cia de Teatro Artemanha), Roda de Conversa ("A morte nas religiões", "Morte e medo", "Genocídio da juventude negra", "A morte na literatura", "Morte nas culturas africanas", "O direito do morto"), contação de histórias (*Contos de enganar a morte*, de Ricardo Azevedo [2003], *Contos de medo* e causos da região – "Eu juro que vi!").

Reunindo cerca de 200 participantes provenientes de diferentes regiões da cidade e de municípios da Grande São Paulo e do interior a cada edição, a visibilidade do Sarau do Terror favoreceu a inclusão da biblioteca no site do Polo de Ecoturismo da cidade de São Paulo.*

Em 2010, voltei aos bancos universitários para estudar Turismo, depois da tentativa frustrada (pela distância do Centro) de que alguém nos ajudasse a pensar o Turismo de Base Comunitária (TBC) na região de Parelheiros. Foi só um começo de conversa, o ponto de partida para o diálogo e a parceria com a Associação de Agricultores Acolhida na Colônia de Santa Catarina.[74] Mais tarde, após algumas idas nossas a Santa Catarina e vindas de agricultoras a Parelheiros, esse encontro viraria o *Acolhendo em Parelheiros,*** projeto que está sendo desenvolvido em parceria entre os produtores familiares de orgânicos da Cooperativa Agroecológica dos Produtores Rurais e de Água Limpa da Região Sul

---

* O Polo de Ecoturismo da cidade de São Paulo foi criado pela lei nº 15.953, de 7 de janeiro de 2014. O site concentra histórico, atrações, roteiros e infraestrutura de Parelheiros, Marsilac e Capela do Socorro. A BCCL é citada junto ao Cemitério de Colônia na aba "Patrimônio Histórico". Disponível em <tinyurl.com/mprkawx7> (Acesso: 30 dez. 2020).

** O Acolhendo em Parelheiros é uma ação de Turismo de Base Comunitária desenvolvido pelo Grupo Acolhendo em Parelheiros (GAP), que tem como ferramenta o Agroturismo Comunitário. É desenvolvido pelo IBEAC em parceria com a Associação de Agricultores Acolhida na Colônia (Santa Catarina), a agência Arariba – Turismo & Cultura, o Serviço Social do Comércio de São Paulo (Sesc-SP) e a Cooperativa Agroecológica dos Produtores Rurais e de Água Limpa da Região Sul de São Paulo (COOPERAPAS). O GAP teve início reunindo sete propriedades agroecológicas, a BCCL e os projetos Amara: Cozinha de Alimentação Saudável desenvolvido pelo IBEAC e o Espaço Parelheiros Saudável – Territórios Abraçados do Centro Popular de Cultura e Desenvolvimento (CPCD). A partir de 2020, com o projeto "Acolhida em São Paulo", novas 30 propriedades agroecológicas passam a integrar o grupo, com o objetivo de disseminar as aprendizagens, organizar um roteiro pedagógico agroecológico e constituir uma associação. Mais informações disponíveis em: <www.acolhendosp.com.br> (Acesso: 2 dez. 2021).

de São Paulo (COOPERAPAS), a Amara – Cozinha Saudável (que também teve origem na BCCL), a Casa das Histórias e o Projeto Vargem Grande Comunidade Saudável, que também conta com uma biblioteca. A ação tem recebido apoio do Sesc-SP, foi apoiada por dois anos pelo British Council,* e, desde 2020, por meio do *Projeto Acolhendo em Parelheiros: Saberes e fazeres*, contemplado no edital Empreendedorismo Social 2019 da Pró-Reitoria de Cultura e Extensão Universitária (PRCEU).**

A BCCL vai se consolidando como espaço de formação, convergência e irradiação de mudanças. O trabalho literário desenvolvido desde 2009, com a disseminação de leituras, formação de leitores/as, aproximação da cadeia produtiva e distributiva do livro a uma comunidade que até pouco tempo era desconhecida

---

* O British Council, por meio do Newton Fund, apoia organizações da sociedade civil locais e internacionais que têm expertise na área de empreendedorismo social e jovem, igualdade de oportunidades e diversidade, inclusão social e cidadania ativa. O IBEAC teve apoio por dois anos consecutivos para o desenvolvimento dos projetos Amara: Cozinha Saudável e Acolhendo em Parelheiros.

** O projeto Acolhendo em Parelheiros: Partilha de saberes e fazeres é coordenado por mim com supervisão do professor Thiago Allis (PPGTUR) e vice-supervisão do professor Marcelo Vilela de Almeida (programa de Pós-Graduação em Mudança Social e Participação Política – PROMUSPP), e conta com a participação da mestra Lucélia Borges Pardim (PROMUSPP) e de dois parceiros externos – a Associação de Agroturismo Acolhida na Colônia e o Instituto Brasileiro de Estudos e Apoio Comunitário (IBEAC). Com o objetivo de contribuir para o empreendedorismo social no âmbito do turismo de base comunitária, disseminando conceitos e práticas voltados à sustentabilidade socioambiental, adolescentes e jovens estudantes da rede pública do ensino fundamental II e médio da região sul da cidade de São Paulo e estudantes de graduação de diferentes áreas de ensino da USP, que tenham em suas grades curriculares disciplinas correlatas ao empreendedorismo, farão encontros com o Grupo de Agroturismo de Parelheiros (GAP).

e estigmatizada, tem sido essencial para a proposta de turismo de base comunitária que está acontecendo. Pessoas de diferentes regiões da cidade, do Estado e de outros países têm se deslocado até Parelheiros, precisamente à biblioteca comunitária, movidas pelo desejo de se reunirem pela palavra, pela literatura, num pedaço de Mata Atlântica, acolhidas pelas vidas simples dos familiares e vizinhos dos/as jovens. As histórias estão sendo contadas, recriadas, registradas na primeira pessoa do plural: "nós".

Enlace de turbantes: Diário de uma mulher negra, ativista da leitura

ACERVO PESSOAL (2020)

Enlace de turbantes, de Magno Faria (Aquarela).

Cheguei na metade do trabalho. Até aqui, são pouco mais de 100 páginas. Páginas? São muito mais que 300 dias de vida de uma ativista da leitura, que não pode se dedicar exclusivamente para a escrita do seu mestrado. E acho que nem teria feito isto se pudesse. E desde quando a gente consegue só estudar? Luto para que gente jovem "das minhas quebradas" possa fazer isto. Fico tão orgulhosa vendo algumas meninas do Programa de Pós-Graduação em Turismo estudando para valer, vivendo a vida da USP no dia a dia. Aprendo tanto com eles e elas. Filipe e Denise são um tipo de representantes de classe. Colocam-se entre nós e as normas, estão nos possíveis espaços de decisão da USP, falam por nós, defendem nossos interesses. Filipe foi quem me recebeu no primeiro dia de mestranda. Ele é da Zona Leste como eu e como a EACH. E nós adoramos isto.

A Denise é pretinha como eu. E nós adoramos isto também. Ela e ele são tão sabidos. Nos representam tão bem. Há vezes em que me perco com os formulários e prazos, e antes do desespero chega uma mensagem no WhatsApp: "Belzinha, está lembrada que...". Escrevo isto, para que os nossos, as nossas que chegarem neste espaço acadêmico, lembrem-se que ele pode ser feito muito mais por cuidados que por competição.

Escrevo para os "meninos e meninas" de Parelheiros. Meninos e meninas tão crescidos! Estou parecendo a D. Dorinha e Seu Miguel – mãe e pai – chamando as filhas quase todas cinquentenárias de meninas... Sei que este jeito de chamar diz muito sobre o sentimento de cuidado, proteção e responsabilidade que ele e ela assumiram quando as cinco filhas estrearam no palco da vida.

Escrever este mestrado foi um exercício de equilíbrio entre o ativismo e a vida acadêmica. Lembro sempre de uma fala do Weber Góes, um parceiro que um dia foi "um menino da Biblioteca Comunitária Solano Trindade" às vésperas de entrar no doutorado: "Pô Bel! A gente faz o projeto e vai para a academia e ouve deles que o projeto é ativista demais e pouco acadêmico. Aí a gente vai discutir o projeto com os nossos e nossas e acham que é acadêmico demais. Será que a gente não tem um lugar, não?" Felizmente o Weber segue talvez na metade do seu doutoramento. Viva! E eu fui tentando jeito de diminuir estas distâncias provocando e promovendo outras idas e vindas.

No dia 31 de maio de 2019 foi a minha qualificação. Ah! Foi bom fazer o caminho de metrô e trem com Rafa, Vera, Elisa Machado e chegar na USP e encontrar as colegas das mobilidades, os colegas do Programa, a Juliana Piauí e o Magno, a Mauri (que mora no Keralux, pertinho da EACH e que um dia vai fazer o mestrado nela), a Cida Jurado – amiga desde a gestão da Luiza Erundina, na qual trabalhamos juntas, a Aline e a Zahira Dandara com seu macacão amarelo (guardado para a ocasião como ela me contou depois), esparramada pela USP de quando em quando me mandando uma piscada ao estilo: "Você sabe tudo, Bel!". Eu sei de não saber, mas conheço tanta gente que sabe e tem paciência de me ensinar.... No dia em que depositei meu texto para a qualificação, coloquei um trecho do livro *Cidades invisíveis* do Italo Calvino. Eu tinha acabado de estudá-lo com uma garotada do projeto Literatura e Direitos Humanos. Chamei o meu texto de "nossa Aglaura Caminhos da Leitura". Estava cansada e feliz por estar na metade do caminho, seguindo com "um bonde" de gente que me inspira.

> "(...) se quisesse descrever Aglaura limitando-me ao tempo que vi e experimentei pessoalmente, deveria dizer que é uma cidade apagada, sem personalidade, colocada ali quase por acaso. Mas nem isso seria verdadeiro: em certas horas, em certas ruas, surge a suspeita de que ali há algo de inconfundível, de raro, talvez até de magnífico; sente-se o desejo de descobrir o que é, mas tudo o que se disse sobre Aglaura até agora aprisiona as palavras e obriga a rir em vez de falar. Por isso, os habitantes sempre imaginam habitar numa Aglaura que só cresce em função do nome Aglaura e não se dão conta da Aglaura que cresce sobre o solo. E mesmo para mim, que gostaria de conservar as duas cidades distintas na mente, não resta alternativa senão falar de

uma delas, porque a lembrança da outra, na ausência de palavras para fixá-la, perdeu -se."

ITALO CALVINO, As cidades e o nome. In: *As cidades invisíveis.*

Envolvendo turbantes: Diário de uma mulher negra, pesquisadora acadêmica

ACERVO PESSOAL (2020)

Envolvendo turbantes, de Magno Faria (Aquarela).

Um desafio no processo da pesquisa foi colocar em constante diálogo o que escrevo com o que é falado. Em abril de 2019, quando Mia Couto esteve no Brasil, para o lançamento de uma edição maravilhosa de *Grande Sertão Veredas*, lançou perguntas que me importaram no processo acadêmico:

"Como colocar em diálogo os que falam e os que escrevem?"
"Como contrabandear linguagens"?
"Como renovar o mundo pela renovação da língua?"
"Como escrever sem perder o sotaque?"

Escrevi a parte teórica da pesquisa no auge da pandemia de covid. Não dava para sair e tomar um cafezinho como o orientador, com as colegas das mobilidades, com meu bando da literatura. Os cafés, uma caminhada ajudariam a fazer parte da insegurança desaparecer.

Sim, a Bel, "a deusa", "a rainha", "a legendária" passou por bons pedaços de insegurança. Acho que foi difícil para o Thiago entender a minha insatisfação. Fiquei muitas vezes em dúvida se o que eu estava escrevendo tinha consistência acadêmica e, também, se seria compreendido por minha gente. Há os que dizem que trabalho acadêmico é acadêmico e ponto final. Se bem que depois de o Brasil estar governado por uma pessoa avessa à produção científica e à universidade tenha aumentado o número de acadêmicos/as preocupados/as em diminuir as distâncias entre os que escrevem e os que falam.

O que foi importante nestes momentos: conversar com o orientador, conversar com as amigas próximas, parar comer uma fruta, ler literatura, ouvir música, passar o texto para pessoas (poucas pessoas) que eu admiro ler. Quando minha amiga Dolores Prades disse que o texto estava bonito e coerente eu acreditei. Thiago já tinha dito isto, mas não sei porquê (acho que até sei) estava com uma sensação de que em suas afirmações tinham algo de "para um mestrado está bom". E quem me conhece sabe que nunca entrego algo mais ou menos para ficar livre. A minha liberdade está em entrar só em coisas que fazem sentido. Depois da Dolores, Marcinha (Marcia Cunha) também leu e aprovou. Marcinha foi lendo como capítulos de novela. Eu terminava e lhe enviava. Conheço Marcinha há mais de 20 anos. Ela sabe fazer um relatório de chumbo parecer um passarinho. Foi muito bom tê-la no WhatsApp e no e-mail.

Mas foi importante demais cada mensagem que chegava dando apoio, oferecendo qualquer tipo de ajuda. Fez bem demais. Demais mesmo. Até o último minuto quando fizemos uma enquete para

Mestrandos e doutorandos da USP: *manifestação contra desmontes da educação (2020)*

escolher um novo nome para a dissertação. Depois da qualificação, sem que ninguém tivesse feito este pedido, eu e Thiago achamos que era preciso ter um nome "mais robusto", com mais cara de acadêmico? Fui chegando ao final do texto e não estava feliz com o nome que parecia bula de remédio: *Caminhos da leitura: Um estudo sobre turismo, mobilidades e leitura a partir de uma biblioteca comunitária.* Eu, levada pelo cansaço físico, tinha desistido. Porém, depois de olhar para o conjunto do texto, fiquei com muita pena de não dar um nome digno à vida embalada nestas páginas. Ajeitei o turbante e fui! Eu, Marcinha e Thiago chegamos a cinco nomes possíveis. Nada melhor que uma enquete.

Tenho ouvido muitas mulheres falarem sobre o medo.

Cada vez que eu conversava com a minha mãe ela dizia: "Filha! Tudo vai dar certo! Coragem você tem! Inteligência você tem! Maria vai passar à frente para você terminar o mestrado". "É verdade... falta bem pouquinho, mãe!"

Quando o colo chega sem precisar pedir

A semana era daquelas. Na verdade, faz um tempo que todas são. Cada dia com três coisas grandes distribuídas em 24 horas cheias de miudezas agradáveis e nem tanto. Assim. Sem vírgulas. Naquela quinta-feira não havia brecha para fatos inesperados, mas na mísera horinha reservada para um cochilo chega a notícia da morte de uma guerreira chamada Tula Pilar. O que era sono e cansaço virou tristeza, misturada a mensagens e telefones para saber e compartilhar notícias.

Nos últimos 10 minutos, água fria, maquiagem, um sorriso para falar de leituras, literaturas, bibliotecas ao lado do parceiro Pierre e do Flávio.

Eu estava no circuito Curitiba Lê.

Na chegada, encontro "uma menina" que tinha ido ali para me dar um presente: "Eu te sigo" – disse ela. Diante de meu olhar de espanto (ainda não me acostumei com a vida virtual). E continuou: "Eu, minha mãe e minha tia fizemos um presente para você"!

Uma "Mulher Maravilha Negra". E, sem saber (eu acho), um abraço cola-caquinhos e o colo que eu precisava. Obrigada Samara, D. Eloir e D. Elnita. Parabéns pelas Rosas Negras. Olho para a minha Mulher Maravilha e começo o dia sorrindo, lembrando de tudo que veio com ela.

Eu tenho certeza de que só consegui acomodar "a acadêmica" no corpo da "ativista da leitura", "gestora institucional", "educadora", "filha, irmã, tia" porque recebi muito. Agradeço:

• Cada poesia que chegou na madrugada.
• A torta de morango dos vizinhos D. Marilene e Sr. Wilson.
• As flores e as sopinhas da D. Elisa.
• O cuscuz e as sopinhas da D. Dorinha.
• A risada e o sorriso do Seu Miguel, meu pai.
• A massagem nas costas e os cafés do meu companheiro de vida.
• As vibrações do time Ibeac.
• As dicas literárias do bando das bibliotecas comunitárias.
• Cada pessoa que topou um projeto novo.

• As tardes com João e Juliana Carrascoza e o time de Parelheiros com os *Nascidos para Ler* em Parelheiros.

• As noites de canto e rezas com Fabiana Cozza.

• As conversas sobre a vida e sobre literatura com meu amigo Cuti.

• O sonho que me trouxe um abraço da avó Edelmira.

• Os encontros com "as meninas da Jambeiro" que estão nos ajudando a celebrar os 40 anos do IBEAC.

• Todo mundo que tem apoiado o IBEAC a seguir fazendo.

• Cada amiga, amigo que tentou me ajudar nesta travessia.

Tudo isto é cuidado.

Eu sei que agradecimento é coisa que se faz lá no começo da dissertação. E com a ajuda da Vittória Marina (que gosta tanto de mim quanto das normas da ABNT) acredito ter feito direitinho.

Mas a vontade de seguir agradecendo por todo o vivido é imensa.

Agradeço cada conversa (Orientação? Suleação?) com Thiago. Elas foram importantes para as idas e vi(n)das entre EACH/USP e Parelheiros.

Os 4Ps: Pão, Proteção, Poesia e Plantio

(...) Eu vi alguns vídeos que você mandou. Eu não tenho conseguido ver tudo o que você circula, mas ouvi, acho que foi na live que você fez com Bruninho, que na cesta de alimentos estão indo livros... E agora aqui no Instagram eu vi os livros chegando às famílias.

Bel olhando isto me dá uma sensação tão boa! Eu vejo um processo de transformação revolucionário. Vocês manterem, é obvio que vão manter porque está no DNA de vocês, manterem a literatura em destaque, ações em favor da leitura, articulada com o que é básico. Eu não vi nada tão alinhado. Em particular o livro com a comida, o livro também é comida.

E agora eu vi aqui no perfil do Ibeac os livros chegando nas famílias.

Bel, vou falar algo que você vai dizer que é exagero, não ria. Pode até ser exagero. Não é ação na quantidade. Mas do significado da iniciativa. Como isto é amarrado. Fiquei muito impressionado de ver as imagens conheço o Ibeac, conheço vocês. Queria que você soubesse e que os teus também soubessem.

Em janeiro de 2021, não recebemos o Nobel da Paz, mas recebemos o Prêmio APCA por nossa atuação para que a literatura continuasse a ser alimento.

Foto da postagem feita no IBEAC.

Animando a pesquisa em um cenário político crítico

Depois daquelas perguntas: "E como está a pesquisa? Tem algo para eu ler? Precisa de algum apoio". Eu expliquei que a ativista estava lidando com outras urgências. A acolhida inaugurou uma parceria.

"Tudo isso parece (e é) muito mais relevante do que nossas agendas cotidianas, que carregamos das nossas vidas um pouco menos problemáticas do que se tornou este presente. Ainda assim, enquanto der, pretendo levar estas agendas singelas – quem sabe como ilusão ou esperança de que tudo de ruim se dissipe. Pode ser que chegue a hora de substituí-las por pautas mais urgentes. Pode ser.

Take your time. *Não se angustie mais – não por isso. Minha mensagem tem o propósito de fazer um acompanhamento quase protocolar. Eu tendo a fazer as coisas no limite dos prazos – e, por temer que isso estresse vocês, pretendo pouco a pouco me doutrinar para ajustar tempos e não dar mais preocupação do que o necessário.*

Falamos em novembro. Ou depois.

Se eu pudesse marcar um desejo, seria a vontade de ver essa linda pesquisa se concretizar. Porque – para além de todas as contribuições sobre as quais temos falado – ela tem um imenso potencial de inspirar o mundo. Como você bem sabe fazer".

Thiago Allis – orientador/parceiro

Seu (nosso) desejo, foi realizado.

Turbantes da Bel

Idas e vi(n)das:

Nós viajamos a biblioteca

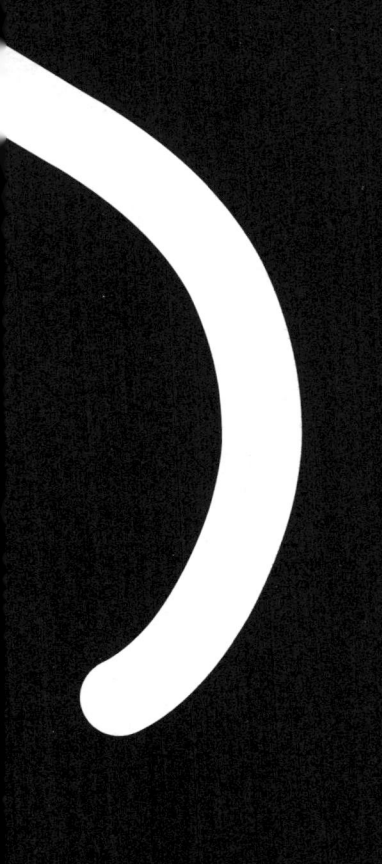

*Opcevê um negócio desses. É uma fixação que esse povo tem
no Rio de Janeiro que ocê num pó maginá. Praia! Praia!
Que graça tem? Um mundão de areia dum lado e um mundão
de água do outro [...]. Ocê presta atenção numa coisa,
um Estado de tanta riqueza e eles com o olhão embatucado
pros lado do Rio de Janeiro.*
DA SILVA, Cidinha. Cariocas do Brejo. In: *Pra começar:
Melhores crônicas de Cidinha da Silva.*

#DeParelheirosparaoMundo: Os deslocamentos dos/as jovens e das gestoras a partir da BCCL

Enfim chegamos! Depois de caminhadas, paradas, corridas, fricções, voos, nós (gestoras do IBEAC e os/as jovens) chegamos para contar o que ouvimos e vimos enquanto viajamos a biblioteca. Chegamos com malas, sacolas, caixas e bornais cheios de memórias, prosas, crônicas, contos, teorias, metáforas, números. Nas páginas que seguem, apresentaremos os fluxos sobrepostos de pessoas, objetos, ideias, imagens e imaginários que moveram os 11 anos da Biblioteca Comunitária Caminhos da Leitura. São apresentadas as idas e vi(n)das dos jovens, das gestoras do

IBEAC e dos/as visitantes, e tudo o que se moveu conosco. É um momento para sobrepor os turbantes da mulher negra, gestora institucional, pesquisadora acadêmica, ativista da leitura.

De 2009 a 2020, a BCCL foi apresentada pelas gestoras e pelos/as jovens em diferentes congressos nacionais e internacionais sobre literatura e bibliotecas. Estivemos em cidades do Brasil (Brasília, Fortaleza, Belo Horizonte, Olinda, Parati, Recife, Santa Catarina, São Paulo, Salvador, São Luiz do Maranhão), do exterior (Berlim, Buenos Aires, Bogotá, Cidade do México, Madri, Medellín, Nova York), consulados (Consulado dos Estados Unidos, Consulado da República Federal da Alemanha em São Paulo) e institutos culturais de outros países (British Council). Visitamos bibliotecas comunitárias da Bahia, Ceará, Minas Gerais, Porto Alegre, Rio de Janeiro.

Já apoiaram ou apoiam a BCCL: Ashoka Brasil, Programa Prazer em Ler (PPL/Instituto C&A), Fundação Itaú Social, Instituto Emília, o Museu Afro Brasil, Fundação Tide Setúbal, Fundação Bernard Van Leer, British Council, Consulado da República Federal da Alemanha em São Paulo, Brazil Foundation, Ministério da Cultura, Secretaria Municipal de Cultura de São Paulo, Sesc São Paulo, além de escritores, editores e livrarias que contribuem na doação de acervo literário e atividades formativas.

Os "meninos e meninas" hoje são jovens entre 24 e 29 anos de idade, que chegaram há 11 anos à BCCL, ou seja, tinham entre 13 e 18 anos quando acompanharam as gestoras a Santa Barbara d'Oeste, interior de São Paulo, para participar de um encontro nacional do Movimento de Adolescentes do Brasil (MAB). Desde então, continuam se deslocando para apresentar a biblioteca, falar de literatura e de Parelheiros.

[QUADRO 2]

VIAGENS REALIZADAS PELOS JOVENS MEDIADORES DE LEITURA DA
BCCL DE 2009 A 2019

Nome	Idade atual	Data da entrevista	Cidades
Bruno Souza (Bruninho)	26 anos	20/04/2020	Fortaleza (CE), Salvador (BA), Nova Soure (BA), Rio de Janeiro (RJ), Paraty (RJ), Santos (SP), Brasília (DF), São Luiz (MA), Anitápolis (SC), Belo Horizonte (MG), Araçuaí (MG) e Berlim (Alemanha)
Ketlin Santos (Kel)	24 anos	29/04/2020	Rio de Janeiro (RJ), Paraty (RJ), Salvador (BA), Quilombos de Ivaporunduva e Sapatu (SP), Praia Grande (SP), Itanhaém (SP)
Rafael Simões (Rafa)	28 anos	28/04/2020	Brasília (DF), Rio de Janeiro (RJ), Salvador (BA), Santa Bárbara D'Oeste (SP), Fortaleza (CE), Itaipava (RJ), Belo Horizonte (MG), Mauá (SP), Guarulhos (SP), Paranapiacaba (SP)
Sidineia Chagas (Neia)	29 anos	02/05/2020	Rio de Janeiro (RJ), Porto Alegre (RS), Salvador (BA), Florianópolis (SC), Santa Rosa de Lima (SC), Berlim (Alemanha), Olindina (MG), Vermelho Novo (PR), Londrina (PR)
Silvani Chagas (Ni)	26 anos	30/04/2020	Rio de Janeiro (RJ), Petrópolis (RJ), São José do Batatal (MG), Vermelho Novo (MG), Vale do Ribeira (SP)

FONTE: ELABORAÇÃO PRÓPRIA (2020)

É interessante notar que Rafael inclui em sua lista três municípios da Grande São Paulo: Guarulhos, Mauá e Santo André (Paranapiacaba) onde visitou bibliotecas comunitárias, participou de reuniões, eventos culturais e visitas. Quando se perguntou sobre o porquê da inclusão, justificou com o fato de gastar mais de 4 horas para se mover de Parelheiros a Mauá. E se o tempo gasto não for suficiente para justificar a inclusão na lista de viagens, acrescenta a experiência da visita a lazer, para fotografar Paranapiacaba* que, em sua percepção, é muito semelhante ao Barragem, bairro onde mora.

> [...] eu fui pra Paranapiacaba. Eu fui com uma amiga para a gente tirar fotos. Foi uma viagem mais de diversão. Paranapiacaba é um lugar que eu pretendo voltar, porque parece, parece Barragem... A temperatura é a mesma, mas a cidade é diferente; a vila é diferente; você vê as casas de madeira, você vê, parece casinhas da Idade Média... parece casinhas assim dos anos 1800. [*Rafael*]

O movimento de Rafael no perímetro urbano da cidade de São Paulo ou de municípios vizinhos, munido de sua máquina fotográfica ou celular, para registrar o que lhe é estranho porque "tão familiar" – uma vila inglesa parecida com o seu bairro – chama-nos a atenção para as múltiplas possibilidades

---

* Vila de Paranapiacaba é uma "vila inglesa construída pela São Paulo Railway para abrigar seus funcionários durante a concessão da estrada de ferro Santos – Jundiaí, iniciada em 1860", localizada no alto da "Serra do Mar e rodeada por Mata Atlântica", no Distrito de Santo André. O acervo é tombado por alguns órgãos como o Conselho de Defesa do Patrimônio Histórico Artístico, Arquitetônico e Turístico do Estado de São Paulo (CONDEPHAAT) desde 1987, e o Instituto do Patrimônio Histórico e Artístico Nacional (IPHAN). Disponível em: <tinyurl.com/bf7tu35s> (Acesso: 04 jan. 2021).

de encontrarmos indícios de práticas turísticas diluídas no cotidiano.

(Quase) incontáveis são os fluxos de pessoas, imagens, significados, objetos que enfeixam as mobilidades associadas à BCCL e a territórios muito mais alargados do que os arrabaldes de uma necrópole. Se, enfim, pesquisar apenas um segmento turístico parecia insuficiente, diante de quais turismos estamos? De que matéria são feitas essas aparentes (e insólitas) mobilidades turísticas, ancoradas e irradiadas a partir de uma biblioteca no extremo sul paulistano?

[TABELA I]

DESLOCAMENTOS E RELAÇÃO COM INSTITUIÇÕES

Nome do entrevistado	Encontrou (na BCCL ou outro lugar) ao menos uma vez	Visitou ao menos uma vez	Visitou para apresentar a BCCL/IBEAC	Desenvolveu alguma ação, iniciativa ou projeto de leitura	Desenvolveu outras ações, iniciativas ou projetos (que não de leitura)	Não lembro/ não conheço
Bel	29	53	48	33	9	0
Bruno	85	76	37	18	12	8
Claudia	82	33	8	30	32	1
Flavia	46	28	8	7	13	85
Ketlin	128	55	29	72	32	22
Rafael	48	42	46	47	12	69
Sidineia	125	0	0	0	0	25
Silvani	51	75	5	54	37	1
Val	115	75	47	83	46	20
Vera	106	6	53	27	70	39

FONTE: ELABORAÇÃO PRÓPRIA (2020)

A Tabela 1 apresenta os resultados das relações dos jovens e das gestoras com 151 instituições que já estiveram na BCCL. Nota-se que Ketlin e Sidineia, são as que mais receberam os/as visitantes, seguidas das gestoras Val e Vera. Isso reflete as distribuições de tarefas na biblioteca e no IBEAC. Sidineia, por alguns anos, foi a responsável pelo e-mail da BCCL, por meio do qual chegava a maioria dos pedidos para visita. Ketlin, à medida que foi se responsabilizando pela organização do acervo e manutenção do espaço, foi ocupando também o lugar da recepção que anteriormente cabia a Sidineia e Bruno.

Entre os/as jovens, Bruno e Rafael são os que mais visitaram organizações para apresentar a BCCL, seguidos/as por Ketlin. O fato de Sidineia aparecer com "zero visitas" às instituições se deu por uma incompreensão quanto ao preenchimento do questionário. Sem perceber que poderia ter mais de uma resposta por instituição, selecionou a principal ação realizada: recepção na BCCL. Não foi possível refazê-lo, em razão das demandas relacionadas à pandemia do coronavírus.

Rafael desconhece parte das instituições, em virtude de ter se ausentando por cerca dois anos para frequentar um seminário religioso. Flávia, gestora, desconhece as pequenas instituições que apoiaram a BCCL nos primeiros anos, quando era gerente das UBS de Parelheiros.

É interessante notar como, a partir das distintas formações e mobilidades das gestoras, novas instituições foram se aproximando. O questionário solicitava que incluíssem instituições que não estivessem na lista: organizamos uma lista com 60 novos nomes institucionais sem que fosse explicitada a forma de relação, totalizando 211 representantes organizacionais que, de alguma forma, têm se movido conosco. São essas pessoas que se interessaram pelo "Modelo de gestão", "Concepções", "Resultados; "Método/Jeitos de fazer" e "Pertencimento/Empoderamento" observados na BCCL. As redes não prescindem de práticas descentralizadas, o que nem sempre é comum na relação entre adultos e jovens, entre instituições e comunidades, entre centro e periferia.

Para Bruno, enfrentar uma sociedade adultocêntrica foi um dos obstáculos em sua trajetória:

> Para mim, os maiores obstáculos encontrados foram o "etarismo" e o adultocentrismo. É muito comum nós, como jovens, ouvirmos como argumentos "que não estamos prontos" por não termos experiências de vida o suficiente, mas, ao mesmo tempo, exigirem uma responsabilidade quando se pensa em futuro. E ao mesmo tempo que isso acontece, nós estamos compondo a nossa identidade e subjetividade [...]. Sempre as pessoas achavam que a gente não sabia tomar uma decisão certa, sabe?! Eu acho que, pra mim, acordar de manhã pra ir para escola, era uma decisão que eu tomava e os adultos não acreditavam que isso era uma decisão. Eles enquadravam isso dentro de uma caixinha da obrigação. [*Bruno*]

Silvani destaca como as viagens e a confiança do IBEAC nos/as adolescentes foram determinantes para que ela se tornasse uma jovem autônoma e "empoderada":

> [...] poder viajar a primeira vez, acho que isso me abriu muito a cabeça, de sair muito nova, viajar pra outro lugar e isso que o IBEAC me proporcionou, ter autonomia, ser responsável, levar jovens para outros lugares e dar responsabilidade [...] a questão da confiança [...] a gente tem uma sociedade que não confia nos jovens, não dá autonomia pros jovens e não acredita nos jovens, né?! Eu acho que isso foi importante, o IBEAC proporcionar pra gente. [...] Sair muito nova, viajar pra outro lugar, ser responsável por uma biblioteca com outros jovens aos 15 anos de idade foram exercícios de autonomia. [*Silvani*]

Em tempos de ameaças à democracia, fortalecer valores como a "gestão compartilhada",* um dos eixos de atuação das bibliotecas comunitárias, parece-nos imprescindível. Fazer disso, conteúdo de encontros aliados às práticas turísticas seria improvável, mas é o que vem acontecendo nos 11 anos da BCCL e 40 anos do IBEAC.

Em 2016, um vídeo produzido pela Rede LiteraSampa para apresentar o conceito de gestão compartilhada[75] contou com a participação de quatro representantes da BCCL: Bel Santos Mayer, Rafael Simões, Sidineia Chagas e Valdirene Rocha. No vídeo, dizemos que "biblioteca comunitária é o conceito e gestão compartilhada é a prática" e que não acreditamos em outro jeito de atuar coletivamente que não seja pelo compartilhamento de recursos, responsabilidades, sonhos e práticas. Uma das assessoras do PPL/IC&A chama atenção para a referência que a LiteraSampa se tornou para as demais redes de bibliotecas, pelas relações horizontalizadas, garantindo que jovens representassem nacionalmente aquela rede. Enquanto ela fala, aparece uma imagem de Rafael Simões.

Para os jovens, viajar para representar a biblioteca em diferentes espaços foi essencial às suas (trans)formações como leitores/as, articuladores/as culturais e como viajantes. Em *Ler se parece com viajar: Os itinerários de leitura e de viagem dos/as jovens da BCCL*, abordaremos com mais detalhes as relações que se estabelecem entre leitura e viagem. Aqui, selecionamos aspectos que nos pareceram relevantes para adensar a percepção

---

* O conceito de "gestão compartilhada", trabalhado como eixo de atuação das bibliotecas comunitárias, por incentivo da assessoria do Programa Prazer em Ler do Instituto C&A (PPL/IC&A), está sistematizado na publicação HONORATO, C.; SILVA, C.; GARILHA, J. *et al. Expedição leitura: Tesouros das bibliotecas comunitárias no Brasil.* RNBC; São Paulo: Instituto C&A: Itaú Social, 2018.

desses viajantes pouco visíveis ao turismo tradicional, mesmo tendo ocupado incontáveis vezes (se olharmos para os viajantes da RNBC) as poltronas das salas de espera dos aeroportos e rodoviárias.

Outro aspecto a ser destacado nas idas dos jovens ao encontro de quem antes os visitou é que, de algum modo, isso tem favorecido que a mobilidade deixe de ser um luxo e se torne um direito. As motivações e percepções dos visitantes revelam um turismo não ortodoxo, um turismo que privilegia o encontro, a experiência em mão dupla. E os jovens não estão estáticos, como objetos exóticos esperando para serem visitados: eles e elas se movem.

> A gente conseguiu doação pra comprar as passagens [...] é engraçado [...] a gente começou a andar por lá e foi a primeira vez que todo mundo foi em um encontro com uma pessoa de outro país [...]. Acho que foi uma das primeiras mesas que a gente foi viajar pra falar na FlipZona. [*Silvani*]

Chegam aos lugares para participar de eventos e incluem, na programação, a visita à cidade. Aliando lazer e formação, por algumas horas são exclusivamente turistas.

> [...] a gente entrava nas festas sem ser convidado, tomava champanhe e saía fora [*risos*] [...] Acho que a gente foi reconhecer realmente a cidade histórica, porque o momento de distração também era uma questão de conhecimento. [*Silvani*]

E analisam o turismo de forma crítica.

> A gente fez compra [*no supermercado em Paraty*], eu lembro. Nossa senhora! É muito caro: R$ 800,00 (oitocentos reais) uma compra? [*risos*] pra três dias [*risos*]. Depois da compra [*risos*] desco-

brimos que era mais barato a gente comprar em restaurante. [...] É... A gente vê essa questão [...] como que estes eventos também mexem com a economia daquele lugar. [*Silvani*]

O relato de Rafael, o primeiro do grupo e da sua família a fazer uma viagem aérea, nos lembra que não se nasce viajante, torna-se. Viajar, como o andar, é aprendido, pé ante pé, na busca de equilíbrio.

Foi uma mistura de agonia com expectativa. Eu acho que tipo eu olhava pro avião daqui debaixo, mas é outra coisa você olhar pro avião daqui e de lá de cima. Só que eu esperava que assim... Eu ia sentar na janela, quando eu fui pra Brasília [...] Fui pra uma formação da revista *Viração* [...] eu lembro até hoje [...] um avião verde [...] foi uma experiência, uma coisa bacana... [...] E o frio na barriga na hora que você levanta e na hora que você baixa? Aquela sensação de angústia com satisfação... Primeira pessoa da minha família a voar de avião. É... Tem tudo isso. [*Rafael*]

No retorno, Rafael, tateando o caminho dos compartilhamentos das experiências individuais para se tornarem aprendizagens coletivas, organiza uma lista de procedimentos para os/as próximos "viajantes novatos/as".

A primeira coisa que eu falei: "Não comprem nada dentro do avião, porque é muito caro!". Tipo, principalmente essa questão de lanche [...]. Se puder levar lanche, bem. Se não, é tentar consumir o menos possível [...]. Ainda mais pra gente que não tem essa coisa de "Ah! Vou comer no avião!". Às vezes, a pessoa, na empolgação, acaba comprando [...] uma das dicas também é sempre procurar chegar o mais cedo possível no aeroporto [...]. A questão também de saber o horário que você tem que sair pra você não perder o voo. [...] Quando eu fui pra Brasília a primeira vez, meu voo era 8h30 lá em Guarulhos e eu tive que pegar o primeiro ônibus no Barragem 3h50. 3h50 da manhã! Eu tive que acordar às 2h00. [*Rafael*]

Passados anos, mesmo com as orientações de Rafael, Ketlin diz ter sido pega de surpresa. Talvez porque viagem seja algo que se sinta no corpo, mesmo.

Antes das viagens pela biblioteca, havia ido apenas duas vezes à praia [...]. A primeira vez que eu viajei de avião foi bem difícil, não sei se você lembra..., mas quando a gente foi pro Rio de Janeiro, que a gente ficou em Copacabana e eu senti muita dor de ouvido [...] Eu queria ficar muito perto da janela, só que eu fiquei perto da janela e eu não sei o nome daquela parte que tem um tubo do lado de fora da asa [...] turbina! Eu fiquei do lado dela e aí a gente teve bastante problema né?! Com turbulência... e eu sai de lá com o meu ouvido doendo muito. Eu passei um mês com dor de ouvido por conta disso, tomando remédios, e foi muito difícil pra sarar, porque foi a minha primeira viagem e eu não sabia quais eram os cuidados. E aí na minha segunda viagem, eu lembro que você tinha me aconselhado antes, né?! Quando eu comentei que estava com dor de ouvido e aí a gente foi na farmácia, buscar alguns remédios, você falou: "Todas as vezes que viajar, tenta mastigar chiclete, porque isso ajuda a não sentir dores". Então [...] quando eu fui para Salvador, eu levei um monte de chiclete na mala [*risos*]. [*Ketlin*]

Se Ketlin se diverte com a condição de "marinheira de primeira viagem", como se diz popularmente, as dicas de Rafael carregam um tom de advertência. Há uma consciência dos estratagemas prontos a capturar sujeitos atrevidos, que ousam se moverem por terrenos e meios que até pouco tempo não lhes pertenciam. À metáfora das filas nos aeroportos para exemplificar a mobilidade desigual dos sujeitos segundo a origem,[76] a fala de Bruno acrescenta as mobilidades permitidas aos jovens que vivem nos bairros distantes dos centros econômicos:

> Foi colocado na cabeça de jovens que são da periferia, que o nosso lugar no mundo também é periférico. A gente só circula... a gente só pode circular se for pra escola ou se for pro trabalho. E se a gente ousar ir pra estes outros lugares, sempre vai ter pistas ou pessoas ou mensagens dizendo "Aqui não é o seu lugar!". [*Bruno*]

Na primeira viagem que fez sozinho, Bruno diz que teve a sensação de estar fora do lugar, ocupando um espaço que não lhe pertencia.

> Eu lembro quando da minha primeira viagem sozinho... e aí eu achava que "Nossa! Será que eu estou pronto?! Como chegar sozinho no hotel? [...]. Quando tocar e der o horário do hotel pra tomar o café da manhã?". Olha o tipo de coisa... numa realidade em que às vezes a gente tem só o pão com café ou às vezes tem só o café preto e aí a gente chega lá naqueles prédios enormes com quatro refeições diárias! E aí? Às vezes, a gente cai na lógica de achar que "Nossa! Não é pra mim! Aonde eu sento? Aonde eu entrego este papelzinho? O que é e? Como é que é *check in*? É de comer?" [*risos*]. [*Bruno*]

Mas aos poucos, somando viagens e contato com outros viajantes, Bruno foi se apropriando da linguagem e das performances de quem viaja. Ao compartilhar, abre caminhos aos que virão.

> Já viajei mais de cinco vezes sozinho. Hoje eu chego lá no salão de embarque, cruzo as pernas. [*risos*]. Faço pose, fico olhando

lá pro horário, pro itinerário pra ver se o voo vai atrasar [...]. E a gente começou a achar já que aquele lugar também pode ser pra nós e pra outras pessoas parecidas com a gente. Então, a gente não tem mais medo. Hoje a gente consegue dar essas dicas também pra outros jovens que estão começando a vivenciar estes tipos de viagens, esses tipos de experiências [...]. E aí, também vou desconstruindo esta autossabotagem que o mundo ajuda a criar dentro da gente. Esse foi um processo que as viagens também nos ajudaram muito. [*Bruno*]

Para Bruno, a decodificação de alguns regulamentos e normas que envolvem as viagens foi exercício de autoconfiança, cidadania e justiça das mobilidades. Um evento envolvendo sua mala é citado como exemplo.

O voo atrasou pra chegar em Guarulhos. E aí eu lembro que, na época, eu não tinha nem mala. Eu peguei a mala do Isaac [*irmão de Bruno*] [*risos*]. E aí quando a gente chegou em Guarulhos, a rodinha da mala tinha quebrado. Aí você orientou. A gente foi lá no balcão preencher a ficha porque eles iam ter que vir em casa buscar a mala. E vieram, consertaram e trouxeram de volta. Se eu não aprendesse isso, ficaria nessa lógica de que tudo que é nosso pode ser "zoado", tudo que é nosso é gambiarra. E eu ia pegar a minha mala quebrada e ia pra casa, porque eu ia achar que tipo "Ah já cheguei em casa, já cheguei em São Paulo, na minha cidade e ainda vou pedir pra arrumar a minha mala?" [*risos*]. Então isso é um tipo de aprendizagem que a gente também precisa ter. Alguns vão achar que isso é arrogância, mas isso dá um ar do tipo: "Olha! Eu sou tão humano quanto você. A minha mala também é importante, igual às outras que estão chegando de Nova York. Então, vou querer a minha mala arrumada, sim. [*Bruno*]

A análise crítica das desigualdades influenciou diretamente a mobilidade dos/as jovens. Foi preciso olhar e ver. Encontrar--se com as diferenças e as desigualdades. Seus pertencimentos a grupos étnico-raciais discriminados (negros e indígenas), suas origens familiares campesinas e seus endereços, para além das fricções, impulsionara-os/as à inserção em movimentos pelo direito de ir-vir-viver e desencadeara novas formas de habitar a cidade e a biblioteca. Se muitos são imobilizados, maiores são as fricções que reduzem suas velocidades.

Isso talvez explique o porquê de, ao codificar os sentimentos positivos e negativos com relação aos vários conteúdos mencionados na totalidade das entrevistas dos/as cinco jovens, as falas delas (Ketlin, Silvani e Sidineia) expressarem mais sentimentos negativos que as falas deles (Bruno e Rafael) (Tabela 2).

[TABELA 2]

CODIFICAÇÃO DE SENTIMENTOS EXPRESSOS PELOS/AS JOVENS NAS ENTREVISTAS

Nome	Muito negativo	Moderadamente negativo	Moderadamente positivo	Positivo
Bruno	10	28	42	12
Ketlin	42	36	71	24
Rafael	18	32	38	12
Sidineia	14	18	51	22
Silvani	8	31	41	32

FONTE: ELABORAÇÃO PRÓPRIA, 2020

Eles e elas expressam dificuldades e obstáculos comuns, como nas falas de Bruno e Rafael:

Acho que todos os jovens passam (sobretudo os jovens parecidos comigo, negros e periféricos) aquele período que começa rolar a pressão dentro de casa para arrumar emprego e contribuir nas despesas de casa, ir na escola... A pressão de decidirmos logo qual será a nossa profissão para o resto da vida. [*Bruno*]

[...] a questão financeira vai mexendo com o seu psicológico. Vai mexendo com o seu estado emocional [...]. E, no meu caso, foi essa questão [...] era eu só que estava recebendo [...] ao meu ver, tem que batalhar pra ter mais recursos [...], pra ter uma estabilidade de vida. [*Rafael*]

Elas também sofreram pressão familiar para arrumar um trabalho regular. No entanto, outros obstáculos se somam e, além de expressarem mais sentimentos em suas respostas, os concentram entre os sentimentos negativos e moderadamente negativos. Para Sidineia, o primeiro desafio se deu assim que o grupo foi criado:

O primeiro obstáculo foi no início do projeto, aos 17 anos, quando engravidei e estava concluindo o 3º ano do ensino médio. Minha família não estava estabilizada financeiramente e o projeto social não parecia ser a opção ideal para aquela ocasião [...]. Bom, sim, a questão da instabilidade, ela persiste, mas não como era 11 anos atrás né?! Quando era uma ajuda de custo mensal de R$ 100,00... Terminando o ensino médio, grávida. Era uma outra realidade. [*Sidneia*]

Para Sidineia, a literatura contribui para a percepção do que significa ser mulher em uma sociedade desigual. Cita várias obras e destaca uma:

[...] recentemente, o livro que tem mexido muito comigo e que eu tenho lido por diversas vezes, e todas as vezes que eu leio eu choro, e até o Otávio [*seu filho*] fala: "Mãe, esse livro de novo, não"! Então...é o livro da Maya Angelou, "Carta para a minha filha". Então, assim, ele, na visão dele, ele entende que o livro tá fazendo sofrer, mas eu falo pra ele: o livro ele tá me trazendo muitas reflexões de entender quanto é duro um processo da gente se conhecer enquanto mulher, enquanto negra, como periférica. Então, infelizmente, poderia ser mais fácil a gente reconhecer a nossa identidade, na perspectiva positiva; a gente tem que sofrer, viver várias barreiras pra reconhecer quem somos. [*Sidneia*]

Na mesma direção, Ketlin relembra quando chegou à BCCL:

Em minhas lembranças, vejo uma menina com seus 13 anos, que pouco falava, pois era tomada pela vergonha e medo [...]. "Preta" [*sua mãe*], que não aguentava mais ver sua filha apenas em casa cuidando dos 7 (sete) irmãos, via nos encontros uma possibilidade de mudanças na rotina de sua filha [...]. Então, é muito difícil a gente ter acesso a grandes mulheres negras, principalmente jovens, dentro da área da literatura. E um dos grandes obstáculos da minha vida foi sempre carregar essa marca de mulher mesmo, porque eu tenho uma grande dificuldade, assim, de ser aceita, de ser escutada. Então um dos maiores obstáculos que eu vejo enquanto mulher é os homens saberem escutar; e isso não é só dos homens, mas é o que mais predomina né?!. [*Ketlin*]

Ketlin refere-se ao conto "Do lado do corpo um coração caído",* de Conceição Evaristo, como uma leitura marcante, uma espécie de alerta para a sua vida:

---

* O conto está presente no livro "Livre", coordenado pela escritora Paulliny Gualberto Tort como produto do Festival Internacional de

[...] carrego comigo a bolsa rosa de uma das personagens, que me deixou como lembrança seu corpo estendido no chão, como uma forma de aviso: precisamos caminhar e nos proteger, pois o mundo é perverso e querem nos matar.

Uma forma encontrada pelas três jovens mulheres para superar as fricções foi a criação de grupos de fortalecimento de si mesmas e de outras mulheres jovens e adultas, como as Sementeiras de Direitos* e o time de futebol feminino Perifeminas, do bairro Barragem, em Parelheiros, fundado em 2014 por Sidineia, Silvani e Roberta Nina"Preta". Segundo Sidineia, em entrevista para o blog *Dibradoras*:

O time é um ato de resistência diante da invisibilidade e falta de incentivos, ausência de um espaço fixo para treinos e do limitado número de campeonatos femininos. No início tivemos conflitos com os homens, porque além de não aceitarem que

Literatura e Direitos Humanos, realizado em Brasília em 2018. A partir da palavra "liberdade", os/as autores/as Beatriz Leal, Conceição Evaristo, Cristiane Sobral, José Luís Peixoto, Julián Fuks, Lisa Alves, Natalia Borges Polesso, Paulliny Gualberto Tort e Sheyla Smanioto apresentam suas reflexões em forma de contos inéditos. Com a doação R$ 36 (trinta e seis reais) para a Anistia Internacional, adquiria-se um exemplar. Paulliny G. Tort conheceu o trabalho da BCCL, entrou em contato com a pesquisadora pelo Messenger e ofereceu 50 exemplares do livro.

* O grupo Sementeiras de Direitos é uma das ações desenvolvidas na BCCL. Com apoio do Instituto Avon e do Consulado da República Federal da Alemanha em São Paulo, desenvolveu várias ações de proteção e fortalecimento de mulheres de Parelheiros ao enfrentamento da violência e violações de direitos. Participantes do grupo passaram a integrar a Amara: Cozinha de Alimentação Saudável e o grupo de Mães Mobilizadoras.

utilizássemos o campo ou a quadra, não permitiam que jogássemos com eles, ou contra eles.*

Nesses grupos, compartilhando angústias, medos, conquistas e, sobretudo, leituras do mundo e de livros, foram transformando os obstáculos do meio dos seus caminhos, em fricções passageiras. As leituras foram capazes de dinamitar muros, proporcionar mobilidades, estruturar as asas para voos inimaginados, como conclui Ketlin:

> Aquela menina, de 10 anos atrás, ainda vive. Carrego medos, anseios e inseguranças, mas isso talvez não me deixará, pois é meu eu. Porém, aquela menina foi crescendo e percebendo que sua voz é potência e não pode ser mais silenciada; e que as correntes da opressão não serão mais uma forma de impedir seus voos. E que a literatura será sempre seu passaporte. [*Ketlin*]

Com seu "passaporte", Ketlin voa e junta outras para voar consigo. Nas ações coletivas, encontra a forma de enfrentar os silenciamentos e a negação de direitos. Esse é o jeito encontrado por elas (e por eles também) para transformar "atritos estáticos" em "atritos cinéticos".[77]

> Alguns caminhos, essa rede foi ajudando a gente construir: pessoas com quem conversar sabe?! Desde coisas mais práticas, até as coisas mais complexas. [*Bruno*]

---

* *Dibradoras* é um blog do UOL desenvolvido pela publicitária Angélica Souza e pela jornalista Roberta Nina com o objetivo de garantir a voz das mulheres no esporte. A entrevista com o Perifeminas está Disponível em <tinyurl.com/4h2dc2k3> (Acesso: 22 dez. 2020).

Os/as jovens passaram a criar coletivos e também a se encontrar com outros coletivos que lutam pela defesa de direitos, como evidenciado por Silvani, que esteve no Vale da Ribeira representando o grupo em uma ação regional da primeira Marcha das Mulheres Negras. A ação, promovida pela Articulação Nacional de Mulheres Negras Brasileiras, em 2015, levou 100 mil mulheres a marcharem em Brasília por um novo pacto civilizatório.*

A Marcha das Mulheres Negras, ao defender "a destruição das estruturas racistas e sexistas" e a garantia do "bem-viver",** congrega pautas dos vários movimentos e mobilizações de mulheres negras do Brasil, de distintas gerações, de várias áreas de atuação e que, juntas, têm contribuído para a denúncia de opressões às mulheres negras e na reivindicação de direitos e justiça. Para Silvani, essa aproximação foi marcante: agregou elementos à sua identidade de mulher negra e indígena, à atuação na biblioteca comunitária e à luta pelos direitos de outras mulheres.

> Consegui me enxergar pra além de somente um corpo, mas um corpo com direitos e o quão ele foi e estava sendo violado a cada dia. [Que] a partir dessas descobertas foi possível me encontrar e alimentar minhas raízes e levantou uma sede de

---

* A Articulação de Organizações de Mulheres Negras (AMNB) congrega cerca de 30 organizações de mulheres negras, das cinco regiões do Brasil. Tem como missão o enfrentamento de todas as formas de opressão às mulheres, visando contribuir à transformação das relações de poder existentes no Brasil. Mais informações sobre a AMNB e sobre a Marcha das Mulheres Negras podem ser encontradas em: <www.amnb.org.br> (Acesso: 22 dez. 2020).

** O conceito de bem-viver como alternativa ao desenvolvimento unidirecional ao promover formas coletivas e plurais de vida é desenvolvido por Alberto Acosta em *O bem-viver: Uma oportunidade para imaginar outro mundos*. São Paulo: Elefante, 2016.

luta [...] A primeira da minha família a entrar em uma universidade. Lutas que eu escolhi travar a partir da minha realidade, desconstruindo um padrão estético que foi imposto ao meu corpo. Hoje sou negra e recentemente me afirmei militante indígena para que meus avós descendentes indígenas permaneçam vivos. É importante ser grato e poder retribuir para que as pessoas também se enxerguem, se reconheçam. Minha mãe solo de 10 filhos e 8 são mulheres, provedoras dos lares. Sempre percebi que tinha algo de errado. Foi quando eu saí do meu mundo pobre que nos colocam e vi que existiam outras realidades e muitas delas parecidas com a minha e de minha família, principalmente com as mulheres que sofriam com machismo, patriarcado dentro de várias relações. Eu já não podia me ver nesse caminho sacana; passei a lutar para que mulheres sejam livres, empoderadas e donas de si, e ocupar todos os lugares. Eu escolhi ser mãe; meu filho tem dois anos, sexo biológico masculino. Eu escolhi que toda educação oferecida a ele não será autoritária e violenta como foi a minha. [*Silvani*]

As falas de Silvani, Ketlin e Sidineia deixam evidentes que se disputa o espaço urbano, mas não só. Há uma disputa de espaços simbólicos e de narrativas. Na disputa pelo direito à cidade, disputa-se, também, o direito a sonhá-la, vivê-la, recriá-la, recreá-la. Disputa-se o direito a se mover, a se ver nela. Recusam-se as definições de periferia a partir da noção de centro e confisca-se um direito que nunca foi delegado "ao centro" – o de definir quem é "periférico/a".[78]

Trata-se, no caso de Ketlin, Sidineia e Silvani, da negação dos lugares fixados às "mulheres pretas periféricas". Quando essas jovens mulheres disputam o direito de se mover em casa, na biblioteca, no bairro, na cidade, no país e fora dele, desencadeiam uma disputa política pela existência. É uma disputa pela justiça da mobilidade.[79]

As idas e vi(n)das de e para a BCCL aproximaram jovens e gestoras de organizações e coletivos que se mobilizam na reivindicação de direitos. Sob as lentes do PNM,[80] podemos dizer que são resultantes das fricções cinéticas aglutinadoras de movimentos coletivos contra o poder,[81] são o outro lado da (i)mobilidade.

As viagens físicas, para falar de literatura e da biblioteca comunitária, deram oportunidade, aos jovens e às gestoras, de ter contato com lugares distantes geográfica e simbolicamente, abrindo espaço para novos sonhos e planos. Em abril de 2010, fizemos juntos/as um "varal dos sonhos". Pedimos ao grupo que registrasse, em uma folha, onde imaginavam que estariam em 10 anos, quais eram os seus sonhos para 2020. Obviamente ninguém previu que estaríamos em casa, imobilizados por uma pandemia. Enviei o registro para o grupo. As projeções orbitavam entre estar casado/a, ter filhos, ter um emprego para manter a família, estar formada.

Passada uma década, percebemos que as (i)mobilidades dos jovens, de suas famílias e vizinhança alteraram "o tamanho dos seus sonhos[82]", título do TCC escrito a partir da biblioteca e das vivências do grupo quatro anos mais tarde.

Nunca teria imaginado fazer a abertura da Feira do Livro de Madri, em 2019, e, muito menos, que no ano seguinte, Bruno e Ketlin seriam convidados como palestrantes do mesmo evento.* Habituados ao recurso das metáforas literárias, conjugam sem dificuldades os verbos "ler e viajar", como apresentaremos adiante. Transcrevemos aqui as percepções que eles têm dos impactos físicos e simbólicos das viagens em suas vidas.

---

* O seminário Leer Iberoamerica Lee realizado durante a Feira do Livro de Madri 2020, para o qual Ketlin e Bruno foram convidados, foi cancelado em virtude da pandemia causada pelo coronavírus.

A biblioteca ajudou a almejar viajar. Antes, eu não almejava ir para outros lugares, sair... Estava contente com o lugar que a gente estava geograficamente e simbolicamente também. Então... a biblioteca foi ensinando a gente a almejar essas viagens geográficas, e simbólicas também. Hoje virou sonho. Tenho certeza que se hoje você perguntar para as meninas e para o Rafa: "Ah! Quais seus sonhos, hoje?" Tenho certeza que viagem vai estar no top 5. Conhecer algum lugar... Viagem começou a fazer parte do nosso repertório de vida. [*Bruno*]

Eu tenho muita curiosidade de conhecer muito mais nosso Brasil do que algo mais pra fora. Não sonho muito alto de conhecer outros países. Eu prefiro [...] é conhecer o Brasil mesmo; mas eu fiquei muito ansiosa com a proposta que foi feita pela revista [*Instituto*] Emília de conhecer Madri. Então, eu acho que é algo que tá um pouquinho na minha cabeça e que tá me deixando um pouquinho ansiosa, acho que no momento por conta dessa proposta seria também uma das opções conhecer a Espanha.* [*Ketlin*]

Eu ainda espero poder ir pra outros lugares [...] quem sabe ir pra Arraial do Cabo conhecer como é que é [...]. Uma ideia que eu tenho, é um dia poder viajar pra alguns pontos [...]. Bonito que deve ser bonito "pra caramba" e para [...] Praia de Camboriú [...]. Eu acho que a gente está muito cansado, muito saturado de muita pedra, cidade, muita intoxicação. Eu acho que nestes lugares a gente revitaliza as ideias. [*Rafael*]

Precisei realizar essas viagens, para saber quem eu sou, para onde gostaria de ir e para entender meu corpo, sentimentos,

---

* Devido à pandemia de covid-19, Bruno e Ketlin só puderam participar da Feira de Madri em 2022.

culturas, crenças, pessoas e lugares [...]. Eu tenho feito uma reflexão e também plano futuro de um dia fazer alguma ação, alguma atividade com a Pamela Gaino,* lá em Guiné Bissau, então na África, esses são os meus planos. [*Sidneia*]

A exemplo do que foi feito com os 168 visitantes respondentes do questionário, fizemos nuvens com as 50 palavras mais frequentes nas entrevistas concedidas pelos/as jovens.

Numa olhadela nas nuvens de palavras, encontramos, ao centro, a palavra "gente", de "a gente", de "nós" e, por vezes, "nóis", que pode indicar o quanto o coletivo, o comunitário, tem marcado as trajetórias desses jovens e favorecido suas mobilidades.

O poeta Sérgio Vaz diz que:

Quando a gente fala nóis vai.
É porque nós vamos mesmo!

Ao lado de "gente" estão "livros" e "biblioteca" reforçando, também, o lugar da biblioteca comunitária, dos livros e da literatura nas travessias que realizam, num contínuo *#DeParelheiros paraoMundo/#doMundoparaParelheiros*.

#DoMundoparaParelheiros: os deslocamentos para a BCCL

Passo agora a discutir os resultados levantados junto aos 168 visitantes da Biblioteca Comunitária Caminhos da Leitura que responderam ao questionário eletrônico enviado por e-mail e

---

* Pâmela Gaino é de Parelheiros. Foi parceira da BCCL quando trabalhava na Ashoka Brasil. Casada com um guineense, vive em Guiné Bissau há alguns anos.

disponibilizado em redes sociais. Trata-se de uma amostra representativa dos diferentes segmentos que visitaram o espaço, como se verá adiante, na apresentação do perfil dos visitantes.

Desde a criação da biblioteca, adotamos a prática de deslocamentos de pessoas de e para Parelheiros como recurso pedagógico na formação dos jovens, a fim de que entrassem em contato com a cadeia criativa e mediadora do livro e da leitura, e como estratégia para o enfrentamento da visão estereotipada que moradores/as de áreas mais centrais da cidade têm acerca da região e de outras periferias geográficas. À medida que os visitantes entravam em contato com a "Parelheiros da leitura", tornavam-se "embaixadores" do local.

Com uma média de 20 visitas ao mês, o grupo passou a se organizar para apresentar a biblioteca, o cemitério, os demais projetos do IBEAC e região. Aos poucos, foram consolidando, na rotina desses locais, uma estética turística: o receber, com os rituais deambulatórios e narrativos, a composição das práticas de hospitalidade que, noutras condições, seriam chamadas de "receptivo turístico". Talvez não seja o caso exatamente do que realizamos nos primeiros anos da biblioteca, ainda que houvesse uma performance que lembra a dinâmica turística clássica. A partir de 2017, por meio da parceria do IBEAC com a OSC Acolhida na Colônia e outras instituições, cria-se o Acolhendo em Parelheiros* e passa-se a organizar visitas de grupos à biblioteca,

---

* O Acolhendo em Parelheiros é uma ação de Turismo de Base Comunitária desenvolvido pelo Grupo Acolhendo em Parelheiros (GAP), que tem como ferramenta o Agroturismo Comunitário. É desenvolvido pelo IBEAC em parceria com a Associação de Agricultores Acolhida na Colônia (Santa Catarina), a agência Araribá – Turismo & Cultura, o Serviço Social do Comércio de São Paulo (Sesc-SP) e a Cooperativa Agroecológica dos Produtores Rurais e de Água Limpa da Região Sul de São Paulo (COOPERAPAS). O GAP teve início reunindo sete propriedades agroecológicas, a BCCL e os projetos Amara: Cozinha de Alimentação Saudável

enquanto os pedidos para visitas individuais continuavam chegando por contato direto com os jovens, por site, e-mail, aplicativos de mensagens.

Os 168 respondentes que escolheram sair do conforto de seus lares para experimentar algo entre o desconhecido e o familiar, pelas lentes das mobilidades, participam de uma composição pouco óbvia, em comparação com as práticas turísticas mais consolidadas.[83] Considerando a BCCL como "ponto de irradiação" de processos sociais complexos – incluindo as nuances que podemos chamar de turísticas, traremos elementos das dinâmicas de visitação ao território, destacando quem são os agentes deste "turismo", o que se moveu com eles/elas, as direções/ resultados/ desdobramentos dos movimentos.

A partir dos dados dos visitantes,[84] organizamos um perfil sociodemográfico que, em diálogo com os dados gerais de Parelheiros e da biblioteca, oferecem aspectos de relevância para a compreensão dessas mobilidades turísticas como fenômeno social que extrapola as mediações comerciais. Os dados foram tratados em conjunto; quando foi importante destacar alguma resposta, porém, esta foi identificada com a letra "v", seguida da posição de 1 a 168 na planilha.

Embora o Grupo Acolhendo em Parelheiros (GAP) tenha apenas três anos de existência, a estratégia vem dando certo: dos 168 respondentes, apenas 23% visitou exclusivamente a biblioteca; os demais aproveitaram a ida para conhecer outros atrativos de Parelheiros e vice-versa. Eles e elas representam ativistas da área

---

desenvolvido pelo IBEAC e o Espaço Parelheiros Saudável, Territórios Abraçados do Centro Popular de Cultura e Desenvolvimento (CPCD). A partir de 2020, com o projeto "Acolhida em São Paulo", 30 novas propriedades agroecológicas passam a integrar o grupo, com o objetivo de disseminar as aprendizagens, organizar um roteiro pedagógico agroecológico e constituir uma associação. Mais informações disponíveis em: <www.acolhendosp.com.br> (Acesso: 02 dez. 2021).

do livro e da leitura, autores/as, gestores/as públicos, estudantes, professores/as, acadêmicos, investidores/as sociais, jornalistas, leitores/as, "turistas urbanos" provenientes de outras regiões da cidade ou de outros estados e países, que vieram exclusivamente para conhecer a biblioteca ou que incluíram a visita em sua programação de trabalho ou lazer. Na Tabela 3, encontra-se a distribuição da amostra quanto ao local de origem e ao tipo de transporte utilizado para chegar à biblioteca.

[TABELA 3]

DISTRIBUIÇÃO DA AMOSTRA QUANTO AO LOCAL DE ORIGEM

Distribuição dos visitantes quanto ao local de origem	%
Outra cidade do estado de São Paulo	4,7
Outro estado do Brasil	7,1
Outro país	17,8
Cidade de São Paulo	70,4

FONTE: ELABORAÇÃO PRÓPRIA (2020)

Se adotássemos uma definição mais conservadora de "turista" ou "viajante", a maioria (75,1%) dos visitantes respondentes da pesquisa seria desconsiderada, por habitar na cidade de São Paulo ou cidades próximas. É comum que aqueles/as que, por distintas condições e mecanismos que criam obstáculo a seus deslocamentos e são imobilizados por contextos desiguais, em que há controle dos "fluxos de corpos ordinários, mensagens e coisas[85]", sejam excluídos desses estudos.

No passado, certa performance facilitava a distinção entre o turista, os profissionais do turismo, moradores, migrantes. Seus trajes, acessórios e atividades os distinguiam dos não turistas.

Já faz um tempo que é menos possível balizar tais distinções. A disseminação dos *smartphones*, com câmeras cada vez mais sofisticadas e redes sociais em que só é possível fazer postagens com imagens, tem envolvido cada vez mais pessoas no registro e publicização de práticas cotidianas de lazer.[86]

Moradores/as de Parelheiros e oriundos de regiões próximas se misturam aos/às visitantes de longe para participar de saraus, cinedebates literários ou um bate-papo com autores/as, abrindo espaços para reflexões sobre os dualismos próprios do turismo anfitrião-hóspede, turista-viajante. Afinal, é possível ser turista sem a necessidade de embrenhar-se por horas na estrada? É possível ser turista na própria cidade? Turista por apenas algumas horas do dia?

Sarau Mulher Negra Presente.

Conforme se observa na Tabela 3, a maioria dos visitantes (70,4%) reside na capital, 4,7% em cidades próximas, 7,1% se deslocaram de outros estados e 17,8% de outros países. Os 7,1% que se deslocaram de outros estados saíram da Bahia, de Brasília, Minas Gerais, Paraíba, Rio Grande do Sul, Rio de Janeiro e Santa Catarina. Os provenientes de outros países são da Alemanha, Argentina, Colômbia, Espanha, Estados Unidos da América, França, Holanda, México, Moçambique, Portugal e Reino Unido.

[TABELA 4]

DISTRIBUIÇÃO DA AMOSTRA QUANTO AO TIPO DE TRANSPORTE
UTILIZADO PARA CHEGAR À BIBLIOTECA

Distribuição dos visitantes quanto ao transporte utilizado	%
Outro	5,4
Transporte fretado (ônibus, van)	22,6
Transporte privado (carro, bicicleta)	52,4
Transporte público coletivo (trem, ônibus)	15,5
Transporte público individual (táxi comum, 99Taxi, Uber)	4,2

FONTE: ELABORAÇÃO PRÓPRIA (2020)

Uma vez na cidade de São Paulo, conforme Tabela 4, 75% dos visitantes percorreram os mais de 50 Km do centro para Parelheiros com transporte privado, individual ou coletivo (carro próprio ou fretado), e apenas 4,2% utilizaram transporte público individual (táxi comum, 99Taxi, Uber), enquanto os demais (5,4%) recorreram a carona e outros transportes coletivos para "aproveitar o trajeto" conversando sobre Parelheiros, a BCCL e leituras, como registrado por uma das visitantes (v51), fazendo do percurso um "tempo-vivo", ganho.

Como eu e Vera moramos no centro da cidade, frequentemente acompanhamos visitantes à biblioteca. O deslocamento, que pode variar de uma hora e meia a duas horas em dias normais, constitui-se em "lugar móvel", "espaço relacional em movimento", "espaço de significação e apropriação[87]", utilizado para realizar reuniões, elaborar projetos, aproximar indivíduos e instituições, descobrir os fios que conectam as pessoas e a BCCL a outras redes. De certo modo, esse trajeto é a biblioteca em movimento, confirmando também que, para parte dos visitantes, o tempo de deslocamento não é um "tempo morto", como se poderia imaginar,[88] ainda que, para 18% dos visitantes, a distância e/ou a falta de transporte público seja um impeditivo para retornar ao espaço.

Quanto à diversidade de gênero, raça e escolarização, do total de visitantes, 65% são mulheres, 63,7% se declaram brancos, 85% têm nível superior completo (28% têm pós-graduação, 16% mestrado e 19% doutorado) e 92% declararam ter algum vínculo de trabalho (Tabela 5).

[TABELA 5]
DISTRIBUIÇÃO DA AMOSTRA POR COR/RAÇA/ETNIA, ESCOLARIZAÇÃO E VÍNCULO DE TRABALHO

Cor/raça/etnia	%	Escolarização	%	Vínculo de trabalho	%
Amarelo	3,6	Fundamental	1	Aposentado/pensionista	1
Branco	63,7	Médio	7	Assalariado de empresa privada	21
Indígena	1,2	Superior	22	Funcionário público	18
Pardo(a)	12,5	Pós-graduação	28	Autônomo	33
Preto(a)	16	Mestrado	16	Empreendedor social	8
Outro	3	Doutorado	19	Empresário	4
		Outro	7	Estudante	11
				Não respondeu	4

FONTE: ELABORAÇÃO PRÓPRIA (2020)

Em Parelheiros, os visitantes da BCCL encontraram uma população com caraterísticas bastante distintas das suas: 57,1% da população de Parelheiros se autodeclara preta e parda;[89] a taxa de emprego formal, por dez habitantes em idade ativa é de 0,61.[90] Embora na BCCL metade dos/as mediadores/as seja do sexo feminino, no contexto nacional há uma preponderância de mulheres. Em pesquisa realizada com 349 mediadores/as de leitura de 143 bibliotecas comunitárias do Brasil Fernandez, Machado e Rosa identificaram 79% de mulheres.[91]

A participação preponderante de mulheres nos espaços culturais foi destacada também por Petit, ao encorajar editores a lutarem contra a misoginia se quiserem lucrar com seus negócios, "porque onde as mulheres são mantidas à margem da escolarização, à margem da vida social, o escrito não circula com fluidez".[92] A pauta feminina-feminista pode ser um dos fatores de atração de visitantes à BCCL: 75% dos/as visitantes conhecem ou participaram do Sarau "Mulher negra, presente!", realizado pela biblioteca no mês de março desde 2009. Há visitantes que foram à biblioteca mais de uma vez e que valorizam o encontro com mulheres e a oportunidade de refletir sobre as relações de gênero:

Eu voltaria pq foi lá que encontrei apoio onde mim encontrei cm mulher onde pude ver que juntas somos mas e que sou mulher empoderada meu lugar e onde eu quiser esta mim sinto acolhida nesse espaço de aprendizagem de cultura conhecimento. [v28]

Insubmissas lágrimas de mulheres, da Conceição Evaristo. Tal qual o livro, a BCCL me instiga a pensar sobre mulheres no contexto desigual que temos no país. Pensar numa perspectiva do 'Empordimento', conceito que apreendi na convivência com mulheres em/de Parelheiros. [v29]

Outros/as, de longe, sentem que a biblioteca é como uma casa acolhida por mulheres que trocam práticas:

> A literatura nos leva à vida no cemitério, à alimentação saudável feita por mãos de mulheres incríveis como forma de nutrir – assim – o corpo e o espírito, conversar com escritoras/es e os sentir no sofá de casa. Dá vontade de conhecer o mundo. É uma janela para o mundo. [v45]

Uma visitante destacou a relação que os/as jovens fazem entre as práticas e as leituras literárias, indicando o livro *A mulher da guarda*,[93] de Sara Bertrand, como o livro que a leva de volta (em sentido físico ou metafórico) para Parelheiros.

> *A mulher da guarda*, de Sara Bertrand, pois participei de uma oficina realizada por ela com o grupo de jovens de Parelheiros e fiquei impressionada com a participação de cada um/a e a clareza que possuem sobre o lugar da leitura, da palavra, da escrita, na participação social e política e na construção da identidade. [v65]

Outra distinção entre visitantes e comunidade visitada refere-se à escolarização: enquanto 42,1% dos visitantes têm nível superior completo e 5,7% possuem pós-graduação, os dados demográficos dos territórios onde estão bibliotecas comunitárias revelam que a média de jovens com mais de 25 anos com ensino médio completo é de 10,9%, enquanto que no grupo de mediadores de leitura pesquisados por Fernandez, Machado e Rosa há 42,1% nessa faixa etária e nível de ensino.[94] O acesso e a continuidade dos estudos são mobilidades observadas aqui: os/as cinco jovens mediadores/as de leitura da BCCL são os primeiros universitários de suas famílias. Dentre os/as jovens fundadores/as da biblioteca, outros três são graduados e atuam na área de educação.

A mobilidade social dos jovens do extremo sul da cidade de São Paulo para as universidades, suas "vidas móveis" movendo consigo as narrativas da biblioteca para eventos literários em áreas centrais e suas performances, utilizando as redes sociais de forma tática e atraente, vem contribuindo para novos referenciais teóricos e práticos sobre o livro, a leitura e a formação de jovens leitores. O questionamento de modelos hegemônicos que fazem do acesso à cultura de modo geral e à literatura em particular, um privilégio, vem sendo feito de forma recorrente pelos movimentos culturais das periferias. De acordo com os visitantes da biblioteca, esses fatores contribuíram para captar seus olhares para Parelheiros.

Mas por que se mover até Parelheiros? Poderíamos ver tudo que há no mundo do conforto de nossas casas; contudo, viajamos. Qual o sentido disso? As motivações do turista a viver uma experiência são um elemento importante de análise. Coube,

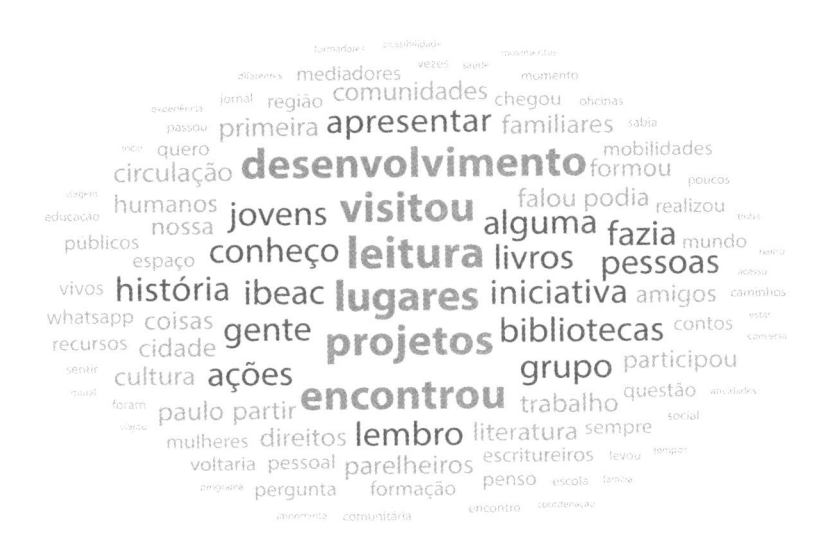

Motivações dos visitantes da BCCL.

dessa forma, saber o porquê de um número crescente se interessar por visitar uma pequena biblioteca em um cemitério. Várias perguntas do questionário levavam a essa resposta.

Fizemos uma nuvem de palavras a partir dos 100 termos mais frequentes com no mínimo cinco letras e que aparecem hierarquizadas pela centralidade e tamanho da fonte, estando ao centro os mais importantes, sobre as motivações para visitar a BCCL. Por ser um questionário trilíngue, buscamos as palavras em português, inglês e espanhol, obtendo correlações interessantes.

Observando a nuvem de palavras, a visita e suas motivações estão relacionadas à leitura, aos livros, ao desenvolvimento, aos projetos, ao grupo, aos jovens, ao encontro, ao lugar, às pessoas, à história do lugar e do IBEAC. Buscamos as relações que os 168 visitantes estabelecem com "o lugar" que poderiam ser "a biblioteca", "Parelheiros" ou simplesmente "lugar". Assim, selecionamos dois grupos de palavras: I) "lugar, *sitio*, espaço, *espacio*, *space*" e II) biblioteca, *library*, BCCL para que o programa confeccionasse a "árvore de palavras", ou seja, apresentasse aquelas que os respondentes relacionaram a "lugar ou biblioteca" em qualquer uma das 35 questões. Para melhor visualização optamos por organizar os resultados no Quadro 3.

[QUADRO 3]
PALAVRAS QUE 168 VISITANTES DA BCCL ASSOCIAM À "BIBLIOTECA" E AO "LUGAR"

Palavra	Palavras relacionadas
lugar, *sitio*, espaço, *espacio*, *space*	"lugar de ir, lugar de voltar", "lugar de ser", "lugar possível e viável", "possibilidade", "lugar de andar", "conforto", "com qualidade da recepção", "acolhedor", "que traz paz", "com muita vida", "de aprendizado", "de refúgio", "de partilha", "distante dos grandes centros econômicos", "incrível", "ideal para a leitura", "improvável", "maravilhoso", "lindo e potente", "misterioso",

Palavra	Palavras relacionadas
lugar, *sitio*, espaço, *espacio*, space	"com clima de suspense", "muito estimulante", "pleno de sentido", "para viver e crescer", "lugar que facilita a vida das pessoas", "o princípio de tudo", "diferente", "de autonomia", "onde pude conectar emoções"
biblioteca, library, BCCL	"lugar de encontro", "fomenta a mobilidade", "a periferia no centro", "ideias e novos olhares", "mobilidade", "resiliência", "a minha residência", "casa", "refúgio", "são os mediadores de leitura", "os Escritureiros", "os meninos e as meninas", "os jovens", "são as pessoas", "receptividade", "delicadeza das relações", "espaços conectados", "transcende as restrições de mobilidade", "inspiração", "uma resposta", "promove a inclusão social", "proporciona movimentos e acesso importantes", "articulações", "conhecimento e cultura", "reúne pessoas diferentes", "fratura as normatizações", "surpreende", "me faz pensar", "é um marco", "um agente de mobilidade", "um exemplo", "espaço de ampliação", "lugar de encontro", "engajamento", "acessibilidade ao conhecimento", "conexão com o outro", "espaço de exploração e inovação", "lugar de disputa de sentidos", "polo mobilizador", "Parelheiros"

FONTE: ELABORAÇÃO PRÓPRIA (2020)

A leitura dessas palavras em voz alta produz uma energia que movimenta, que faz a roda dos encontros girar. Percebe-se que os visitantes são turistas que buscam mais que uma visita a um atrativo turístico que se relacione com o universo da literatura – comumente chamado de turismo literário. Movem-se, apesar da distância e da dificuldade de acesso, porque lá encontram algo mais e deixam algo mais que o recurso financeiro para o GAP.

Na fala de um visitante, a biblioteca é lugar que movimenta pela leitura e materializa as mudanças:

[...] Para percorrer os caminhos é preciso ler o território, as paisagens, os aromas, as texturas, a pele do bairro e os corpos. Quando se conversa, se escreve, quando se caminha e se conversa, a mente se clareia, as relações são tecidas, os espaços são conectados. A BCCL é espaço e representação, é vivência e materialidade, portanto, a Biblioteca é um articulador de trajetórias, é o garante de que o direito de se mover, de que o direito à locomoção seja uma experiência vital, significativa e edificante. Mover-se não é apenas passar de um lugar a outro, como se fôssemos apenas matéria; mover-se é aprender, afetar a nós mesmos e transformar. A mobilidade é uma prática que transforma o nosso corpo, o corpo social e a paisagem. A mobilidade é mais do que se transportar, é se transformar, e aí o campo simbólico das bibliotecas é um dispositivo de mobilidade. [v143]*

Assim como "o etnólogo não é simplesmente um observador da história" e de paisagens novas, mas é um "ator na história[95]" que modifica e sai modificado depois de uma convivência, os visitantes/turistas que passaram pela BCCL também contribuíram

---

* "Para caminar los caminos se requiere de leer el territorio, los paisajes, los aromas, las texturas, la piel del barrio y los cuerpos. Cuando se conversa se escribe, cuando se camina y se conversa se aclara la mente, se tejen relaciones, se conectan los espacios. La BCCL es espacio y representación, es vivencia y materialidad, por tanto, la Biblioteca es un articulador de las trayectorias, es el garante de que el derecho a moverse, que el derecho a la locomoción sea una experiencia vital, significativa y edificante. Moverse no es pasar sólo de un lugar al otro, como si fuéramos sólo materia; moverse es aprender, afectarse y transformar. Movilidad es una práctica que transforma nuestro cuerpo, el cuerpo social y el paisaje. Movilidad más que transportarse es transformarse y allí el campo simbólico de las bibliotecas es un dispositivo de la movilidad". [v143]

para construí-la. Um visitante, escreveu sobre a inspiração do espaço da biblioteca para seu trabalho e para a vida:

> Para mim, como contador de histórias, não há nada mais interessante do que falar e tratar da morte para pensar a vida, o começo e o fim de uma narrativa. Uma biblioteca em um cemitério que transpira vida e a transitoriedade de suas ações, pessoas, começo, meio e fim. A constante transformação. Viver como um ato político. Resistir e existir. [v50]

Além da observação e dos compartilhamentos de ideias, outras materialidades modificam a biblioteca: as imagens, os livros doados porque considerados leituras essenciais, porque recém-lançados ou porque são de autoria própria e passam a ocupar a estante "Este/a a gente conhece!". Nessas idas e vi(n)das, a Flip inspirou a Felipa – Festa Literária de Parelheiros – e assim acontece com tantos outros eventos realizados em parceria.

A biblioteca, no olhar e falas dos 168 visitantes, favoreceu novas tramas, novos textos, algo "entre um texto a vir e um texto advindo, entre um antes e um depois".[96] Pode-se dizer também que, ao se moverem visitando os lugares para compartilhar as concepções e práticas, os/as jovens e as gestoras se tornaram um pouco etnólogos, turistas, capazes de olhar a própria prática com estranhamento para propor mudanças.

Os dados apresentados aqui revelam que aquilo que acontece em uma pequena biblioteca comunitária numa periferia do mundo não é um novo segmento do turismo, mas uma forma diferente de fazer turismo em áreas urbanas. Em suma, formas de mobilidade que informam sobre práticas e ideias de turismo, que nem sempre se encontram nos compêndios da área.

Daí a importância de olhar para a biblioteca como objeto que se move junto com outros conteúdos (concretamente: corpos, objetos, ideias e imagens), engendrando novas práticas e narrativas turísticas a partir dos fluxos das chegadas e partidas, das motivações dos anfitriões, das imagens sobre a biblioteca veiculada na mídia e redes sociais, nas imbricações entre viagem e literatura de forma prática e metafórica. Se, em sua acepção mais objetiva, as viagens são a substância mais óbvia do fenômeno turístico, parece ser preciso escavar, com um conjunto de ferramentas menos convencional, quais as categorias de movimentos em questão compõem uma realidade turística pouco provável no contexto que se apresenta.

Para analisar a mobilidade de ideias, três respostas foram verificadas:

1. Você falou sobre a BCCL para alguém?
2. O que faria você voltar à BCCL? Por quê?
3. Daquilo que viu e ouviu na BCCL, há alguma ideia que você acredita que deveria ser levada para outros lugares?

Sobre as ideias que visitantes levaram ou gostariam de levar para alguém ou algum lugar, agrupamos as seguintes categorias: "Modelo de gestão", "Concepções", "Eventos/Atividades"; "Formação/Conteúdos/Temas"; "Resultados; "Pertencimento/Empoderamento"; "Método/Jeitos de fazer"; "Outros projetos" e "Lugares" (Quadro 4).

[QUADRO 4]
AS IDEIAS QUE VISITANTES LEVARAM OU GOSTARIAM DE LEVAR DA BCCL PARA OUTROS LUGARES

Ideias	Falas dos visitantes da BCCL
Concepções	"Que Parelheiros é o melhor lugar pra viver e crescer"; "A literatura como um direito para todos e não uma obrigação ou castigo [que] dificulta o gosto pela leitura"; "A importância de os jovens

Ideias	Falas dos visitantes da BCCL
Concepções	se envolverem com projetos de literatura"; "A construção de uma biblioteca comunitária com a comunidade"; "A perspectiva e desenvolvimento territorial coletivo, protagonismo juvenil, formação de leitores, projetos autogestionários podem contribuir com outros territórios de todas as partes do Brasil"; "A constituição de rede comunitária como mecanismo de acesso e usufruto aos direitos humanos"; "A centralidade do livro e da leitura, mesmo em atividades ou grupos de diferentes perfis que se reúnem na biblioteca"; "A biblioteca com um espaço agregador, que acolhe iniciativas diversas, vivas e dinâmicas"; "A literatura como caminho de transformação de realidades e de luta por direitos humanos"; "A abordagem sobre direitos humanos"; "Que é possível por meio da literatura sermos pessoas melhores"; "A ideia de que a periferia lê e transforma sua realidade a partir de seus próprios saberes e fazeres"; "Qualquer espaço tem potencial para acolher uma biblioteca"; "A ideia de que a literatura e o conhecimento crítico/reflexivo devem permear todas as ações empreendidas no mundo"; "É possível mobilizar, fomentar, realizar iniciativas como as desenvolvidas pela BCCL nos mais diversos lugares e espaços das mais variadas cidades brasileiras"; "Posicionar a biblioteca na comunidade como um eixo articulador para a tomada de decisões, resolução de problemas e dinamização dos processos comunitários"; "A BCCL como um espaço de exploração, inovação, formação e empreendedorismo social"; "Que as pessoas devem ser capazes de escrever suas próprias histórias, não que sejam escritas para elas"
Modelo de gestão	"O envolvimento de jovens da comunidade na gestão do espaço, do acervo e da programação"; "Protagonismo dos jovens mobilizadores"; "A voz importante dos jovens nas decisões"; "A ação horizontal, de ampla participação dos moradores da região, criada de maneira orgânica a partir das necessidades e desejos dos diferentes atores"

Ideias	Falas dos visitantes da BCCL
Eventos/ Atividades	"Sarau do terror: metodologia é muito envolvente e inovadora; "Realizar oficina de escrita de contos de terror por outros cemitérios da cidade"; "Gostaria de ver o sarau do terror tomar outros cemitérios da cidade"; "Leitura ao pé do ouvido"; "O cortejo; o Slam; O Sarau Mulher Negra presente deveriam ir para as escolas públicas"; "Saraus temáticos, com foco na experiência social e de formação literária de grupos sociais vulneráveis (para territórios afetados pela vulnerabilidade social)"; "As rodas de conversas"; "As prosas com escritoras/es; encontros literários, clube de leitura, leitura nas creches"; "Festas /feiras literárias";
Formação/ Conteúdos/ Temas	"A valorização da literatura negra"; "Empoderamento para as mulheres, literatura e troca de experiências"; "O modelo de formação de mediadores de leitura"; "A discussão sobre a ancestralidade"; "Resgate de culturas"
Resultados	"O empoderamento de jovens em prol de mobilização comunitária deve ser exemplo para as práticas de museus"; "O trabalho comunitário efetivo"; "Os olhos dos jovens de lá brilham com certa esperança"; "Jovens se apoiando, por meio da aproximação literária; "As vivências intergeracionais"; "A biblioteca se pensar como chão e parte do território de sua pertença"; "A história, as vozes dos jovens e das mulheres"; "Uma riqueza de conhecimento acumulado que pode potencializar outras iniciativas. Topo sonhar junto"; "O respeito, o acolhimento"; "A história da biblioteca tem que virar um livro lindo que chegue nas escolas do Brasil!"; "Ocupar lugares inusitados com cultura"
Pertencimento/ Empoderamento	"A proposta de valorização e pertencimento local"; "A valorização da região, do espaço e das pessoas. Na BCCL, a gente acredita que Parelheiros é o melhor lugar do mundo pra viver, porque não é um slogan vazio, a gente vê acontecendo"; "O entusiasmo dos jovens pelos livros"; "O empoderamento de mães e jovens"; "A mobilização de jovens (e não tão jovens) em torno da literatura

Ideias	Falas dos visitantes da BCCL
Pertencimento/ Empoderamento	e direitos humanos"; "A organização das mulheres".
Método, jeitos de fazer	"A metodologia de trabalho com jovens para outras instituições públicas e privadas"; "A forma de relacionamento com a comunidade e com o território, a crença na força dos livros e da leitura"; "Gostaria de trocar experiências entre jovens de periferia de São Paulo e aldeias portuguesas"; "Todo o arranjo em torno da biblioteca que envolve jovens, mulheres, públicos diversos".
Outros projetos	"Amara, a alimentação saudável baseada em produtos orgânicos, Sementeiras, Mães mobilizadoras"; "A integração com outros projetos sociais do território"; "O incrível programa de leitura associado ao programa de saúde da família".
Para outros lugares	Pitimbu (Paraíba); para todo o Brasil; o sertão nordestino; Zona Leste; Jardim Pantanal; Paraisópolis; Cambuci; Brasilândia; outros bairros e cidades brasileiras; periferias; todos os lugares onde há jovens e falta de livros. Para comunidades vulneráveis. Para muitos outros países Medellín. Para a universidade e intercâmbio com escolas (internacionais) no Brasil. Todos os lugares.

FONTE: ELABORAÇÃO PRÓPRIA (2020)

O registro das ideias dos visitantes sobre o que a BCCL é e faz vai moldando os fazeres do time que, imerso nas ações cotidianas, nem sempre tem a oportunidade de refletir de forma aprofundada sobre o possível impacto inspirador do que é realizado. Sobre estas percepções é importante acrescentar o fato de 56% dos visitantes terem voltado à biblioteca mais de uma vez, o que propicia um maior conhecimento do espaço e das dinâmicas ali estabelecidas. As manifestações afetuosas sobre o trabalho ali desenvolvido ressaltam a dimensão afetiva do tema pesquisado, acolhendo as viagens imaginativas e a atmosfera literária que as envolve.

Ao dizer que levaram ou gostariam de levar as ideias do que viram na biblioteca para outros lugares, os visitantes também estão dizendo o que os moveu para a visita. Ou seja, as ideias e imaginários sobre a biblioteca dizem sobre idas e vi(n)das, como ilustram algumas falas dos visitantes:

> Acredito que a BCCL seja um núcleo de diferentes mobilidades. Apesar de ser um lugar fixo (em termos de estrutura), ela movimenta pessoas de diferentes lugares anualmente (inclusive de outros países), por meio de atividades e eventos. Ao se deslocarem para a BCCL, essas pessoas levam seus conhecimentos e ideias para a biblioteca, que, por sua vez, possui seu próprio acervo de conhecimentos, ideias e fazeres. Nessa dinâmica, vejo que acontece uma grande mobilidade de ideias e inspirações. São trocadas experiências trazidas de fora e que ficam na BCCL e são levadas da BCCL para fora. Além disso, todxs que integram a biblioteca levam Parelheiros para o mundo ao participarem de eventos nacionais e internacionais e compartilharem as suas experiências nos mais diversos espaços. [v60]

> A metodologia do Sarau do Terror é muito envolvente e inovadora, o modelo de gestão da biblioteca (pelos jovens de Parelheiros) e o cuidado com o espaço, a proposta de valorização e pertencimento do local. [v96]

Com as ideias sobre a biblioteca também circulam objetos: 20% dos visitantes já levou algo para o espaço. É comum que, depois da visita, observando as necessidades do lugar ou em forma de agradecimento, os/as visitantes enviem algo diretamente para a BCCL na Rua Sachio Nakao, ou para a Av. Dr. Arnaldo (sede do IBEAC). Livros são, sem dúvidas, o principal objeto a circular, mas circularam também: jornais literários, coleção de histórias em quadrinhos (HQ), estantes, mesas, armários, equipamentos eletrônicos, grafites, brinquedos, jogos educativos, mochilas, material de costura, exposições fotográficas, dinheiro.

No trajeto, movem-se, com os visitantes, *objetos* (livros, equipamentos, alimentos, fotos), *imagens* (de livros, leituras, leitores e bibliotecas) e *imaginários* (de Parelheiros, de periferias, de jovens) engendrando, com suas motivações e expectativas sobre a visita, novas e incomuns práticas e narrativas turísticas. As imagens da biblioteca veiculadas por outros visitantes físicos ou remotos compõem o cenário de uma experiência espacial estendida pelo tecido urbano metropolitano, que extrapola em muito a materialidade física de espaços visitados – entendidos normalmente como atrativos turísticos. Se, em sua acepção objetiva, as viagens são a substância mais óbvia do fenômeno turístico, menos óbvio é olhar para múltiplas formas de mobilidade e localizar indícios de turismo.[97]

Me vejo no que lemos: A mobilidade de imagens e imaginários sobre a BCCL

Em 12 anos de travessias da Biblioteca Comunitária Caminhos da Leitura, muitas imagens circularam na mídia, nas redes sociais, nos portifólios e relatórios de projetos, nas galerias de centenas de celulares. Algumas delas coloriram e materializaram reflexões deste livro.

Ao viajarmos a BCCL, habitamos seus movimentos em meio a combinações de imagens e palavras escolhidas por nós, para movê-la. No caminho, encontramos as narrativas dos/as visitantes contendo suas motivações, percepções, ideias. Nós e os/as visitantes movemos imagens e imaginários por páginas de instituições sociais, programas de TV, rádio, podcasts, jornais e revistas. De 2012 a 2020, captamos e organizamos 640 matérias, conforme descrito no capítulo 1.

Considerando que, ao viajarem por caminhos móveis, as imagens e palavras movem e remodelam a biblioteca, decidimos, então, olhar para os títulos desses artigos, para as imagens que os/as jovens escolheram como representativas de suas trajetórias e as imagens nas páginas da biblioteca até o presente momento, para checar a mobilidade de imagens e imaginários sobre a Caminhos da Leitura e o quanto há de espelho no que coletamos, isto é, o quanto nos reconhecemos naquilo que falam sobre nós.

Olhar para as fotos dos jovens é também um jeito de analisar suas performances enquanto se movem ou fazem a biblioteca se mover... caminhando, sobre rodas, voando, "navegando" por águas ou fios, no palco de um evento, na plataforma de uma *live*.

Incluímos o registro fotográfico como recurso formativo, desde as primeiras práticas de mediação de leitura nas escolas e creches de Parelheiros. Quando os celulares não eram acessados pelo grupo, nossos projetos previram orçamento para a compra de máquinas fotográficas e oficinas de linguagem visual.

Nas mediações realizadas em trio, dividiam-se para mediar, fotografar, observar, anotar. O registro guiava as formações posteriores. Analisando imagens, aprendemos que uma criança dormindo durante uma mediação de leitura não significa desinteresse, pode ser resultado de total entrega à voz e à narrativa. Assim, as imagens capturadas pelos jovens passaram a ser conteúdo das minhas apresentações.

Juntos/as, aprendemos a apreciar e congelar gestos significativos e fragmentos de objetos, para ver de novo. Algo que a leitura literária também estava nos ensinando: leitura, pausa, viagem nas metáforas; leitura, pausa, busca do sinônimo de uma palavra; leitura, pausa... até construir um ritmo, uma cadência com sentido. Com as fotografias, aprendemos a buscar a melhor luz e o melhor enquadramento para o registro dos nossos jeitos de ver o mundo. Aprendemos a ver os detalhes daquilo que nos rodeia, como disse Bruno:

[...] porque a biblioteca e essa trajetória que os pés foram me ajudando a construir, também foram ensinando outras maneiras
de olhar para a cidade; porque mesmo a gente que está lá em
Parelheiros e as pessoas não olham. A gente também aprende
a não olhar para algumas coisas quando a gente está circulando
pela cidade. A gente que é da quebrada, quando está no centro...
o que você olha? Olha placa de emprego: "procura-se", "entrega
seu currículo". Então, a biblioteca nos ensinou a olhar para outras coisas: os grafites, as obras de arte, os modelos dos prédios.
Então, esse jeito que fomos aprendendo a circular na cidade
também foi um jeito que a gente foi aprendendo a olhar paras
coisas que às vezes a gente não via. [*Bruno*]

As mediações de leitura, as indicações literárias, o empréstimo de livros e o bate-papo com autor/a fazem parte do cotidiano
do/a mediador/a. É do campo das coisas familiares e habituais
que, de tanto serem vistas, correm o risco de cair na banalidade,
virar obrigação e perder o encantamento, como bem escreveu
Otto Lara Rezende em sua crônica "Vista cansada":

O hábito suja os olhos e lhes baixa a voltagem. Mas há sempre
o que ver. Gente, coisas, bichos. E vemos? Não, não vemos.
Uma criança vê o que o adulto não vê. Tem olhos atentos e
limpos para o espetáculo do mundo. O poeta é capaz de ver pela
primeira vez o que, de fato, ninguém vê [...]. Nossos olhos se
gastam no dia a dia, opacos. É por aí que se instala no coração
o monstro da indiferença.[98]

Pois a literatura, a poesia, nos ajuda a afastar "o mostro da
indiferença"; elas conferem certo brilho nos olhos. É assim para
Ketlin, Sidineia e Silvani, que escolheram imagens de indicação
de livros, mediação de leitura e bate-papo com autor, entre as
mais significativas destes 12 anos.

É uma foto que representa a questão de eu ser referência; ser referência na questão literária [...]. Pensar alguns temas através da literatura [...], então, eu coloquei essa foto segurando os livros e também nele tá o livro "Cabelos" [...], pra falar um pouco desse processo, que eu segui desde 2015, de assumir o black. [*Silvani*]

Mediação de leitura Ketlin na CEI *Santa Terezinha e bate-papo com o autor Sérgio Ballouk –* CCA.

[...] eu iniciei o meu processo no projeto, aprendendo a mediar. Foi meu primeiro contato com a literatura [...], não foi eu lendo pra mim, porque eu só descobri que eu precisava também ler pra mim depois; então, primeiro, eu aprendi a ler pro outro. [*Ketlin*]

[...] Ele chegou através das redes sociais [...] acompanhando a nossa trajetória, as publicações... Ele entrou em contato e aí, na verdade, se eu não me engano, [...] através de um poema que a Silvani publicou na página. Então, quando a gente recebeu o convite do Sérgio [Ballouk] pra fazer o bate-papo, a gente propôs que ele pudesse ir nos espaços que a gente estava atuando, que seria no CCA e nas escolas. Então o que aconteceu: ele conseguiu ir na escola e depois no CCA. E aí o que foi bacana é que as crianças, naquele momento, elas criaram poesias. Então, elas receberam o escritor batendo palmas, pulando de alegria, agradecendo, excitadas. [*Sidneia*]

A performance de uma jovem lendo poemas dos *Cadernos Negros* e informando, no texto ou imagem, que é de Parelheiros, chama a atenção do escritor que se oferece para um encontro. Os jovens decidem lhe proporcionar um encontro com crianças que vivem ainda mais ao extremo que a biblioteca: no bairro Barragem.

Uma performance leva uma voz e um livro para as redes sociais; estas movem ideias sobre a leitura, os *Cadernos Negros*, Parelheiros, uma biblioteca comunitária. Um escritor negro e sua produção são apresentados para um grupo de crianças. Um corpo se move até Parelheiros. Registra-se e a imagem repousa (temporariamente) aqui.

Então, a gente falou: Olha que bacana, né?! É uma forma diferente de a gente também fazer com que aquela pessoa que vem até nós, o escritor, ou seja, quem for, viva a nossa realidade, tenha este contato direto com esse público, pra entender, né?! Pra mim foi importante nesse sentido, porque a gente deu uma vivência diferenciada pra esse escritor e, ao mesmo tempo, conseguiu proporcionar um encontro com autor pela primeira vez pra essas crianças; pela primeira vez elas tiveram contato com um escritor. Então, saiu do papel, da fala que a gente pode conhecer o escritor e aconteceu na realidade [...] eu fiquei feliz de fazer essa ponte. [*Sidneia*]

Da mesma forma que turistas performam diante de monumentos e paisagens turísticos, jovens mediadores de leitura (além de gostar destas fotos tradicionais, como turistas) performam com seus livros e autores/as preferidos, em eventos literários nas bibliotecas comunitárias ou fora dela. E movem corpos, objetos, imagens e imaginários, para que benefícios que a literatura lhes proporciona não sejam apenas deles/delas.

Ao revisitarem seus registros, percebem que as imagens dizem o que veem e também quem foram e são, mesmo que provisoriamente, como num palco.

Silvani em mediação de leitura em escola.

ARQUIVO INSTITUTO EMÍLIA (2019)

Bruno Souza no Sesc Pinheiros.

Ocupar os palcos nem é só pelo interesse de estar sendo visto, mas é uma possibilidade de uma história que tinha tudo pra ser apagada. Estar lá, no palco, sendo visto e contribuindo por outras formas e olhares. Poder dizer: "Olha! Você está me vendo, beleza! Eu sou assim, mas existem outros jovens de outros jeitos que o mundo também precisa olhar e estar no palco também!". A biblioteca ajudou a construir esta responsabilidade de estar no palco, mas não só. É legal reconhecer quem você é, mas sobretudo estar no palco com estas histórias coletivas, com estas histórias que são suas, mas que se entrelaçam com a do outro, com a do bairro, com a da sua casa e com a da cidade. [*Bruno*]

Ketlin selecionou um outro palco importante: quando ela, Bruno, Rafaela e Niela (citadas anteriormente) puderam dividi-lo com duas importantes referências para sua formação: a escritora Conceição Evaristo (que não aparece nesta foto) e a paquistanesa Malala Yousafazai, Prêmio Nobel da Paz em 2014, dois anos após ter sido baleada por seguidores do Talibã, por ser defensora da educação de meninas.*

> [...] estar presente com uma mulher negra que é a Conceição Evaristo, escritora... e outra também, de estar com uma jovem que lutou por aquilo que ela acreditou, sofreu vários preconceitos. E, acredito eu, que ainda continua sofrendo, mas que foi resistente porque acreditou na educação e acreditou que o livro, ele, é a maior arma para educar um ser humano. [...] Eu me vejo muito de onde eu comecei e quem eu sou hoje. Então Malala ali talvez eu seja... um pouquinho de Malala [...] e eu lá no fundo apreciando quem um dia eu posso ser no futuro. [*Ketlin*]

Do bairro para a região, da região para palcos centrais, dos palcos para outras cidades. "Os meninos" e "as meninas" foram saltando, tocando o chão em cada pulo dado; experimentando a boa sensação de não tocar o chão e voltar a tocar a sua Parelheiros.

Uma mesma fotografia da primeira viagem a Paraty, amplamente citada em *A biblioteca começa a se mover* foi escolhida por Rafael e Silvani.

Rafael seleciona outras duas imagens de viagens. Em uma delas, a Salvador, ele não aparece, mas exalta a beleza do *resort*

---

* A biografia *Eu sou Malala: A história da garota que defendeu o direito à educação e foi baleada pelo Talibã* (2013) é uma das obras lidas no clube de leitura da BCCL e citada algumas vezes pelos jovens. Na visita de Malala ao Brasil, foram apresentadas a ela cinco histórias de jovens lideranças brasileiras: uma delas foi a história de Bruno.

Saltos: da BCCL *a Berlim.*

e relata detalhes divertidos sobre as vivências no Pelourinho e no "Porto Vermelho[99]", à noite, únicas folgas no Encontro das Bibliotecas Comunitárias do Programa Prazer em Ler:

> [...] a gente ficou no *resort*, é até chique! [*risos*] [...] lá que só tinha a praia de Itapuã, que era uma praia meio que deserta. Assim... a visão era bonita. [...] "Vamos andar pelo Pelourinho?" [...] o Pelourinho estava escuro. Tipo, não tinha mais ninguém. Isso foi depois do jantar [...]. E aí a gente perguntou pro taxista que estava lá com a gente: "Ah! Tem algum ponto aqui que vocês vão à noite?". Aí ele falou do tal de Porto Vermelho. Aí a gente chegou lá "do nada". A gente chegou e o pessoal ficou olhando pra nossa cara: "É gringo!" [*risos*]. [*Rafael*]

A segunda imagem de viagem selecionada por Rafael é de sua ida a Brasília para o evento de premiação do "Viva a Leitura*", promovido pelo Ministério da Cultura, do qual a BCCL foi

---

* O Prêmio Viva Leitura foi criado em 2005, Ano Ibero-Americano da Leitura. Foi descontinuado de 2011 a 2013, retomado em 2014 e instituído como eixo da "Política Nacional de Leitura e Escrita (Lei

finalista. Foram semanas de preparação e escolha do figurino do representante do grupo, ignorando as sugestões das mais velhas de que calça jeans, camisa e tênis lhe caberiam bem. A escolha foi um terno, afinal, o evento era em Brasília. E para o grupo, o imaginário do Distrito Federal exigia formalidades. Tinha muito sentido. Como em outras situações, participamos da decisão coletiva para um momento tão importante para a biblioteca e para Rafael:

> [...] conhecer o Congresso... quem diria, né?! Eu trabalhando em uma biblioteca comunitária aqui na região de Parelheiros e ir parar dentro do Congresso Nacional com outras bibliotecas, outros espaços de outros lugares do Brasil, conhecendo realmente o local onde é o poder do Brasil digamos assim, onde realmente quem manda tá ali, quem manda no Brasil tá ali [...].
>
> [...] aí teve outra cena também, nessa viagem... Foi "A" viagem... [*risos*] Foi a viagem inesquecível mesmo, porque o meu sapato é... quebrou a sola em pleno Congresso Nacional. Fiquei descalço em pleno Congresso Nacional! [*risos*] Aí choveu e eu cheguei correndo, quase que caio no Congresso Nacional [...].
>
> [...] todo mundo exausto e aí a gente pegou e tirou o sapato. Aí eu falei: "já vou tirar, porque eu joguei o meu sapato fora, porque ficou lá no Congresso. Virou lixo do Congresso Nacional. Vou descalço mesmo!". E o pior é que todo mundo [disse]: "Se é doido?!" E eu: "Não, mas eu vou fazer o quê? Não tenho outro sapato aqui, vou descalço!" Aí peguei a minha meiazinha na mão e sai andando. [*Rafael*]

---

nº 13.696, de 12 de julho de 2018) com o objetivo de estimular, fomentar e reconhecer as melhores experiências que promovam o livro, a leitura, a escrita, a literatura e as bibliotecas, nos termos de regulamento".

ARQUIVO RAFAEL SIMÕES (2013)

Rafael Simões no Congresso Nacional.

Rafael perdeu os sapatos e ganhou a solidariedade dos que colocaram os pés no chão com ele, diluindo qualquer acanhamento diante de uma situação sem muito controle em que o possível era sorrir de si mesmo. E Rafael tem coleção de histórias desse tipo, algumas em que é apenas espectador. Lembrei-me de uma delas, certamente pela conexão com uma das fotografias selecionadas por Sidineia. Em 2004, ele deveria ser entrevistado por Lívia Furtado, que fez seu TCC – *Na biblioteca, o tamanho dos sonhos* –, na Escola de Comunicação de Artes da USP (ECA/USP), sobre a BCCL:

> Eu me lembro de não saber chegar na casa do meu entrevistado e combinar "te mando mensagem quando estiver no Terminal Parelheiros!" Eu me lembro de esquecer, e do pânico ao perceber que havia esquecido, e que agora já era tarde demais porque meu celular já não tinha mais sinal. Me lembro de chegar ao ponto final, no Barragem, entrar no ônibus novamente, voltar pra o Terminal Parelheiros e lá, com sinal no celular, ligar para o Rafael e dizer: Você não vai acreditar no que acabei de fazer! Eu me lembro das risadas.[100]

Apresentação do TCC *de Lívia Furtados.*

O diferencial foi essa vivência da Lívia poder vir até Parelheiros, ir na casa de cada um, tomar o café, comer um bolinho de chuva e ouvir nossas histórias. Pra mim foi um momento também marcante, porque ela poder sentar com minha mãe e a minha mãe contar... e aí o que aconteceu? Nestes dias, quando eu fui fazer a palestra falando sobre a minha trajetória, né, especificamente sobre a Perifeminas, eu retomei, fazendo a leitura desse livro. E quanto mexe com a gente, quando a gente vai lendo a nossa história, porque a gente vai dando mais importância àquilo que a gente viveu e aí, às vezes, tem coisa que a gente fala: "Poxa! Eu não vivi isso ou vivi?!" [...] E a partir disso, eu consigo poder ler não só a minha história, ler a história de todos aqueles que estavam no processo com a gente: [...] De mais uma vez refletir sobre o que a Chimamanda [Ngozi Adichie] sempre fala: que é o perigo da história única, [...] se a gente conseguiu fazer que cinco histórias fossem capazes de mudar, poder ser capaz de fazer com que outras histórias venham ser mudadas também. E aí o que tem mexido muito comigo no sentido, também, de quanto a Lívia foi importante neste processo para gente, de quantas vezes a gente está falando de escrever um livro sobre nós, sobre a nossa história que a gente nunca consegue estar fazendo isso. [*Sidneia*]

Novas tramas para falar da biblioteca continuam sendo tecidas, como nas redes sociais. Imagens e palavras que narram.
Aprendemos nos estudos literários que as ilustrações de um livro,
seja ele para crianças, adolescentes, jovens ou adultos, mais interessantes serão se fizerem pensar, suscitando narrativas para
além do texto escrito. É preciso ler a grafia da luz, a fotografia.
As leituras literárias podem ter nos ensinado outros jeitos de
falar da biblioteca.

O registro das notícias contendo título, tipo de veículo de
comunicação (TV, rádio, jornal eletrônico, jornal impresso, revista eletrônica, revista impressa, sites institucionais, Facebook
e outros) e tipo de matéria (entrevista, reportagem, reprodução
de entrevista, reprodução de reportagem, postagem de visitante, divulgação da biblioteca/evento) e o link de acesso gerou
um *clipping*, que me possibilitou uma análise simples da mobilidade de imagem da biblioteca. Saltando pelas nuvens de
palavras formadas pelos títulos das matérias de 2012 a 2020,
temos a impressão de ver viajantes abrindo potes de palavras e
espalhando-as pelos ares. Numa situação mágica, soltam palavras que se juntam a outras e se multiplicam em um sem-fim
de combinações.

Dentre as principais empresas e organizações de comuni-
cação que produziram ou veicularam matérias sobre a BCCL, O
IBEAC e projetos desenvolvidos pela organização, estão: Band
News, BBC, BuzzFeed, Catraca Livre, CBN, Ecoa Uol, Editora
Moderna, *El País, Época, Estadão, Folha de S.Paulo, Globo, Globo
News, GloboPlay*, Geledés Instituto da Mulher Negra, Greenpeace,
Itaú Cultural e Social, Jornalistas Livres, Jovem Pan News, *Ma-
ringá Post*, MASP, Metrópolis – TV Cultura, R7 Educação, Rádio
Brasil Atual, *Revista Crescer*, Unicef, Universa UOL, Brazil Foun-
dation, *Revista Emília*, Buddhist Global Relief.

Apresento a seguir 12 nuvens e algum título completo que
contribuem para a percepção do quanto os movimentos dos jovens

e das gestoras do IBEAC acrescentaram novas palavras ao vocabulário de nossos visitantes.

Foram localizadas quatro matérias em 2012: *De Parelheiros a Paraty, Grupo quer novo prefeito de São Paulo comprometido com acesso ao livro, Jovens de São Miguel e Parelheiros se unem em acampamento literário* e *O feitiço de Bel Santos Mayer*. Esta última, uma entrevista sobre minha história pessoal e meu ativismo na área do livro e da leitura para o Yahoo, feita pela jornalista Fernanda Pompeu, rendeu várias (re)postagens e, consequentemente, alastrou o conhecimento sobre o que acontecia em Parelheiros. A presença dos jovens Escritureiros na Flip (registrada nas imagens selecionadas por Rafael e Silvani) e na Feira do Livro de São Miguel Paulista (SP) destacaram Parelheiros: um lugar desconhecido aos frequentadores/as de eventos literários. A nuvem de palavras das matérias de 2012 traz Parelheiros ao centro.

Nuvem de palavras – matérias sobre a BCCL (2012).

Em 2013, dois assuntos do ano anterior – *O sonho literário de Parelheiros passa por Paraty* e *Literatura não é luxo: Bel Santos* – continuaram repercutindo nas redes sociais e abriram espaço para uma primeira reportagem sobre a biblioteca especificamente: *Caminhos da leitura... E aí, Biblioteca pra quê*, na "Revista E", do Sesc São Paulo, sobre a participação do jovem Eduardo Alencar em evento de mesmo nome. A matéria traz a imagem de uma contadora de história, Joyce Neia, em visita à bccl, segurando um cartaz com a inscrição: "Esta biblioteca também é minha".

Esta biblioteca também é minha.

Tempos depois, o cartaz viraria uma placa que os/as visitantes seguram para a foto final das visitas, fazendo a imagem viajar com uma legenda.

Na nuvem de palavras a seguir, a centralidade está no nome da biblioteca, em Parelheiros, no meu nome e no da jornalista (Fernanda).

Nuvem de palavras – matérias sobre a BCCL *(2013)*

Em 2014, vemos a biblioteca mais presente nas chamadas de matérias que abordam principalmente a ação dos jovens: *Cortejo de leitura – Os escritureiros; Sarau do Terror: Contos de morte e de medo na Biblioteca Comunitária Caminhos da Leitura; Posso ler pra você?* e *Jovens montam biblioteca dentro de cemitério em São Paulo.*

Nuvem de palavras – matérias sobre a BCCL *(2014).*

A participação crescente dos jovens em eventos literários, os novos projetos aprovados e nosso envolvimento nas políticas do livro, leitura, literatura e bibliotecas se refletem na visibilidade na mídia. Saltamos de uma média de 4 matérias ao ano para 28 matérias anuais, em 2015 – e isso se nota bem na complexidade da nuvem de palavras correspondente. A biblioteca, os jovens e a leitura ficam no centro. Ao lado do nome da "Bel", outros nomes, como os de Bruno e Vera Lion, falam de "participação", "experiência", "incentivo", "vivências", "metáforas" e muitas outras palavras relacionadas ao que estava acontecendo em Parelheiros, na antiga casa do coveiro do Cemitério do Colônia. O Plano Municipal do Livro, Leitura, Literatura e Bibliotecas de São Paulo (PMLLLB/SP) reúne pautas da articulação política. Vira um assunto dos jovens, como se verá na próxima seção, sobre "Bibliotecas e mobilidades".

Nuvem de palavras – matérias sobre a BCCL (2015).

Em 2016, as imagens da BCCL voam um pouco mais longe, por três motivos: I) Tim Crabtree, da Schumacher College, instituição parceira do IBEAC, escreve para um jornal local sobre sua visita a Parelheiros: *Opening Dialogues in Brazil* [Abrindo diálogos no Brasil] – *Tim Crabtree Diretor, Wessex Community Assets*; II) eu sou homenageada pelo Gala Brasil, da BrazilFoudation; III) participo do TedxSãoPaulo,[101] em novembro, falando sobre o direito humano à literatura. Então, perguntas que dizem muito sobre Parelheiros se espalham:

> Em uma sociedade em que a voz que predomina é a voz do homem adulto, branco, o homem intelectual, o que significa colocar literatura nas mãos de trabalhadores, das trabalhadoras e de seus filhos? O que acontece, quando trabalhadores trocam as suas ferramentas de trabalho por livros, por literatura? Vale a pena investir e levar literatura de qualidade para áreas em que as pessoas têm necessidades materiais?[102]

Nuvem de palavras – matérias sobre a BCCL (2016).

Nuvem de palavras – matérias sobre a BCCL (2017).

No ano de 2017, foram compiladas 30 matérias. A biblioteca é apresentada como referência: *Biblioteca comunitária liderada por jovens faz sucesso na Zona Sul de SP;*[103] *Cemitério vira espaço de leitura na Zona Sul de São Paulo.*[104] Algumas postagens convidam para o Sarau do Terror. Destacam-se matérias sobre as Sementeiras de Direitos e outros coletivos de mulheres, como o time de futebol Perifeminas, envolvendo as jovens mediadoras de leitura Sidineia e Silvani: *Perifeminas: Mulheres do Extremo Sul de São Paulo discutem gênero dentro e fora de campo,*[105] *Quando existe voz: Não somos pauta de grupos de WhatsApp.*[106]

Em 2018, foram registradas 82 matérias e, certamente, nos escaparam algumas postagens de visitantes sem as *hashtags* (#BCCL, #IBEAC, #escritureiros, #sementeirasdedireitos), mais facilmente localizáveis. A nuvem de palavras virou um mosaico de vocábulos recorrentes nas falas dos/as jovens, das gestoras, dos/das visitantes: "Parelheiros-biblioteca-leitura-literária-comunitária". Falamos menos do que falta em Parelheiros e mais do que a comunidade tem construído. Lendo alguns títulos é possível reconhecer nossas vozes: *É a literatura que te tira do tiro e da viatura,*[107] com as histórias de Bruno e Ketlin; *A escola é, por excelência, a cidade toda;*[108] *Literatura como a possibilidade de construir outros mundos.*[109]

Nuvem de palavras – matérias sobre a BCCL *(2018).*

A matéria de página dupla do encarte de cultura do jornal *O povo*, do Ceará, de 29/03/2019, traz minha imagem e uma frase dita durante a entrevista à jovem jornalista: "Não somos mais nós e eles. Somos nós".[110] E a frequência com que a palavra "comunitária" apareceu nas 121 matérias veiculadas, em 2019, fez com que ela transbordasse em todos os formatos de nuvens de palavras experimentados. Direitos Humanos, presente! Biblioteca, presente! Literatura, presente! Leitura, presente! Parelheiros, presente! LiteraSampa, presente!

Por fim, 2020. Fomos procurados/as por diferentes veículos de comunicação para contarmos como Parelheiros estava vivendo o período pandêmico, qual o lugar da literatura em uma comunidade

Nuvem de palavras – matérias sobre a BCCL (2019).

que atravessava inúmeras dificuldades. Todos/as nós estivemos envolvidas em infinitas *lives* e entrevistas. Eu havia recebido o Prêmio Estado de São Paulo para as Artes, havia sido curadora do Prêmio São Paulo de Leitura 2018 e participado de algumas entrevistas com grande visibilidade, como o canal Bondelê. Isso talvez explique meu nome com grande frequência em 2020, embora os nomes de Bruno Souza, Ketlin Santos, Maria (Mãe Mobilizadora), Flávia (gestora) e outros também apareçam. A chegada de um estagiário de comunicação à equipe do IBEAC e a criação da agência de notícias *Vozes daqui de Parelheiros*, constituída por representantes dos vários times, tiveram papel preponderante na divulgação do que acontecia em Parelheiros a partir de 17 de março de 2020.

Os títulos articulam o território, a literatura, as emergências sociais, os/as mediadores de leitura e o histórico de atuação do IBEAC. A literatura foi estrela. Com luz própria, emitiu calor, brilhou no hoje uma luz que já faz tempo, fez sonhar. *Educadora "fala de vida no lugar onde a protagonista é a morte"; Literatura e sobrevivência? Juventudes em risco; "É de casa" na casa das histórias:*

Pão, proteção e poesia para as crianças; Quebrada ensina – resiliência na prática; Literatura para nos tirar do lugar; Literatura e pandemia: O direito à leitura como resistência à adversidade.[III]

Nuvem de palavras – matérias sobre a BCCL (2020).

O título *Me vejo no que leio*, inspirado em uma formação sobre literatura negra, desenvolvida por mim, costuma ter uma interrogação ao final. Se assim fosse, diria que aquelas imagens da biblioteca, que se movem, concorrem para uma percepção positiva sobre ela, sobre a leitura, sobre a atuação de jovens, sobre um Brasil leitor. Ademais, refletem a performance dos jovens, ao fazerem circular narrativas imagéticas com conteúdos similares aos sistematizados nas matérias da mídia. Sim, nos vemos no que lemos, porque viajamos a biblioteca.

É um mar de sedução e um desafio sermos vistos pelos olhos de outros. Segundo Graciela Montes, por mais definitivas que pareçam, nossas imagens vão se construindo, se transformando e se reconstruindo a cada dia, "por meio de fissuras, confluências fortuitas ou choques brutais".[112] Vamos revendo as certezas sobre nós mesmos/as.

Ler se parece com viajar: os itinerários de leitura dos/as jovens da BCCL

> Os raros adultos que me deram a ler se retraíram diante da grandeza dos livros E me pouparam de perguntas sobre o que é que eu tinha entendido deles.
> PENAC, Daniel. *Como um romance.*

Quando a comunidade de Parelheiros escolheu o nome "Caminhos da Leitura" para sua primeira biblioteca comunitária, tinha o desejo de que crianças e jovens caminhassem pelos livros. Depois fomos construindo outros sentidos para o nome: "livros que caminham pelos bairros"; "caminhos traçados pelos livros"; "caminhos da biblioteca para chegar aos livros"; "caminhos para chegar a nós mesmos/as"; "caminhos para levar leitura a novos espaços" – sentidos que foram surgindo na vida dos jovens e das gestoras do IBEAC. Novos roteiros de ônibus, de trem e a pé foram sendo traçados para se chegar às livrarias, aos eventos literários, aos palcos, às universidades, a novas cidades.

A literatura esteve sempre conosco, alargando espaços, ampliando o mundo, construindo pontes, nos ajudando a "atravessar umbrais[113]" e a dizer o que sentimos, iluminando abismos e caminhos, produzindo perplexidades,[114] incutindo dúvidas, rompendo destinos aparentemente determinados pelas primeiras páginas, deixando-nos desejosos/as de outros enredos, colocando-nos em movimento "para sentir-se e existir num tempo suspendido na história, um tempo em que a pessoa se faz somente para si, para ser, um tempo de indagação e contemplação, de êxtase e sofrimento, de amor e angústia, de alívio e esperança".[115] É dessa leitura que falamos: a literária. A literatura que nos movimentou e segue movimentando.

Embora já tenhamos apresentado conteúdos suficientes sobre o lugar e a importância da literatura na vida dos/as jovens, dos visitantes e da BCCL, apresentamos agora os sentidos dos itinerários de leitura dos/as jovens, tomando como referência os estudos de Petit sobre jovens e leituras, e de Cresswell sobre mobilidades, especificamente "a constelação de mobilidades"[116] com seus seis elementos – motivação, velocidade, ritmo, rota ou percurso, experiência, fricção ou atrito – para a análise das imbricações entre mobilidades e leitura, marcadas pela distribuição desigual de acesso aos livros e à cultura letrada. Veremos como esses elementos, não exatamente na ordem apresentada pelo autor, concorrem, isoladamente ou de forma combinada, na negação e na garantia do letramento literário.

Ler e viajar: que verbos são esses?

Segundo Cresswell, as sensações e a *experiência* das mobilidades são vividas desigualmente: uns se sentirão mais confortáveis e outros menos, de acordo com os meios e condições para se moverem. Ele exemplifica com as distintas classes dos assentos em um voo transatlântico: enquanto a primeira classe se esparrama, é paparicada, os da classe econômica se espremem nas poltronas apertadas.

Quando iniciamos o campo da pesquisa, antes de apresentar o itinerário de leituras e viagens, registrei em áudio e vídeo as respostas dos jovens à pergunta: "Ler e viajar: que verbos são esses?". Uma síntese das respostas* como ponto de partida para as análises das imbricações entre mobilidade e leitura revelou o quanto a experiência literária foi determinada por suas realidades distantes dos livros, e como esta mesma realidade impulsionou às mobilidades que se sucederam.

Rafael e Ketlin associam a literatura a um transporte que os leva para outros lugares, para viagens a outros tempos históricos ou imaginários:

"Viajar é sair do lugar. A Biblioteca me tirou do lugar. Fez minha mente ir por outros caminhos" [*Ketlin*]

"A literatura me transporta para outros tempos, outros lugares. Literatura é transporte" [*Rafael*]

Apresentação exame de qualificação para o mestrado (Rafael e Ketlin).

Segundo Sidineia, graças à literatura, ela pôde se aprofundar em um tema de seu interesse (Holocausto) e um dia visitar alguns lugares retratados nos livros.

---

* Tais respostas foram apresentadas no exame de qualificação do mestrado, realizado em 30/05/2019, na EACH-USP, tendo como banca avaliadora Elisa Campos Machado, Reinaldo Tadeu Boscolo Pacheco e Thiago Allis.

"A Biblioteca me permitiu fazer a viagem mais importante e sonhada da minha vida: Berlim. Conheci a Alemanha depois de ler *O menino do pijama listrado*, *Olga*, *O diário de Anne Frank*. E um dia eu fui até Berlim. Incrível!" [*Sidneia*]

Apresentação exame de qualificação para o mestrado (Sidineia).

Silvani se define como uma viajante despretensiosa, menos preocupada com o que vai encontrar e disposta a valorizar as vivências; algo que encontra na literatura e, conforme exposto anteriormente, os visitantes da BCCL também buscam e encontram nas visitas a Parelheiros.

"Sou uma viajante que sai para ser encontrada. Mais que procurar coisas novas, gosto que elas me encontrem. Não vou com expectativas. Vivo (...) A literatura e a viagem me tiraram do comodismo" [*Silvani e seu filho Bê*]

Apresentação exame de qualificação para o mestrado (Silvani)

Para Bruno, quem lê viaja e quem viaja, lê. Percebe com lucidez o quanto o mundo literário alterou sua compreensão de viagem e ampliou seu repertório imaginativo, para a olhar o cotidiano:

"Ler e viajar é indissociável. Quando eu leio, percebo meu corpo fazendo um outro trajeto. Ler e viajar acontece junto pra gente da periferia. Antes de entrar no

Apresentação exame de qualificação para o mestrado (Bruno).

mundo da literatura, eu achava que viajar era ir para o centro. Ler acontece no corpo. Lendo e viajando percebi que o mundo era maior do que eu via pela janela da minha casa [...] A primeira vez que olhei pela janela de um avião [...] fiquei imaginando coisas [*suspira*] A literatura me deu isto " [*Bruno*]

Os/as visitantes também percebem o quanto a *experiência* literária vivida na BCCL foi decisiva para que abonassem as distâncias e se movessem até Parelheiros.

> A beleza da experiência me faria voltar. Desejaria fazer uma imersão para poder conhecer melhor a dinâmica e trocar experiências para que a Rede [...] da qual faço parte, pudesse avançar em seus trabalhos. [v11]

> [...] a convivência de gente de diferentes locais e experiências, fator que pode contribuir para reflexão sobre saberes, fortalece a discussão sobre acesso aos direitos sociais, sobretudo à Literatura como Direito Humano, e coloca em destaque a necessidade do enfrentamento das desigualdades vinculadas à classe social, etnia, gênero e também geração (v29).

> Do que observo, a BCCL fratura as normatizações relativas à oposição centro-periferia. Se, por um lado, são reais as barreiras que as comunidades de Parelheiros encontram em relação à acessibilidade e usufruto dos elementos da cultura (teatro, museus, cinemas, bibliotecas etc.), oferecidos em maior proporção no centro de São Paulo, a Biblioteca, e por extensão, Parelheiros, nos ensina muito sobre essa arte de cultivar a vida em vez de ceifá-las! [...]. Em outras palavras, sua experiência nos abre para a possibilidade de um outro devir no mundo (v38).

As respostas dos jovens e dos/as visitantes (v11, v29 e v38), a partir de suas experiências, de e para Parelheiros, acrescentam dois verbos às mobilidades da leitura. Assim, "ler" se parece com "viajar, ver, (con)viver". Ao abrirmos um livro, abrimos caminhos para viajar por nosso mundo e pelo mundo de outros. Para Manguel, fazemos escolhas diante de intermináveis estantes, selecionando um ou outro livro sem razões objetivamente discerníveis: por vezes a capa, o título ou um nome, porque foi escrito para nós ou porque foi escrito para outro/as e queremos entender a causa da exclusão.[117] Com o livro, viajamos de volta ao passado, no presente, rumo ao futuro. Vivemos. Antecipamos experiências, como diz Bruno sobre a experiência de ter lido a autobiografia *Eu sou Malala* com os colegas:

Eu sou Malala é uma biografia que nos move, que me move. Esse livro mexeu tanto com o meu imaginário, não só com meu imaginário, com minha vida, com minha trajetória, com meu jeito de enxergar meu território, com meu jeito de enxergar as pessoas [...]. Me impactou muito [...] a capacidade desse livro de me conectar com uma história que acontecia do outro lado do planeta. Até então, as coisas que eu sabia sobre o Paquistão eram as coisas que eram televisionadas, que era sempre pelo viés negativo, viés do terrorismo, de guerra... e que é algo que acontece muito quando a gente traça um paralelo com o que acontece nas realidades periféricas aqui no Brasil [...] Saber que uma menina tão jovem como nós da Caminhos da Leitura, estava saindo de casa pegando um ônibus e indo para a escola porque acreditava que meninas também podiam ter o direito de acesso à educação, era impactante e energizante: dava vontade de poder fazer mais pela nossa comunidade, pelo nosso mundo, pelo nosso bairro... de fazer mais por nós mesmos [...] e me encontrar com ela em 2019 [...] a personagem de um dos livros que eu li... eu nunca imaginei. Agora eu acho que posso me encontrar com quem eu quiser. [*Bruno*]

Para Candido,[118] essa energia que uma história escrita proporcionou ao Bruno e também à Ketlin quando se encontraram com Malala deveria ser garantida para todas as pessoas. A reivindicação da literatura como direito humano denuncia e procura corrigir a explícita desigualdade de experiência leitora entre classes sociais: para alguns, como os moradores de Parelheiros, "à distância geográfica somam-se as dificuldades econômicas e os obstáculos culturais e psicológicos (...); os livros são objetos raros, pouco familiares, investidos de poder, que provocam medo".[119]

A trajetória leitora dos jovens perpassa a superação do medo e da indiferença aos livros. Pelo encorajamento recebido para abri-los e percorrer suas linhas, pela convivência em um espaço seguro. Na entrevista, perguntei-lhes sobre a motivação para entrar e continuar na biblioteca. A *motivação* deve levar à observação das razões para que pessoas, objetos, ideias, imagens, imaginários se movimentem, se se trata de uma escolha ou uma imposição.

Os/as jovens apontaram a valorização de suas ideias, o acolhimento e o acesso à literatura como motivos, escolhas para ler--viajar-ver-(con)viver. Para Bruno, a biblioteca foi um lugar de escuta para seus sonhos e de libertação das críticas imobilizadoras dos/as adultos/as do seu convívio.

Imaginava que a biblioteca deveria ser um espaço diferente da escola e da minha casa, onde as pessoas tinham o hábito de dizer sempre qual era o meu lugar no mundo. A minha motivação para ficar na biblioteca foi que lá eu ouvi meu primeiro "sim" para os sonhos que eu tinha. E agarrei esse "sim" com todas as minhas forças. E aquilo que eu ouvia dos meus professores e dentro de casa, que eu era chato e rebelde, na biblioteca, os jovens que encontrei lá disseram que era ser "engajado" e "empoderado". [*Bruno*]

Para Sidineia, que já atuava na comunidade, a biblioteca apareceu como oportunidade de potencializar suas ações, enquanto

Ketlin foi incentivada (compelida?) pela mãe, que viu naquele espaço que nascia, a possibilidade de liberar a filha das excessivas demandas domésticas.

Eu era uma adolescente que buscava dedicar meu tempo a ações que promovessem o bem-estar dos outros e o meu. Afinal, havia quatro anos que tinha me mudado para o território de Parelheiros. Minha motivação para entrar na biblioteca se deu pela participação ativa nas ações desenvolvidas e por enxergar uma oportunidade de mudança de vida. [*Sidneia*]

"Preta" [*Sideilde*] que não aguentava mais ver sua filha apenas em casa cuidando dos sete irmãos, via nos encontros uma possibilidade de mudança na rotina de sua filha. Esses momentos de encontro com os jovens de diferentes faixas etárias foi o que me motivou. [*Ketlin*]

Silvani disputava a quadra da escola com os meninos. A biblioteca significou, para ela, ocupar um espaço sem precisar brigar para permanecer, a aquisição de repertório para a luta por direitos. Anos mais tarde, ela e Sidineia criam o time de futebol *Periféminas*.

Eu era uma garota de 15 anos, amava jogar bola desde os 9 anos, todos finais semana estava na escola [...] eu com minhas irmãs e colegas brigávamos para poder usar a quadra, ocupar um espaço que era nosso também por direito, tudo sem a consciência do que era "direito", "luta", "igualdade de gênero". Minha motivação [...] foi pelo fato de Sidineia, minha irmã, estar neste grupo e ver que existia encontro de jovens toda semana, jovens que eu conhecia e frequentava a mesma escola que eu. [*Silvani*]

Rafael, que participa das atividades desde a fundação da biblioteca e se define como "um adolescente curioso e cheio de vontade de aprender coisas novas", se motivou a participar dos encontros por curiosidade.

Sonhos, curiosidade, desejos, pouca idade, risadas, hormônios, vozes em mutação buscando o tom em músicas às vezes acompanhadas por um violão, uma alfaia e um tambor, se misturavam na varanda da biblioteca. Quando ela mudou para o cemitério, não demorou para que alguém reprimisse os *ritmos* que ultrapassavam "a medida da regularidade", da ordem social que visa ao controle dos movimentos espontâneos dos corpos, especialmente de corpos não brancos que se movem ruidosamente gingando e em bando. Além de que, o ruído fere o imaginário de biblioteca dos/as mais conservadores/as.

Mas para que haja ritmo é preciso haver movimento e pausa. Som e silêncio. Assim, nas mobilidades desencadeadas pela literatura, observei os movimentos que envolvem o gesto da leitura, produzindo um *ritmo*: o mover, parar, mover, parar contínuo. E, como já vimos, "parar" nem sempre é uma escolha. A maioria dos avós, mães e pais dos/as jovens, trabalhadores braçais, envolvidos em grandes deslocamentos entre casa e trabalho, fazendo tripla jornada, incluindo os cuidados com os/filhos/as e com a casa, em infinitos reparos, pouco sabe sobre "parar". Neles/as, é comum a aversão ao ócio como afirmação e proteção de suas identidades de trabalhadores/as.

Quando nos dispusemos a trilhar o caminho da leitura coletivamente, nós, que já havíamos sido reprimidos por nosso ritmo acelerado, tornamos público e sujeito a novas críticas, o fato de estarmos "em silêncio", na varanda de uma biblioteca "sem fazer nada: só lendo". Aconteceu de um vizinho da biblioteca passar por lá, para oferecer "um trabalhinho" para os meninos, um jeito de ocuparem o tempo e ainda ganharem algum "trocado" montando fivelas de coleiras para cachorros. Respeitada a boa intenção, lembro bem do incômodo gerado em mim e nas gestoras do IBEAC: não era a primeira vez que nos confrontavam. "Não é melhor ensinar uma profissão do que ensinar a ler literatura?". Aquele senhor entendia bem os jogos desiguais do poder: a experiência da leitura e o ócio não pertenciam, ainda, a "meninos e meninas empobrecidos/as". E "aqueles/as" jovens juntos, quietos, parados, só poderiam estar fazendo "coisa errada".

Respiro. Volto ao ritmo desta escrita. Lendo, aprendemos a olhar pela janela do trem, pela janela do ônibus, pela janela do avião, como disse Bruno. Aprendemos também a nos debruçar nas janelas dos livros e reencontrar/sentir "um mundo de sensações" provocadas pelas palavras e pela voz que lê, em "idas e vindas entre corpo e pensamento"[120], um *ritmo*, uma frequência de movimentos e paradas, em um corpo quase imóvel. É o ritmo de uma obra que encoraja a prosseguir: "O ritmo é onde o leitor pressente a sinceridade do autor [...]. O escritor e o leitor dançam em um ritmo, de acordo com a melodia".[121] Nessa dança, nos treinamos a imobilizar as linhas, mesmo quando em trânsito, a fim de que apenas os olhos, os pensamentos e as emoções bailem, naveguem pelo texto: é o ritmo "que impede a vertigem, pois quando nós nos abandonamos ao ritmo, ele nos acolhe".[122]

De "corpo fechado", entregamo-nos à leitura. Alguns leem com fone de ouvido para a melodia auxiliar o isolamento. Um silêncio se faz dentro, para só escutar o vaivém das palavras. Quem já experimentou o silêncio de fora (fora de casa e dentro da biblioteca), por momentos o deseja fortemente, o reivindica como direito, para escolher quando tê-lo.

Com o livro em mãos, dedos e olhos percorrem as linhas, movem as folhas para frente ou para trás, e, nesse gesto, recorda-se ou avança-se na história, na vida. Constrói-se um trajeto pessoal. Percorre-se lentamente os vocábulos desconhecidos; lê-se para dentro, balbucia-se até que se tornem mais um tijolinho no muro das palavras,* como uma vez na Caminhos da Leitura, com dicionários no colo, buscávamos os sinônimos para entender o lido e para incrementar o escrito. Bruno se recorda de um desses momentos:

> O conto da *Ilha desconhecida,* do José Saramago [...], foi o primeiro livro considerado clássico que eu li, sem ter a obrigatoriedade de fazer um trabalho, fazer uma prova. Foi um dos primeiros livros que eu li no clube de leitura da Caminhos da Leitura. Uma vez por mês, a gente se reunia para comentar um livro que a gente recebia da [editora] Companhia das Letras. É um conto pequeno, mas confesso que tive algumas dificuldades para ler por causa do vocabulário. Tinha algumas palavras que eu não conhecia e eu ia procurar no Google ou no dicionário. Mas, depois que eu ia encontrando o pessoal da Caminhos no dia a dia e ia comentando sobre o conto, eu fui percebendo coisas que eu não percebia sozinho. [*Bruno*]

Ao se apropriarem-se das metáforas presentes em obras literárias e criar as próprias, os jovens colocam o "pensamento em movimento", exercitam a "simbolização", "constroem sentidos", "narram suas histórias".[123] Os novos movimentos da língua, ao pronunciar palavras desconhecidas e apartadas dos seus universos, geram novos sons e movimentos, produzem deslocamentos em sujeitos falantes que vão elaborando sua relação com o mundo. O "deslocamento sobre a língua",

---

* O *muro das palavras* fez parte de uma das atividades de escrita criativa, realizada pela francesa Régine Ferrandis, em uma de suas passagens pelo Brasil e por Parelheiros, em 2009. Diante da carência de vocabulário para escrever sobre o bairro, Régine propôs uma brincadeira: jogava-se um ou dois dados e, com o número correspondente, buscava-se um sinônimo no dicionário para substituir no texto.

propiciado pelos textos, nos convida e empurra "para outros movimentos".[124]

Em todo o processo, garantiu-se que "os meninos e meninas" falassem, sem bloqueios à oralidade de origem, rica em expressões populares e, por vezes, com descompasso na concordância nominal. Todos os momentos de leitura foram realizados com profundo respeito às suas linguagens e ao leitor/a em construção, respeito a uma trajetória leitora que se faz passo a passo, do jeito que se aprende a caminhar. Um respeito profundo ao meu próprio percurso como leitora literária quando jovem adulta, saída de uma casa sem livros e que encontrou acolhida em sua "família literária". "Para transmitir o amor pela leitura e acima de tudo pela leitura de obras literárias é necessário que se tenha experimentado esse amor".[125]

E assim, a cada livro lido, mesmo que saltando páginas, ganha-se agilidade física e intelectual para a leitura seguinte. Fomos desenvolvendo estratégias para que os/as jovens pudessem desenvolver os seus comportamentos leitores com maior rapidez do que fariam por própria conta. A *velocidade* com que pessoas, objetos, ideias, imagens e imaginários se movem são determinantes, também, das mobilidades.[126] Jovens saídos de casas sem livros, habitando uma comunidade sem equipamentos culturais, com raro acesso à internet, têm o direito de se beneficiar dos saberes produzidos em outros territórios.

Com os "diários de leitura*", que são principalmente "diários de leitores/as", os/as jovens vão aprendendo e compartilhando como seus corpos leem: o seu melhor horário para ler, como registrar um trecho que faz seu coração bater mais forte, como

---

* O *Diário de leitura* é uma proposta da professora doutoranda em literatura pela FEUSP, Maria Celeste de Souza, formadora do grupo nos projetos *Nas tramas da escrita* e *Literatura e Direitos Humanos: Para ler, ver e contar.*

contextualizar uma obra e autor/a, quais relações estabelecer com outras leituras.

Nos encontros de leitura, partilham-se percepções, compreensões, pesquisas. Cada um/a diz como o seu corpo reagiu àquelas palavras. Empresta-se a voz ao texto. Todos e todas leem um trecho. O livro cresce e nós com ele: com novas palavras, amplia-se nossa leitura de mundo, há mais repertório cultural e esquemas de interpretação, que possibilitam a leitura crítica; "em termos freireanos, diríamos que ele [o/a leitor/a] se reconhece como interlocutor no processo dialógico implicado pela leitura, toma a palavra do outro e apresenta sua contrapalavra[127]" com novos sentidos.

Uma professora de literatura oferece informações novas e valoriza o caminho percorrido pelo coletivo. Nem sempre há consenso. Há obras como *Kindred*, de Octavia Butler, e *Ensaio sobre a cegueira*, de José Saramago, que foram unanimidades no quesito "gosto", mas sempre há alguma entrelinha a ser lida e que gera discussões profundas. Coisas que (só) acontecem nos compartilhamentos literários. Saímos dos encontros com novas perguntas e vontades de leitura. Registram-se as reflexões coletivas. Aos poucos, o diário vai ganhando cores de um "diário de bordo" e ares de um "guia de viagem".* Há, nessas passagens,

---

* O projeto *Literatura e Direitos Humanos: Para ler, ver e contar*, desenvolvido pelo IBEAC de 2019 a 2020, com a Rede LiteraSampa e apoio do Consulado Geral da República Federal da Alemanha, além da parceria com a OSC InternetLab, envolve 20 adolescentes e jovens que leem e dialogam sobre 50 obras literárias indicadas por autores/as e formadoras da área da literária. O primeiro ano do projeto resultou no especial *Literatura e Direitos Humanos*, edição n° 16 de 2020, da Revista *Viração*, sistematizado por Márcia Cunha, que coordenou as editorias feitas pelos/as próprios/as jovens. Foram impressos 3.000 exemplares da revista e disponibilizada digitalmente em <tinyurl. com/bdhyh9m7> (Acesso: 14 jan 2021).

mobilidades de palavras, sentidos, significados, ideias. Há um orgulho em se sentir aprendiz de leitor/a:

> Avançamos texto adentro como avançamos pelo mundo, passando da primeira à última página através da paisagem que se descortina, às vezes começando no meio do capítulo, às vezes não chegando ao final. A experiência intelectual de atravessar as páginas ao ler torna-se uma experiência física, chamando à ação o corpo inteiro: mãos virando as páginas ou dedos percorrendo o texto, pernas dando suporte ao corpo receptivo, olhos esquadrinhando em busca de sentido, ouvidos concentrados no som das palavras dentro da nossa cabeça. As páginas que virão prometem um ponto de chegada, um vislumbre do horizonte. As páginas já lidas propiciam a possibilidade da recordação. E no presente do texto existimos suspensos num momento que muda o tempo todo, uma ilha de tempo tremulando entre o que sabemos do texto e o que ainda está por vir. Todo leitor é um Crusoé de poltrona.[128]

Participar desse ritual de leitura, quando se habita com famílias extensas em casas modestas e com pouca privacidade é um ato de coragem que pode ser lido como antipático pelos seus. Afinal, por um tempo, os/as jovens se retiram do grupo e da família para aprender a ler, para se entregar à leitura, a histórias desconhecidas, a viagens incontroláveis. Quando isso acontece, embrenham-se num caminho sem volta: o caminho da leitura.

O registro das experiências individuais e do coletivo vai traçando rotas da (trans)formação de leitores/as. As *rotas* podem ser uma canalização das mobilidades, determinando os circuitos que as matérias animadas ou não devem percorrer,[129] mas quando o assunto é literatura os cursos existem para ser desviados.

Leituras: desvios dos cursos da vida

Tropeçavas nos astros desastrada
Quase não tínhamos livros em casa
E a cidade não tinha livraria
Mas os livros que em nossa vida entraram
São como a radiação de um corpo negro
Apontando para a expansão do Universo
Porque a frase, o conceito, o enredo, o verso
(E, sem dúvida, sobretudo o verso)
É o que pode lançar mundos no mundo.
VELOSO, Caetano. "Livros"

Quando começamos nossa história em Parelheiros, alguns jovens, pela pouca familiaridade com os livros, já tinham desenvolvido o medo de se aproximar deles, perdido a vontade de ler e tinham pouco interesse por leituras com "palavras difíceis", sobre conflitos distantes de suas realidades, distribuídos em muitas páginas. A "literatura infantil" ou a literatura pensada para crianças e, por isso, com menos palavras e mais ilustrações, foi a primeira a conquistar um lugar no coração do grupo. À medida que se preparavam para mediar leitura para crianças pequenas, nas escolas e Centros de Educação Infantil (CEI), percebiam que a literatura era um colo, fazia companhia para as crianças e também para eles/elas. Ali começava uma relação de amor com/pelos livros literários.

Depois vieram a poesia, os diários, as crônicas, os pequenos contos, as histórias em quadrinhos (HQ). Selecionávamos trechos para leitura coletiva e compartilhamentos durante cada encontro. Os conteúdos, mesmo quando não pensados com essa finalidade, eram reparadores. Sempre encontravam ressonância em suas biografias. A autoria de gente com "pele preta", especialmente as poesias, passavam a ilustrar os cadernos e abrir os encontros. Até que chegamos aos romances.

O autor Luiz Ruffato, em seu primeiro encontro com o grupo, em 2014, disse que sua motivação para escrever foi não encontrar livros com histórias de personagens parecidos com a sua família, com conflitos que lhe fossem familiares, como as dificuldades de um jovem imigrante brasileiro em Lisboa – *Estive em Lisboa e lembrei-me de você* – ou as cartas do romance epistolar – *De mim já nem se lembra* –, sobre as perdas em uma família de operários, ou ainda as muitas narrativas de um dia na cidade de São Paulo, de *Eles eram muitos cavalos*. Os encontros com as narrativas de Luiz Ruffato e de Conceição Evaristo, com *Olhos d'água* e as *escrevivências*, contribuíram para que eles/as dessacralizassem a literatura.

A abordagem que fiz até aqui parece ser suficiente à compreensão de que as mobilidades de pessoas, objetos, ideias, imagens, imaginários concorreram para a formação dos/as jovens como leitores/as. Parece-me importante destacar, ainda, o quanto cada um desses elementos tem papel importante e distinto nas modalidades literárias, muitas vezes centradas na política de distribuição de livros. Petit destaca que "o gosto pela leitura não pode surgir da simples proximidade material com os livros. Um conhecimento, um patrimônio cultural, uma biblioteca podem se tornar letra morta se ninguém lhes der vida".[130] Especialmente quando o livro e as bibliotecas parecem não lhes pertencer, há que encontrar alguém que vá até a porta e conduza à entrada, convide para sentar e conversar. Ou seja, mesmo depois que o deslocamento geográfico aconteceu, é difícil girar a maçaneta de uma porta que lhes parece trancada a sete chaves.

Um caminho foi percorrido até se chegar a esses autores/as. Como abordei em *Uma biblioteca para chamar de nossa*, os jovens decolaram de textos mais próximos aos seus universos para só então aterrissar em universos desconhecidos. Há uma mobilidade identificada no repertório de leitura. Bruno escolheu uma foto sua para falar sobre esse aspecto, sobre as mudanças nas escolhas literárias:

Bruno Souza indicação de leitura.

E era eu com o livro *Seja criativo*, um livro de autoajuda, aí eu peguei e falei assim: "Gente! Olha aqui como eu era bobinho! E como eu também mudei não só esteticamente, sabe?" Mas no repertório, na linguagem, na segurança, sabe? [...] Eu era uma pessoa muito tímida, muito intimidada, mas hoje, sei lá, as pessoas querem ser minhas amigas, meus amigos, sabe? [...] Então olha como essas coisas mudaram. [*Bruno*]

Os pontos de vista chegados de cada posição ocupada nas rodas de conversa sobre os livros contribuem na identificação das perguntas que os/as autores/as nos lançam em vez das respostas e receitas de felicidade propostas por algumas obras, especialmente as estereotipadas como "autoajuda". Promoveram deslocamentos. Paulatinamente, fomos percebendo que "os escritores [e escritoras] podem nos ajudar a elaborar a nossa relação com o mundo [...] pelo desnudamento extremo de seus questionamentos, por nos oferecerem textos que tocam no mais profundo da experiência humana".[131]

Assim como no "deslocamento sobre a língua", sobre as palavras e metáforas, há um deslocamento sobre os textos e sobre os gêneros literários. E nessas mobilidades literárias, vamos nos constituindo como sujeitos. Quanto mais deslocamentos um texto propicia, mais amplos serão os movimentos e maiores as distâncias percorridas. Daí derivam algumas de nossas escolhas: a bibliodiversidade na composição do acervo, a leitura coletiva de obras inteiras em vez dos resumos, a parceria com escolas e educadores/as na realização de mediação de leitura, a leitura de livros para crianças pequenas sem a substituição de palavras "complexas" por palavras "simples".

Na quinta edição da Pesquisa *Retratos da Leitura no Brasil* (2020), as mães aparecem como a principal referência e como iniciadoras no mundo da leitura, seguidas bem proximamente pelos/as professores/as. De acordo com Michele Petit, os/as jovens envolvidos/as em sua pesquisa são críticos em relação à escola, mas lembram, entre uma fase e outra, as vezes que um professor lhes transmitiu sua paixão, sua curiosidade e desejo de ler e descobrir algo novo. Alguns se lembram, inclusive, daqueles que lhes apresentaram e fizeram com que gostassem de "textos difíceis".

Vimos situações similares acontecerem na Caminhos da Leitura. Eles e elas não achavam que poderiam se apaixonar por *A hora da estrela*, de Clarice Lispector, pelas poesias de Fernando Pessoa, ou que leriam 957 páginas de *Um defeito de cor* sem preguiça, indicando-o como um dos seus livro preferidos, como afirma Silvani.

> *Um defeito de cor*, da Ana Maria Gonçalves [...], mostra os 400 anos de escravidão, isso que a gente está falando e tentando quebrar [...] uma luta diária da gente. [Silvani]

Os jovens da BCCL, ao construir seus "itinerários de leituras e viagens", indicaram livros que aprenderam a domar de mãos dadas com mediadores/as que os/as iniciaram às leituras literárias, que viabilizaram a oportunidade de gostar deles. À medida que foram se achegando às indicações literárias, ocupando o espaço para manifestar dúvidas e opiniões, o gosto pela leitura foi se constituindo. Hoje, eles e elas colaboram para encher de confusão as minhas prateleiras, salvar livros de gaiolas e fogueiras, e lançá-los para fora das janelas, no mundo, como nos versos de Caetano Veloso em "Livros", do álbum *Milennium*.

Na biblioteca comunitária, a literatura ganha vida, provoca a circulação de livros e movimentos entre pessoas que, inundadas por alguma história, precisam transbordar para outras. São transbordamentos periódicos entre os/as jovens da BCCL, entre as gestoras do IBEAC, entre nós e eles/as. Em entrevista, Ketlin cita os caminhos percorridos pelo livro *O peso do pássaro no morto*, de Aline Bei: "Bel leu, ficou impactada com a narrativa e contou para Kel, que leu e contou para Evelyn, que leu e repassou para uma amiga, que repassou para outra e mais outra". Sensibilizada com o fato, fiz uma postagem que alcançou a autora. O movimento seguinte foi o encontro com a turma toda. Temos aqui a mobilidade de objeto (o livro), de imaginários (conversa sobre o enredo), de imagens (a postagem), de corpos (a autora) desencadeada pela literatura e que gera outras idas e vi(n)das (postagem da autora), num ciclo sem fim.

Para a construção dos itinerários leitores, solicitei a cada jovem que selecionasse três obras que marcaram suas trajetórias e as motivações para a escolha. Poderia ter pedido também que fizessem uma média de livros lidos ao ano, mas para esta análise, interessa muito menos a quantidade de obras lidas e muito mais a experiência da leitura, o quanto o texto marcou seus corpos, suas memórias leitoras, abriu-lhes portas para novas paisagens e geografias desconhecidas, e lançou-lhes ao encontro de histórias que ajudam a respirar e a sentirem-se parte do mundo. Percepções que viajantes entendem bem e que os visitantes da BCCL disseram encontrar por lá.

As leituras selecionadas pelos/as jovens evidenciam que não há uma postura passiva diante da leitura. O ato de ler implicou em atribuição de significados, reescritas, interpretações, novas leituras. Utilizaram cada texto ou fragmento de texto lido, "para desviar sensivelmente o curso de suas vidas".[132] E alterando as direções das bússolas-leituras, encontraram o que não buscavam, foram por caminhos que nem sabiam que existiam; utilizaram a prerrogativa de leitor/a que reescreve, "faz o que bem entende, distorce, reemprega, introduz variantes, deixa de lado os usos corretos".[133] Um leitor, uma leitora que ousa porque vai desvendando as faces secretas da leitura, chegando mais perto das palavras. E apreendendo cada texto lido, vai se preparando para responder "sim" à pergunta do poeta: "Trouxeste a chave?".*

É a mediação de leitura, o acolhimento, a hospitalidade que garantem a porta destravada para quem chega, a construção da proximidade entre pessoas e entre pessoas e livros, proporcionando experiências literárias. Os/as visitantes da BCCL são recebidos com trechos literários. Por vezes, são convidados a escolher um livro na estante, abrir na página da sua idade ou dia de nascimento e ler um trecho que revele algum sentimento com relação à visita. É um jeito de nos conectar ao "que nos passa, o que nos acontece, o que nos toca. Não o que se passa, não o que acontece, ou o que toca. A cada dia se passam muitas coisas, porém, ao mesmo tempo, quase nada nos acontece".[134] São as conversas sobre os livros que desencadeiam, levam às conversas sobre a vida. A primeira atividade realizada coletivamente e que propôs a reescrita da DUDH, "até que as nossas mães

---

* Poema "Procura da poesia", de Carlos Drummond de Andrade. In: *Rosa do Povo*. São Paulo; Companhia das Letras, 2012, p. 11.

entendessem", aparentemente numa escrita simplificada atenta a quem teve menos escolarização (a linguagem das mães), significou muito mais: instaurou um lugar de encontro, colo, útero para a literatura. Ao escrever para "nossas mães", como fiz nas "trocas de turbantes", os/as jovens ficaram ainda mais próximos de suas origens, daquilo que os afeta. As mobilidades da leitura passam pela dimensão afetiva do giro das mobilidades. Outro benefício desse início foi a associação entre leitura e escrita, a superação de um processo de distanciamento e até exclusão da cultura letrada. Ao aproximarem o que ouvem e escrevem, as *escrevivências* favoreceram o encontro com jeitos de falar e narrar, que raramente tinha lugar nos textos que liam na escola. Silvani fala sobre os sentidos da leitura, da literatura em sua vida:

> [...] não tem outro meio a não ser a literatura. Eu não vejo... Eu sei que a literatura me fez percorrer esse caminho; eu consigo enxergar isso. E se não fosse através da literatura, eu não seria essa Silvani hoje. Eu acho que é isso: a literatura responde tudo.

A leitura e a escrita para esses jovens, longe de ser um processo ingênuo ou romântico, tornaram-se exercícios de empoderamento: eles e elas encontraram um lugar na língua, passaram a ser autores/as das próprias palavras, registraram suas compreensões das histórias dos livros e, sobretudo, tornaram-se mais autores de suas vidas,[135] registrando no papel as suas existências. São leitores e "seguidores" de Conceição Evaristo. Em algumas oportunidades, tornaram-se também seus alunos, como aconteceu em março de 2020, em uma oficina de *Escrevivência*, na qual a autora explicou como desenvolveu o termo, enquanto fenômeno diaspórico e tomando como referência a Mãe Preta das casas grandes. Entre os trabalhos forçados de cuidado aos filhos/as dos senhores, estava incluído o de dirigir-se aos seus quartos à noite, para contar histórias de ninar. Daí sua afirmação:

"a nossa *escrevivência* não é para adormecer os da casa grande, e sim acordá-los de seus sonos injustos".[136] Suas palavras soam para os jovens como uma convocatória à escrita, para quem, há poucos séculos, era impedido de falar.

Na leitura destes textos, vão aprendendo, também, a usar as palavras como escudo para afastar a dor, o medo, os entulhos e pedras que estavam no meio do caminho,* abrir espaço, ter intimidade com as palavras, encontrar personagens que lhes façam companhia (diminuir o ritmo, superar atritos, desacelerar enquanto buscam uma resposta aos conflitos pessoais:

> Os escritores nos ajudam a nomear os estados pelos quais passamos, a distingui-los, a acalmá-los, a conhecê-los melhor, a compartilhá-los. Graças a suas histórias, escrevermos a nossa, por entre linhas. E porque tocam o mais profundo da experiência humana – a perda, o amor, o desespero da separação, a busca de sentido – não há razão para que os escritores não toquem cada um de nós.[137]

Na BCCL, os/as jovens encontraram espaço e acolhimento, hospitalidade para dividir tristezas, angústias, esperanças. Aos poucos foram tirando as mordaças que lhes foram impostas pelo sentimento de vergonha e inadequação comuns à adolescência, mas que são vividos de forma mais intensa quando se pertence a grupos tradicionalmente discriminados. Como disseram com diferentes palavras Bruno, Sidineia e Ketlin: "A literatura é algo que acontece no corpo da gente!".

Os jovens da BCCL vivenciam, com outros/as jovens de bibliotecas comunitárias, a experiência singular de acesso à "boa literatura", aquela que coloca em discussão as contradições da

---

* "Uma pedra no meio do caminho", poema de Carlos Drummond de Andrade.

vida, oferece metáforas que fazem pensar, apresenta (quando é o caso) personagens esféricos, densos, complexos.

Nas leituras diversificadas, experimentam a intimidade das narrativas e compartilham humanidades, evidenciando que "ler não isola do mundo. Ler introduz no mundo de forma diferente[138]", ou seja, proporciona movimentos em pedaços de mundo (externo ou interno) pouco acessados até então. Ketlin fala sobre como a literatura foi importante para o encontro consigo e com outros/as. Quando lhe indago sobre os três livros que a tiraram do lugar, que a fizeram viajar, cita *O peso do pássaro morto*, de Aline Bei; *Americanah*, de Chimamanda Adichie; e *O garoto da camisa vermelha*, de Otávio Júnior.

> *O peso do pássaro morto* foi a viagem que mais me marcou esse ano, em menos de um mês, li ele três vezes. Nessa viagem, houve muito choro, indignação, foi um desabar da alma, que se sentia tão pertencente dessa literatura [...]. Eu pude passar por vários lugares. [*Ketlin*]

O que teria levado Ketlin a ler três vezes uma prosa poética sobre a vida de uma mulher que, dos 8 aos 52 anos, vai colecionando mortes? Talvez uma das mobilidades da literatura: a oferta da segurança de um "desfecho feliz", seja porque tudo deu certo para a personagem principal ou porque ela (e não eu) está morta. Voltar ao mesmo livro, reviver as emoções de um enredo é o jeito possível de viver outra vez. É um "começar de novo, e desta vez não com passos temerosos, mas com palavras ardentes".[139]

Outro livro selecionado por Ketlin diz respeito também a viagens internas, mas acrescentam o conhecimento de uma região desconhecida na África:

> Um dos livros que me marca muito é da Chimamanda [Adichie], o *Americanah*, que traz um pouco do que é o país dela

[Nigéria]. Então, eu pude ver, mesmo não sabendo, mesmo sem nunca ter visitado aquele país, eu consigo identificar algumas coisas. A imaginação e o meu corpo vai muito ao que eu identifico como algo de ancestral. Chimamanda, ela me traz questões [...] de quem eu sou ou de quem eu poderia ser [...], uma questão de identidade. Eu me construí a partir da literatura, eu me vejo porque eu vi várias outras mulheres, eu vi outras jovens, eu vi outros rapazes dentro da literatura. O *Americanah* me trouxe muito isso; até mesmo a questão do cabelo; o meu cabelo não é um cabelo crespo, é um cabelo cacheado e hoje pela questão da estética, da indústria que se vende é de um cabelo que hoje é aceito e é bonito, mas quando era mais nova ele não era. [*Ketlin*]

Ketlin poderia ter se encontrado com autoras negras ou cacheadas na infância, que pudessem ser espelho, ajudá-la a se conhecer mais, saber que não estava fora do lugar. Para Petit, na adolescência tem-se a sensação de que tudo está pronto e não há espaço para a criação: "Tem-se a impressão de que o mundo está cheio, os lugares ocupados, as casas construídas, os livros escritos, os conhecimentos constituídos, as árvores plantadas, desde sempre".[140] Para criar, é preciso remover o que está estabelecido. A literatura propiciou aos/às jovens da bccl, desde muito cedo, trasladar tudo: seus corpos, os livros, os móveis, as ideias, a biblioteca. A literatura nos ensinou, mesmo sem a intenção de ensinar qualquer coisa, a "remover para nos mover".

O acesso à leitura cria oportunidades de "encontrar um tempo para si mesmo, de forma clandestina ou discreta, tempo de imaginar outras possibilidades e reformar o espírito crítico".[141] Com o acesso à palavra, podem se distanciar dos "planos familiares", ou da "falta de planos" e criar os próprios. Os livros lhes abrem portas, oferecem palavras para o que não sabiam nomear.

Uma visitante da BCCL dividiu essa percepção, ao nos indicar o livro *Se eu abrir essa porta*, do escritor Alexandre Rampazzo, como uma obra que a faz se mover até lá.

No livro, cada porta tem uma surpresa e um universo inteiro. Assim é a BCCL pra mim, cada visita me reserva o encontro com o novo e o contato com um universo inteiro, e isso só é possível porque é feito por pessoas e para pessoas. Gente que não tem medo da vida e de abrir novas portas. [v49]

Outra visitante indicou o livro *Eu sei porque o pássaro canta na gaiola*, de Maya Angelou:

[...] porque a BCCL representa para mim uma oportunidade de pensar o futuro resgatando o que temos de mais genuíno e fundamental de nossa história. [v61]

Nas relações desiguais de poder, o sonho também é distribuído de forma desigual. Alguns jovens sequer são sonhados. A expectativa é de que filhos de trabalhadores/as braçais continuem a utilizar a força dos seus corpos para prover as suas vidas e, principalmente, a de outros, privando-lhes do direito de "cavar a vida" com suas ideias. De acordo com Petit, "quando se é privado de palavras para pensar sobre si mesmo, para expressar sua angústia, sua raiva, suas esperanças, só resta o corpo para falar[142]", faltam argumentos.

No entanto, quando os jovens se apropriam das palavras, tudo se movimenta: enredos e personagens lhes tomam as mãos e convidam para viagens; "viagens misteriosas" que, como descritas por Montes, não tranquilizam; ao contrário, provocam desassossego, inquietação, perplexidade. Com a leitura, vão sendo construídos castelos e universos labirínticos, instáveis e precários "que se constroem, se descontroem e voltam a se construir sem cessar. É por isso que é preciso continuar len-do[143]", para que o/a leitor/a prossiga no interminável vaivém do seu labirinto; acrescento: nas (quase) incontáveis idas e vi(n)das que modificam e ampliam a visão do labirinto, dos imaginários e dos caminhos.

À medida que o repertório de leitura se amplia, é possível notar o uso de palavras, frases, metáforas extraídas das obras lidas para se comunicar. A aquisição de vocabulário, e especial-mente a incorporação de referências literárias em suas comu-nicações, revela um aspecto de interesse dessa pesquisa: "me-táforas que movem". Para Petit, sem as metáforas, perde-se a compreensão dos diferentes registros da língua e a apropriação de seu uso "inútil", "o mais perto dos sentidos e do prazer".[144]

Como vimos ao tratar das performances, objetos e imagens imobilizados por falta de palavras que lhes deem vida podem ter novos sentidos, sair do lugar, quando se encontra uma metáfora capaz de fazê-la viajar, uma expressão "que impele aquilo que estava imobilizado em uma imagem e lhe dá vida outra vez".[145] Sem as metáforas, as palavras só serviriam para designar "as coisas". É por meio da literatura que podemos dar nomes ao que "as coisas" despertam em nós. Como no encontro de *O carteiro e o poeta*, de Pablo Neruda, em que um carteiro siciliano aprende com o poeta a encontrar metáforas para (re)ver a sua cidade, a literatura proporciona a magia desse encontro. Passados 12 anos, há metáforas que nos ajudam a dizer.

> [*O conto da Ilha desconhecida* do José Saramago] a história geral é de um moço, de um rapaz que resolve pedir, pro rei, um barco para encontrar uma ilha desconhecida em um mar onde tudo já tinha sido encontrado. Pra mim é uma metáfora muito interessante para se pensar. [...] É pensar em meninos como eu, meninos negros, LGBT e de quebrada, que vão buscar ilhas des-conhecidas, sempre "o outro" já tem o mar pra gente. No nosso

caso, nem é um mar... é um baldinho meio cheio e a gente é um barquinho de papel que aos poucos vai se deteriorando [...]. Acredito que a biblioteca foi esse mar, esse barco que quando muitas pessoas diziam que tudo já existia, que tudo já tinha sido descoberto, a biblioteca foi esse lugar, esse barco em que as pessoas apostaram que tinham coisas para serem descobertas lá fora e, principalmente, dentro de mim [...]. Esse livro marca o momento em que eu encontrei sentido nessa leitura, que as pessoas costumam dizer que são mais clássicas, mais complexas [...]. Eu posso utilizar essas palavras para descrever os caminhos que eu quero fazer. [*Bruno*]

As fricções e os interditos nas mobilidades da leitura

Os novos caminhos "da leitura" e as escolhas de permanecerem na biblioteca poderiam significar uma traição à família, aos coetâneos, à vizinhança por acessarem um mundo que consideram pertencer à "elite" ou estar a serviço dos poderosos. Ser leitor/a, viajar, aparecer na TV, pode levantar o temor, na comunidade, de que os livros levem seus meninos e meninas embora, para longe da vida doméstica sobre a qual tinham controle.[146] Nesse processo, alguns jovens vão se distanciando do que conheciam de si e dos planos que as famílias tinham para eles com relação a profissão e trabalho, como declarou Eduardo Alencar em entrevista sobre sua atuação na BCCL:

> Minha mãe falava, *não, não dá certo, você tá ganhando pouco, como que você vai pagar a faculdade?* Foi quando a gente conseguiu o primeiro projeto aprovado pelo VAI, o Cortejos [...] E aí a gente colocou uma bolsa de R$ 600,00 para cada um dos articuladores [...]. Os pais ficaram felizes por um tempo – e depois voltaram a reclamar. Aí teve uma hora que a gente teve

que falar, *mãe, chega. É isso que eu quero pra minha vida, pronto, acabou*. Se vai dar certo ou não, isso a gente vai saber com o tempo. Mas eu sei que eu não quero ficar atrás de um balcão vendendo as coisas [...].[147]

Eduardo continuou na biblioteca até 2015. Foram seis anos como articulador. Formado em pedagogia, morando com seu companheiro, buscou um trabalho mais estável.

Atualmente, não consigo estar muito presente e nem acompanhar efetivamente o trabalho que ainda continua. Trabalhar em regime CLT nos desgasta muito e não nos permite socializar o quanto gostaríamos. Hoje recebo convites das atividades e ações, mas não consigo participar pela falta de tempo. Mas me sinto feliz e realizado por terem continuado o lindo trabalho e pela BCCL ainda existir. [*Eduardo*]

Os/as jovens consideram que, ter passado a adolescência juntos, compartilhando leituras, foi marcante para suas vidas. Porém, não se colocam como exceções, ou como os destaques em um contexto de vulnerabilidades. Criam coletivos e levam suas experiências literárias para outros jovens. Com suas famílias, mesmo quando há tensões, há mais perdão que cobranças. Negociam suas mobilidades, compartilhando leituras, aproximando "seu novo mundo" dos seus, referindo-se e agradecendo pública e continuamente suas existências. Ketlin Santos é um exemplo do esforço para o engajamento da mãe, irmãs e irmão em atividades relacionadas à biblioteca e à leitura.

Minha mãe sempre gostou de ler e isso é muito louco, porque ela não terminou também o ensino fundamental. O pouco de acesso que ela teve foi de literatura religiosa, de autoajuda, mas ela sempre gostou de ler. Querendo ou não, mesmo que inconscientemente, eu tive acesso, mas um acesso um pouco distante, porque não era algo que ela oferecia; eu via... [...] eu sei que nem todo mundo vai querer ser um leitor, mas acho que pelo menos dar o acesso, que é algo que é difícil e que é muito complicado pra realidade da minha família que está tão distante [...], e que mesmo com a minha rotina confusa e muitas coisas acontecendo ao mesmo tempo, eu tento. [*Ketlin*]

Ketlin, como filha mais velha, se autodelega a responsabilidade pelos/as irmãos, irmãs e pela mãe. Em sua avaliação, ser leitora e ter acessado outros patamares culturais ampliaram sua carga familiar. Talvez isso explique, em parte, o porquê de, na análise dos sentimentos expressos na entrevista (Tabela 6), terem predominado sentimentos negativos, quando, na verdade, ao olhar com atenção, vemos uma jovem mulher que, "no balanço entre o dizer e o calar", por vezes escolheu "o silêncio como refúgio, como resistência".[148] O silêncio para a leitura, o "perder tempo lendo", tiveram que ser conquistados. Em contextos em que a luta pela sobrevivência é cotidiana, a "inutilidade" da leitura literária, pode ser vista como uma forma de agressão aos valores da família e da comunidade. Ketlin transformou seu rancor e silêncio em escritas que tiram outras meninas e mulheres da imobilidade. Nas redes sociais, Ketlin é referência para um número crescente de jovens.

Os jovens enfrentaram outras fricções (interditos) como os relacionados ao "prazer solitário" da leitura, que mantém a pessoa "distante, distraída, no sentido mais forte da palavra[149]", "isolada", desertada de uma comunidade rural, tradicionalmente identificada pelo compartilhamento de valores, crenças e eventos coletivos; o outro é o domínio da leitura, visto como ameaça aos que detinham o "privilégio" dessa competência, abrindo margem, também, para a autonomia de escolha de ler mais do que está prescrito.

Em Petit, pode-se observar um tipo de movimento distinto nas áreas rurais: os leitores dessas regiões, uma vez que conseguem superar os interditos, faz parte do transgredir, a fuga para a cidade. A casa, a comunidade tornam-se pequenos diante daquilo que os fragmentos colhidos nos livros anunciam. Os meninos, principalmente, mas também elas, passam a ser considerados/as trânsfugas ou desertores. E muitos partem, mesmo que para acessar a leitura em instituições que controlarão o que e quando lerão.

O deslocamento pela literatura: primeiro, de lugar desejado, que o livro projeta; depois (ou até juntamente) com as andanças que vão produzindo novas tramas sociais (para fora do bairro, para fora da cidade, para fora do país). Difícil é saber se há uma sequência padrão entre uma e outra coisa. Quer dizer: porque leem, se enxergam e se colocam em outras geografias; ou porque estão interagindo com outras paisagens e geografias, apropriam-se do valor da leitura (e atribuem sentidos e importâncias distintas em suas vidas).

Aqui teríamos indícios da leitura como promotora de mobilidades geográficas. Petit estende o conceito aos que ficam e que, por meio da leitura, escapam, fogem, veem coisas diferentes, viajam com os personagens para lugares distantes, adquirem um maior domínio do mundo e sobre si mesmos, ao acessar "territórios e desejos desconhecidos", ao "escapar do que estava dado e ver as coisas sob outro ângulo".[150]

Sidineia fala das leituras que a fazem viajar na imaginação, mas destaca uma viagem que saiu do livro para a vida.

De tempos em tempos, tenho feito viagens para reflexões, curiosidades, estudos, indicações, entretenimento. Muitas vezes, viajei para o exterior e interior, realizei sonhos, como por exemplo *O menino do pijama listrado* [John Boyne], que relata a história da Segunda Guerra Mundial. Enfim conheci fisicamente a Alemanha. Precisei muitas vezes realizar essas viagens para saber quem eu sou, para onde gostaria de ir, para entender meu corpo, sentimentos, culturas, crenças, pessoas e lugares. Há leituras que nos fazem viajar por museus, parques e se permitir estar em locais fantásticos e diferentes. [*Sidineia*]

Quando a leitura "chega às mãos de filhos/as de trabalhadores/as[151]", estes/as ficam "menos desprotegidos/as" diante daqueles que tentam lhes enganar e destruir. Descobrem "que é possível sair do caminho que tinham traçado para eles" e podem, assim, "escolher sua própria estrada".[152] Leitores que acessam e habitam a leitura literária ameaçam a geografia dos lugares, desafiam a segregação, pois nada mais é tão longe. São uma ameaça aos poderes todos (família, Estado, igreja, mídia) que perdem o "monopólio dos sentidos".

Uma das obras literárias selecionadas por Bruno, *O sol na cabeça*, de Geovani Martins, faz pensar sobre as mobilidades e as mudanças de curso proporcionadas pela leitura literária, expandindo o raio geográfico de suas movimentações e, ao mesmo, tempo as fricções e atritos com os quais vão se deparando, exatamente porque se movem:

O *sol na cabeça*, [de] Geovani Martins... gosto muito deste livro. São 13 contos que retratam a infância e a adolescência de jovens negros cariocas, mas que tem muito a ver com as juventudes aqui da cidade de São Paulo, ainda mais quando a gente pensa em contexto periférico. São contos que, para além de tratar da violência policial, da questão racial, também trazem a perspectiva da liberdade, de curtir a juventude, de curtir o asfalto também. Eu queria chamar atenção, principalmente, pro conto chamado "Rolezinho", quando um grupo de amigos decide descer da favela para curtir a praia. Nesse percurso, acontecem muitas coisas: as pessoas trocam de calçada quando veem os jovens, acontece um arrastão na praia e, por fim, acontece um enquadro da polícia que é a realidade de muitos jovens negros do Brasil [...] jovens negros, que minimamente estão na universidade, que consomem cultura, que estão em outros espaços, não deixam de sofrer essa opressão policial, essa opressão racial. Então, a mobilidade que a gente ganha dentro desses espaços também não nos faz deixar que nossos corpos sejam enquadrados pelo viés do racismo. [*Bruno*]

Bruno relata um episódio em que entrou em uma lanchonete no centro, em frente à faculdade, e sentou no balcão para aguardar umas colegas. Uma senhora branca rapidamente recolheu a bolsa e o celular e mudou de lugar. Com ironia, diz que o valor do seu celular dava para comprar a bolsa e o celular dela. E reflete sobre o episódio:

De alguma forma, a minha cor, o meu jeito, informava que eu poderia ser uma pessoa que podia pegar o celular ou furtar a bolsa dela. Isso me faz me reconectar com a realidade, e não esquecer da minha trajetória... e não esquecer de onde vim. [*Bruno*]

O relato de Bruno, de um lado revela a desigualdade do caminhar e, de outro, a insubordinação do caminhante que escolhe caminhar fora do controle do Estado. Sem carregar bandeiras ou estandartes, apenas com seus corpos, seus cabelos em pé, esses meninos e meninas dão uma conotação política a suas caminhadas.

Os/as jovens da bccl ocupam a cidade física e digitalmente. As pesquisas conduzidas por Petit apontam para um esvaziamento de juventude em alguns territórios rurais com as saídas em busca de melhoria das condições de vida, de trabalho e também de outras paisagens e modos de vida anunciados nos livros. Ao se apropriarem de obras literárias não prescritas, como acontece nas bibliotecas comunitárias, podem dizer em coro: "Nosso lugar é aqui e onde mais nós quisermos!".

Em um cenário em que as privações econômicas impedem o acesso de grande parcela da sociedade aos bens culturais e econômicos, com os livros, as distâncias, em vez de imobilizarem ou provocarem desinteresse, induziram a movimentos.

Percorrer as distâncias por meio das palavras reduz a fadiga física e permite ir mais longe: "vastos territórios da imaginação podem ser atravessados no espaço de um parágrafo, e séculos podem transcorrer numa única oração [...] a experiência de leitura reflete a impressão flutuante de estar nesse mundo de sonho, de distância e proximidade".[153] Rafael destaca a imaginação como um jeito de ver:

> Eu acho que uma coisa é a gente viajar com o nosso inconsciente, outra coisa é a gente estar de corpo presente. A gente usa os sentidos. Uma coisa a gente sente quando viaja com a imaginação e a outra, quando a gente viaja de corpo inteiro: são os sentidos constatando que aquela imaginação é real ou não [...]. "Será que o que imaginei era isso tudo ou não era?". [...] A gente vê primeiro com a imaginação e depois com os nossos olhos. [*Rafael*]

Ketlin diz fazer viagens internas e externas com a imaginação, ao ponto de a literatura, nesse se mover, dar novas formas ao seu corpo, ao seu pensamento: uma nova identidade.

> Quando eu fazia mediações, o meu corpo viajava por esse lugar imaginário, mas um imaginário que deu forma; ele me deu identidade, coisas que eu não vivi na minha infância enquanto eu não tive acesso a literatura. Eu acho que hoje a grande responsável pela minha identidade é o livro [...]. O livro deu forma ao meu corpo, deu uma forma que eu não estava livre pra ter. [*Ketlin*]

Pelos livros, pelas histórias de outras mulheres, Ketlin percebeu o quanto foi se conhecendo, gostando mais de si mesma.

Conquistou uma voz que se impõe e transmite segurança para quem a ouve. Precisou imaginar, se mover pelas histórias de mulheres da ficção para se encontrar consigo. Quando comunidades aproximam de si objetos culturais que circulavam restritamente entre os privilegiados, como é o caso dos livros, o acesso confere pertencimento. Os/as jovens da bccl se sentem pertencentes a uma "família literária", com parentes próximos e distantes que os/as visitam, se aproximam da vizinhança e conectam a biblioteca e Parelheiros a outras redes. Isso é corroborado pela fala de um dos visitantes da bccl:

> Penso que a bccl é um dos melhores exemplos de formação de públicos leitores, de futuros escritores e de pessoas que aprendem um potencial poderoso: a literatura como direito e como acesso integrado a variadas dimensões da vida. [v9]

Na pesquisa com os jovens que saíram da biblioteca, alguns revelaram que o fizeram em busca de um trabalho formal, mas que gostariam de ter continuado. Suas vidas os levaram para outros caminhos, atravessados ou não por leituras.

Rodrigo trabalha na área da Assistência Social. Diz ter saído da biblioteca por questões financeiras, ainda que algumas questões de relacionamento com o grupo também tenham tido importância nessa decisão. No momento da entrevista, não estava lendo livros literários, mas livros técnicos sobre educação e assistência. Fica feliz em saber que fará parte deste livro.

> Que bacana fazer parte dessa linda história. A biblioteca sempre foi um ponto de partida para várias ações que tenho feito após minha atuação por lá [...]. Hoje, tenho uma relação de parceria. Mesmo não atuando como articulador do espaço, sempre procuro incluir minhas ações dentro das ações da bccl [...]. A biblioteca me trouxe novos olhares para o mundo, o empoderamento

[...] e abriu meu olhar para novos caminhos, por meio da leitura e o diálogo. [*Rodrigo*]

Roger participou da BCCL por seis anos. Com um amigo, abriu uma empresa de fotografia e filmagem de eventos. Produziu alguns vídeos para a biblioteca e para a LiteraSampa. Sobre as vivências na BCCL em sua adolescência, destaca as aprendizagens e também as viagens:

A importância da biblioteca na minha vida, foi uma coisa muito grande. Difícil dimensionar ela. Por ser muito novo, eu conquistei muitas coisas através dela. Amadureci bastante com relação às questões financeiras, uma coisa que marcou muito pra mim. Aprendi bastante, o que é indiscutível: foi muito prazeroso. Os lugares que eu conheci, as pessoas que eu conheci, outras culturas, outros lugares que a gente pode habitar. Foi uma coisa muito grande. Uma coisa maravilhosa para mim como pessoa. E também, claramente, como o profissional que eu vim a ser depois. Saindo da biblioteca eu fui trabalhar com administração e toda a gestão que a gente fazia na biblioteca com os livros e tudo mais, me auxiliou muito no que estava por vir. Tudo o que aconteceu em minha vida eu encontrava algo que eu aprendi lá dentro com o grupo e outras pessoas, enquanto atuava na biblioteca. Então, foi de extrema importância. Foi uma base para a pessoa que eu me tornei antes dos 18 e após completar a maioridade. [*Roger*]

Renan, que apareceu nas fotos em visita à livraria, participou da biblioteca por seis anos. Atualmente, trabalha com segurança privada. Contou que terminou formação técnica em rede de computadores e pretende seguir se especializando na área. Gostou muito de ter participado do grupo sobre a memória e a história da biblioteca e de participar, mesmo que brevemente, desta pesquisa. Sobre a importância da biblioteca em sua vida, diz:

Primeiramente, falar melhor, ler melhor. Principalmente na escola, que eu era muito envergonhado em ler. Me ajudou bastante. A questão de trabalhar em grupo... os passeios para a gente conhecer uma biblioteca no centro de São Paulo e para conhecer vários lugares. Eu nunca tinha saído do meu bairro. Conhecer uma biblioteca no centro de São Paulo foi muito rico para mim. São lembranças que eu vou levar pro resto da vida. (...) E depois de um tempo, ter responsabilidade. Eu fiz parte de um grupo que tomava conta da biblioteca, que estava na linha de frente para receber pessoas, catalogar os livros. Criar projetos, ter a responsabilidade de mexer com dinheiro. Responsabilidade de um administrador de biblioteca comunitária. Criar projetos. Ter responsabilidade de mexer com dinheiro, cuidar do RH. A biblioteca me ajudou até quando eu tive que sair dela, para procurar um emprego. E se eu estou onde estou hoje, é porque contei minha história para a pessoa que me contratou, e ela também já trabalhou nessa área comunitária. A biblioteca me ajudou até onde eu estou hoje. Tudo o que eu tenho, tudo o que eu fiz de intelecto, aprendizagem. Gostar de ler hoje é por conta da biblioteca, de pessoas que me ajudaram a acreditar que ler é importante. [*Renan*]

Segundo Eduardo, formado em pedagogia e que segue na área da educação, a literatura continua a exercer fascínio sobre sua vida:

Atuei na BCCL por seis anos seguidos. Dentre esses anos, todos foram muito especiais e intensos. Intensos no sentido de "que delícia, foi só aprendizado!". Todos esses anos, me dediquei por inteiro, e nesse percurso foi que descobri quem de fato era o Eduardo. As noites de sonos perdidos, os momentos de estresses... todos foram superados por ter comigo pessoas que até hoje amo e muito me ajudaram socialmente e profissionalmente [...]. Foi uma caminhada muito enriquecedora e cheia de desafios. Aprendi tanta coisa, até mesmo o que eu nem sabia que sabia fazer. Foram anos de tanta potência e significados, que percebi que a pessoa que me tornei hoje dependeu de todo esse processo também. Descobri o significado da leitura em minha vida, do prazer em ler e compartilhar histórias [...]. Em minha casa, mantive todos os livros que adquiri desde que estava atuando na BCCL. Comprei um estante e ali deixei todos! Por mais que o tempo não seja o suficiente para muitas leituras, deixar eles expostos e também decorando a casa me dá a sensação de aconchego e afeto. São muitas lembranças boas e assim a casa fica cheia. Livro é vida! Hoje eu busco livros que me confortem e que me enchem de água os olhos. Descobri o significado de afeto através de um livro que muito remete a minha trajetória de vida. Quem é o Eduardo de hoje? Acredito que este trecho de Fernando Sabino [*O menino no espelho*[154]] me descreve muito:

"Quando eu era menino, os mais velhos perguntavam:

– Que é que você quer ser quando crescer?

Hoje não perguntam mais. Se perguntassem, eu diria que quero ser menino". [*Eduardo*]

Ao trazer as histórias desses/as jovens e suas relações com a literatura e uma biblioteca comunitária, sabemos que, de um lado, pessoas em situação de alta vulnerabilidade que tenham suas vidas transformadas pela arte e pela leitura não representam algo inédito. A novidade está no fato de que essas histórias deixaram de ser para "pessoas fora do comum".[155] As bibliotecas comunitárias têm propiciado que a superação dos roteiros pré--estabelecidos, por meio da literatura, aconteça para mais pessoas, sem que isso seja visto como uma vitória individual, ou a defesa da leitura e da literatura como salvação. Apostamos na literatura como desvio, fuga das certezas.

Literatura é entrega, perda de controle, risco. Nenhum dos envolvidos/as com a BCCL saberia prever aonde chegaríamos, por quais águas navegaríamos. Saímos para voltar e sabíamos, isso sim, que não voltaríamos da mesma forma. E essa certeza se devia à consciência de que os encontros nos modificam, modificam tudo. E por isso nos mexemos. Petit, ao analisar programas de leitura sem objetivos bem definidos e sem "um fim único" e determinado, como a bccl, conclui:

> Poderíamos ver aí uma fraqueza; parece-me, ao contrário, que a eficiência desses programas deve muito ao fato de que as coisas não são fixas demais, de que não se pode reduzi-las a uma função, a um domínio (a educação, a formação cidadã, a saúde ou a transmissão de uma cultura, mesmo que todas elas façam parte dela), de que existe aí um tanto de "jogo", em todos os sentidos da palavra, de fluidez, e de que é contemplada a possibilidade de surgir o inesperado, o imprevisto. É talvez pelo caráter múltiplo, difícil de circunscrever, plástico, flexível [...] que elas são aptas a enriquecer [...] as trocas.[156]

A pesquisa que dá origem a este livro fez parte do imprevisto, do se permitir observar e registrar as trocas fluidas de conteúdos materiais e imateriais, em várias camadas, desencadeadas a partir de uma biblioteca comunitária de uma periferia paulistana. Neste capítulo, olhando para as trajetórias leitoras dos/as jovens, pudemos identificar o que as bibliotecas comunitárias têm feito, o que temos feito (e não começamos ontem) para "ultrapassar umbrais[157]" de portas que nos isolaram. Andando por rotas e percursos inusitados, removendo cercas e muros construídos para nos apartar, deslizando por desvios para escapar dos obstáculos, criando o nosso ritmo, temos transformado atritos estáticos em atritos cinéticos.

Movendo-nos, temos movido a cadeia produtiva, criativa, distributiva e mediadora do livro. Temos proporcionado mobilidades no jeito tradicional de ser biblioteca. Temos colocado mais melanina e sotaques nas mesas e plataformas dos eventos literários, aumentado a diversidade nas estantes das livrarias e no currículo das academias. Temos, ao lado das várias bibliotecas da rnbc, construído "o Brasil que lê" e incomodado o sono daqueles da casa grande com as "escrevivências" de Evaristo, como trataremos a seguir.

O acesso à literatura deu a oportunidade de trafegarem entre o vocabulário de suas famílias e outras linguagens, ditas "corretas", porque presente nos livros, na academia e nos eventos literários, que tanto frequentaram. Ao se moverem entre esses mundos palavreados, os/as jovens construíram um jeito de compartilhar os novos conhecimentos adquiridos com os seus, sem serem arrogantes. Partem da bccl para a ela retornar, diferentes, embora sejam os mesmos/as que, até outro dia, duvidavam da força da literatura e dos direitos humanos.

Amarrando os turbantes. Quais turbantes?

ACERVO PESSOAL (2020)

Sobrepondo turbantes, de Magno Faria (aquarela).

É o momento para fazer conclusões, mesmo que provisórias.

Foram três anos como pesquisadora, dos quais um em isolamento. E o restante com algum sofrimento ao ver várias políticas sociais desmoronarem.

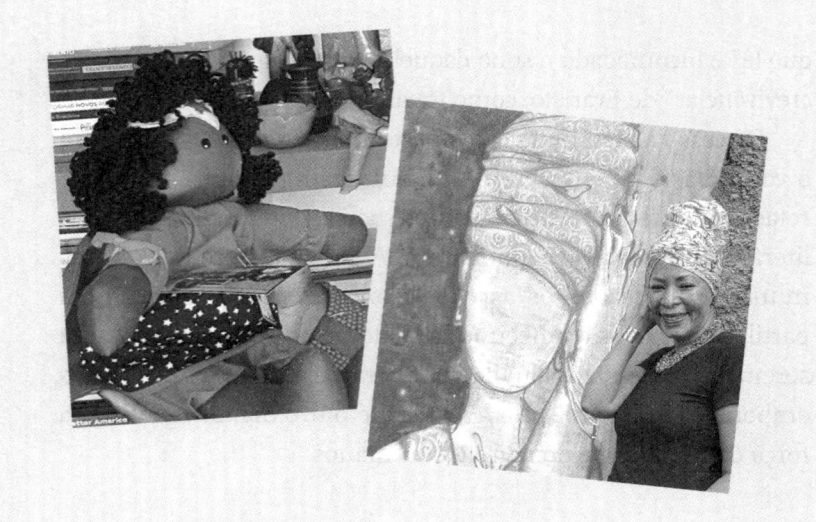

Enquanto recupero algumas anotações do diário para inserir aqui, o bando da leitura paulistano celebra a inclusão do Plano Municipal do Livro, da Leitura e Literatura de São Paulo (PMLLLB/SP) na dotação orçamentária do município. Acompanhamos o passo a passo desta história. Nós, as bibliotecas comunitárias, estamos incidindo na política cultural do país.

Isto eu já contei. Somos "O Brasil que lê".

Cheguei ao final deste processo de escrita. Nossa! Tem gente dizendo: "Já?!", tem outros pensando "Ainda?!". O "tempo" adora escapar das objetividades.

Era hora de terminar. Olho para tudo o que fiz nestes três anos. Quantos turbantes! Quantos! E para quê?

PARA RESISTIR, REEXISTIR, ME REINVENTAR.

Em um Conto filosófico em que A Casa Tombada ocupou o Sesc Paulista, ao lado de Giuliano Tierno e Bruno Cordeiro Cassoni, tentei responder esta pergunta: para que ostentar tantos turbantes? Por que a gente não para de mover-se e reinventar-se? Na ocasião, eu pedi ajuda de metáforas para renovar as perguntas e experimentar respostas. Falei sobre algumas delas naquela noite e em outros lugares por onde passei. "Eu só sei que foi assim" (Suassuna).

- Existirmos. A que será que se destina?"(Caetano)
- "De passagem, mas não a passeio?" (Dinha)
- As existências não são iguais. Há expectativas de vida distintas dependendo da sua origem geográfica, do local que "escolheu" para viver, do seu gênero, da sua cor ou raça. Em Parelheiros, a esperança de vida ao nascer é menor que 60 anos. Todas as vidas importam?
- "Em tempos de murici, cada um cuida de si?" Ou devemos/podemos nos importar com cada existência? De quais existências falamos? Quais nos importam? Por quem estaríamos dispostos/as a nos arriscar?
- "Vidas negras importam?" (Alicia Garza)
- "Reaja ou será morto/a?"
- E se defendêssemos cada criança que habita a terra, como se ela fosse "a nossa"?
- "A injustiça em qualquer lugar é uma ameaça à justiça em todo lugar?" (Luther King)
- Resistir é (Re)existir
- Como ser, mais que ter
- Preservar a memória, o nome, a dignidade dos/as que vieram antes de nós, e não entraram na história oficial, é reexistir. É dar-nos o direito de reinventar a nossa existência com novas histórias e memórias. Reconstruir nossas famílias, nossos parentescos. "É tão bonito quando a gente sente, que a gente é tanta gente, onde quer que gente vá" (Gonzaguinha)
- As "escrevivências" e o direito de se ver no que lê. "Nossa escrevivência não é para ninar os da Casa Grande, mas para incomodá-los em seus sonos injustos" (Conceição Evaristo).
- Direito de reexistir biológica, cultural, estética e politicamente. Um direito que encontra resistências

• O corpo *gay* resiste e quer existir para além dos palcos (Mona Brutal)

• As resistências, o grito das diversidades para garantir a humanidade: "Eu sou um negro homem gay. Eu sou um negro gay. Eu sou um homem", como li no cartaz em um museu em Washington.

• Precisamos eliminar a mão que constrói os espelhos de distorções (Audre Lorde).

• Temos o direito de gostar mais de nós mesmos/as (Instituto AMMA).

• Entre a raiva e o riso há silêncios. E neles, elabora-se a resistência e a existência.

• Aprendi com minha avó a dizer "não" enquanto da boca saia um "sim" ou um "hã-hã".

• Que nenhum corpo seja obrigado a migrar. Que nenhum corpo seja sequestrado em nome do "progresso".

• Que as mães das crianças pretas possam dormir em paz.

• Onde querem os escolhidos, queremos muitos/todos/todas/todes. Onde querem o quadrado, faremos o círculo. Eles querem o "eu". Nós lutaremos pelo nós.

• Nossa raiva e o nosso riso estarão sempre juntos.

• "Eles são muitos, mas não podem voar" (Ednardo)

Um último diálogo entre orientanda e orientador (Do dia em que Mia Couto levou uma multidão para a EACH)

[*Bel*] *"Quantas pessoas fomos conectando pelo caminho até esse dia acontecer? Quantas estradas fizemos se moverem para chegarmos aqui? Por quais caminhos seguiremos, agora que encurtamos distâncias? Qualquer resposta é "miúda" perto da imensidão que a literatura nos deu, nos deu, nos dá.*

ARQUIVO PESSOAL (2020)

[Thiago] *"(...) carreiritos vão virando imensas avenidas para passar um tropel de coisas boas, desejadas e engendradas por batalhões de gente boa e ansiosa por futuros melhores. Tanto movimentar para ali, sentadinhas e encantadas, centenas de pessoas viajaram pra moçambiques mitológicas e reais... Coisas maravilhosas podem fazer os livros (e quem os escrevem e leem), não?*
[Bel] *"Sim!"*

Afinal,
quais turismos?

Durante o dilema é melhor não abrir a porta
Entortanto a saída
Mas escancarar a vida
Mesmo a partir da ferida
O vento chegando com seu estabanado jeito
Prefira abraçá-lo com um beijo
O sonho abrirá suas brasas
Aí o frio da descoberta nova
passa.
CUTI, L. S Sugestões. In: *Kizomba de vento e nuvem*.

Retomo agora as perguntas iniciais, para olhar para os resultados encontrados e encaminhar as conclusões possíveis, para saber se "cheguei ao local de destino". Lembrei-me dos primeiros visitantes que se perderam para chegar à BCCL, ainda que tivéssemos enviado um roteiro com os nomes de cada rua e vários pontos de referência, desde a Marginal Pinheiros, ou da Washington Luiz até o Cemitério do Colônia. Quando os visitantes "quase perdidos/as" chegavam horas depois do previsto e antes dos cumprimentos, diziam: "Nos perdemos!"; ficávamos pesarosos/as por não termos sido capazes de explicar direitinho como chegar até nós.

No café que os/as acolhia, descobríamos que tinham preferido fazer o caminho seguindo o Waze em vez de seguir nossas dicas. Naquele tempo, porém, em um determinado ponto de Parelheiros, o aplicativo desviava o/a motorista da rua principal para uma estrada de terra, na qual, depois de alguns quilômetros, perdia-se o sinal. A cena se repetiu muitas vezes até que incorporamos a seguinte informação ao nosso roteiro: "O Waze funciona bem até o centro de Parelheiros, onde se encontra a Paróquia Santa Cruz [...]. A partir daquele ponto, costuma mandar para uma estrada de terra, mas não é o melhor caminho. Basta continuar na Av. Sadamu Inoue até chegar ao Cemitério do Colônia".

Neste momento de conclusões, episódios como este me vêm à mente. Pode ser que, da partida até aqui, embora o roteiro fosse preciso e detalhado, a sedutora voz do Waze, feito sereia, tenha me conduzido para a estradinha de terra, onde se anda bem, sem trânsito, mas que é desaconselhável aos que desconhecem os caminhos mais ao sul.

Agora, eu, com o turbante de pesquisadora, vou desligar o GPS e seguir meu roteiro. Para responder à pergunta principal desta pesquisa (*Como viagem e literatura – de formas prática e metafórica – se imbricam na construção das mobilidades turísticas de e em Parelheiros?*), vou me ater, antes, a outras perguntas de apoio. A primeiras delas é: *Como são engendradas as práticas e as narrativas turísticas manifestas em Parelheiros, a partir da* BCCL? E, como complemento: *Quem são os agentes deste turismo?*

Os/as jovens e as gestoras do IBEAC não tiveram o propósito de fazer da biblioteca um atrativo turístico dentro do seguimento "turismo literário", "turismo de experiência", "turismo sustentável" ou "turismo de base comunitária" entendidos como novas modalidades turísticas – esta última, mais especificamente, pensada na economia do turismo como meio para reduzir a pobreza.[158] Ainda que todas essas nuances (literatura, experiências, sustentabilidade, foco na comunidade) estejam direta ou indiretamente associadas às nossas práticas – inclusive as turísticas –, nosso propósito era o de que a BCCL contribuísse à difusão de outras perspectivas e ideias sobre Parelheiros, desfazendo a imagem de aparente isolamento dos jovens e da comunidade. Queríamos explicitar "aos de fora" as desigualdades de acesso aos direitos naquela região e, com "os de dentro", construir caminhos para acessá-los.

Tratou-se, portanto, de um movimento de mão dupla, com idas e vindas em vez das mais comuns relações unidirecionais do turismo, nas quais "visitantes" vão ao encontro de "visitados/as" para consumir suas imagens, práticas, serviços e objetos, deixando algum dinheiro para amenizar as dificuldades financeiras. Ao analisar as falas dos "visitantes" e dos/as "visitados/as", notamos que os "ganhos econômicos" dessa relação não foram citados, ainda que as dificuldades financeiras sejam um dos obstáculos que os/as jovens e suas famílias enfrentam, além de ser uma nuance esperada das trocas turísticas, lembrando que há ainda uma dimensão comercial, apesar de não ser a principal.

Desde o princípio, os deslocamentos para dentro e para fora da cidade, nos espaços relacionados à cadeia criativa, produtiva, distributiva e mediadora do livro, fizeram parte da prática e dos conteúdos estratégicos desenvolvidos pelo IBEAC, para a (trans)formação de jovens não leitores/as em mediadores/as de leitura, para que deixassem de ser vistos como "invasores/as" e fossem reconhecidos como cidadãos e cidadãs legítimos/as. As nossas falas e movimentos, especialmente em eventos literários, despertaram a curiosidade de quem nos ouvia e encontrava.

Aos poucos, as imagens e os imaginários de uma biblioteca comunitária que se movia pelos eventos parecia não ser mais suficiente. A chegada dos visitantes à biblioteca passou a atrair outros visitantes para si e para Parelheiros, contribuindo à movimentação de pessoas, informações, ideias, imagens, objetos e da biblioteca em si. Uma das frentes desta pesquisa se concentrou, portanto, em observar, descrever e analisar as mobilidades associadas a esses sujeitos e elementos externos ao contexto da bccl e de Parelheiros.

Se no turismo mais convencional um destino periférico é desenvolvido e promovido externamente, com as preocupações principais de torná-lo suficientemente atrativo e seguro para que o/a visitante consuma e amenize a pobreza local, na bccl alteramos essa lógica da oferta turística para o "bem-estar do visitante" e alguma "ajuda aos/às visitados/as". Ao construirmos uma narrativa sobre Parelheiros a partir de seus moradores/as falando dos caminhos da leitura literária em uma região periférica, estabelecemos uma mensagem mobilizadora: jovens que leem.

O perfil demográfico dos/as visitantes da bccl revela uma maioria que se aproxima do perfil de turistas que buscam destinos culturais: têm nível educacional elevado, maior poder aquisitivo, são turistas que escolhem superar as distâncias e dificuldades de acesso para encontrar "algo mais" e viver uma experiência autêntica e transformadora. Nesse grupo, há os originários de outros países que, sabendo da biblioteca e sua ação literária, além do desejo de materializar o imaginário construído, veem, na visita, a oportunidade de conhecer uma área periférica sem maiores riscos, ou com "um risco seguro", como vem ocorrendo nas periferias de outros países.[159] Podemos dizer que as bibliotecas comunitárias contribuem para a construção de novos roteiros turísticos na cidade, de forma a alterar o imaginário de "cidade perigosa" tão prejudicial à imagem do país e do turismo em particular.

E vamos além: essas práticas, da maneira como descrevemos anteriormente, servem para apontar para aspectos de um fenômeno que extrapola a realidade de Parelheiros e orienta leituras sobre o próprio turismo (como prática e como campo discursivo): há, efetivamente, dimensões e manifestações de turismo que escapam às conceituações consagradas no campo do turismo – daí, portanto, a oportunidade de observá-las e discuti-las sob a égide das mobilidades.

Os "turistas de fora" – quer dizer, viajantes originários de fora da região metropolitana – juntam-se aos visitantes originários/as da própria cidade ou de municípios vizinhos. Ambos compartilham motivações, experiências, mobilidades, diferindo muito pouco entre si nas suas reações sobre o que encontram nesse desconhecido rincão da cidade. Em outras palavras, pelos relatos que vimos, Parelheiros é tão desconhecida, e ao mesmo tempo tão atraente, que ambos os grupos operam um "olhar de turista" ao empreender visitas à BCCL e a Parelheiros. Uma vez na cidade (como visitantes ou moradores dela), levantam muito cedo, pegam o próprio veículo, carona ou transporte público, para em algumas horas chegar a uma região rural ao extremo sul da cidade que lhes é desconhecida; chegam a uma biblioteca comunitária gestada por jovens, nas dependências de um cemitério, para conhecer e conversar ou, por vezes, para encontrar um "autor/a famoso/a". Era bastante comum que esses/as visitantes (e também nós do IBEAC, no início), por volta das 16h00 dissessem: "É hora de voltar para São Paulo". E ouvissem dos/as jovens, com sorriso provocador de certo constrangimento: "Você está em São Paulo".

Para além das sensações e impressões que Parelheiros, a BCCL e a literatura despertam, aparentando-se estar em um outro tempo-espaço, nós, "visitados/as", não conseguimos encontrar grandes distinções entre os "visitantes de longe" e os "visitantes de perto". Como pesquisadora do turismo, sei bem que uma definição mais fiel de "turista", associada à oferta e ao tempo de deslocamento não cabe a esses/as visitantes. No entanto, as semelhanças encontradas na pesquisa entre esses dois grupos, no que se refere às motivações de cunho educacional e sociopolítico-cultural para visitar a BCCL nos fazem colocar o assunto em observação.

Os/as visitantes veem, na literatura e em um grupo de jovens mediadores/as de leitura, embriões de transformação social, e aí reside boa parte da motivação em querer conhecer *in loco* as iniciativas ensejadas pela BCCL. Ao visitar a biblioteca, os "de perto" e os "de longe" se sentem responsáveis por mover o que viram e apreenderam (imagens e ideias) para outros lugares. A nossa conclusão é de que as definições convencionais parecem insuficientes para caracterizar os dois grupos. E partimos dessa hipótese para, então, trazer elementos específicos, na voz desses visitantes e concluir que isso faz muito sentido. Acrescente-se ainda a presença dos "visitantes locais", de Parelheiros, misturados aos primeiros, nos compartilhamentos literários e não como "prestadores/as de serviços", mudando uma lógica comum em algumas práticas turísticas.

Olhemos, ainda, pela perspectiva dos daqui: para receber esses/as visitantes, os/as jovens passaram a visitar: i) onde moram (cachoeiras, Cratera de Vargem Grande, Solo Sagrado, Centro Paulus); ii) locais consagrados no imaginário turístico da cidade (Praça da Sé, Pátio do Colégio, Avenida Paulista, Biblioteca Infantojuvenil Monteiro Lobato, Biblioteca Mário de Andrade) e iii) outras cidades (Brasília/DF, Santa Bárbara d'Oeste/SP, Paraty/RJ, Belo Horizonte/MG, Rio de Janeiro/RJ, Salvador/BA, Porto Alegre/RS, Florianópolis/SC e outras apresentadas no Quadro 2). Foram visitados e visitaram 151 instituições (Tabela 1). Em suma, os/as jovens vivenciaram a estética e as práticas turísticas ao se moverem para além de Parelheiros, construindo repertórios para encontrar com aqueles que, na média, são turistas contumazes. Em alguma medida, culturas turísticas de uns e de outros encontram algum ponto comum nas sociabilidades produzidas quando das visitas à biblioteca. Por tudo o que vimos até agora, não é preciso insistir muito para dizer que isso, de partida, não é uma obviedade, comprovando que essas andanças "dos meninos e meninas" (poderíamos dizer: suas mobilidades turísticas?) são parte altamente relevante daquilo que se vai construindo nas trocas e encontros na BCCL.

A BCCL atraiu visitantes (turistas?) e formou viajantes (turistas?), gerando uma relação mais horizontal de idas e vindas, mediadas pela literatura. Em 12 anos, foram localizadas 589 matérias veiculadas na mídia e redes sociais sobre a biblioteca, o IBEAC e Parelheiros. Na análise dos títulos, notou-se que, em vez de uma disputa de narrativas, há uma interdependência fluida na construção dos sentidos, dos encontros e trocas, também turísticas, que se estabeleceram nesses anos.

Podemos concluir, portanto, que os/as jovens, a partir da BCCL, aprenderam a ser turistas, desenvolvendo suas próprias culturas e repertórios turísticos: comprar bilhete aéreo e passagem rodoviária, verificar os dados, calcular as horas de antecedência e os ônibus para chegar à rodoviária ou aeroporto em tempo, controlar náuseas e dores de ouvido, fazer *check in*, despachar e retirar malas, conferir horários de partida, portões, plataformas, entrar no hotel, preencher cadastros, reclamar por bagagem danificada, dormir sozinho em um quarto de hotel, servir-se no buffet, participar de eventos, explicar que Parelheiros existe, falar sobre a biblioteca, planejar a visita às cidades nas horas livres, fotografar, compartilhar o que viu e viveu com os que ficaram, preparar a próxima viagem e os próximos viajantes.

Nas narrativas dos/as jovens sobre os livros e suas trajetórias na BCCL, estes/as incorporaram um vocabulário de viajantes-leitores/as: "O livro é o meu passaporte", diz uma das jovens. É por meio dos livros (e da leitura) que eles e elas puderam e podem viajar (metafórica e fisicamente) para outros lugares. Hoje, as viagens foram incorporadas às suas práticas e aspirações; assim como disseminam a literatura, espalham, aos seus, os benefícios das viagens. Passam a viajar com os familiares e incluem a viagem nos projetos de outros coletivos.

Diante desse cenário e desses achados, os dados levantados aqui sobre uma biblioteca comunitária que vem sendo visitada por moradores/as de São Paulo ou por visitantes que, uma vez na cidade, incluem-na em sua programação e misturam-se aos moradores/as locais para práticas de visitação, conversas e trocas literárias, confirmam a necessidade de abordagens novas sobre turismo, lazeres urbanos e mobilidades turísticas. Uma parte disso acreditamos ter conseguido trazer com o presente estudo.

Por mais que seja controversa a definição desses visitantes como turistas, o histórico, o tipo de visita, as motivações dos visitantes e todo o exposto anteriormente apontam para uma ampliação do repertório sobre turismo e lazer e nos convidam a análises "menos binárias e mais atentas às multiplicidades de situações, sensações e comportamentos[160]", em um novo campo das ciências aplicadas. Outrossim, em questões bem práticas, saber que cresce o número de pessoas que buscam vivências literárias próximas aos seus cotidianos pode lhes interessar outros formatos de lazer.

A segunda pergunta acessória era: *O que se move com eles e elas? Em quais sentidos, velocidade e frequência se dão as mobilidades de pessoas, ideias, objetos e imagens?*

Diante da dificuldade de enquadrar os movimentos que acontecem na BCCL como "turismo literário" e tomando o Paradigma das Novas Mobilidades como lupa para ver melhor e de perto a complexidade dos fluxos que sobrepõem os movimentos, até onde alcancei com a minha observação, as nossas memórias, os relatórios, o grupo focal, o registro das matérias e postagens e as respostas aos questionários, olhei, com muito cuidado, para tudo o que se moveu: *pessoas* (recursos humanos, agentes comunitários, interagentes, visitantes/turistas, consultores/as, escritores/as, profissionais e representantes da cadeia criativa, produtiva, distributiva e mediadora do livro), *objetos* (recursos financeiros, doações, livros, lambes, postais, camisetas, sacolas, botons, grafites, pôsteres, exposições fotográficas, móveis, alimentação, produtos de higiene e proteção, sementes e mudas), *ideias* (informações, modelos e jeitos de organizar o espaço, de classificar e catalogar o acervo, de mediar leitura, de fazer a gestão compartilhada, de formações e programação etc.), *imagens* (fotografias, vídeos, grafites, charges, e outras artes gráficas dis-seminadas em sites, redes sociais, livros, jornal mural, pôsteres, *flyers, cards*), *imaginários* (de leitor/a, de leituras, de biblioteca comunitária, de país democrático, de mundo).

É sabido que aqueles/as que buscam o "turismo de experiência" valorizam as vivências; não é exatamente o local ("atrativo") o que importa, mas aquilo que poderá experimentar, as sensações que deterá para si, algo que se inicia com as imagens e anúncio do devir. Geralmente, o visitante retorna da experiência "mudado". Os dados encontrados nas respostas ao questionário sobre as ideias que levaram ou gostariam de levar para outros lugares (Quadro 4) confirmam este conceito: busca-se uma vivência próxima ao cotidiano.

No entanto, observar todos os conteúdos que se moveram com os visitantes, com os/as jovens e gestoras do IBEAC nos fez perceber as mudanças que ocorreram na biblioteca em virtude daquilo que se moveu: os móveis doados, o acervo constituído com livros que chegam autografados pelos autores/as ou trazidos em nossas viagens alteram "o destino" visitado. Esses fluxos têm sido desconsiderados nos estudos sobre turismo, que olham para o fenômeno como uma relação entre viagem, viajante e destino. Com tudo o que apresentamos e discutimos aqui, podemos concluir e afirmar que há algo mais se movendo nessa relação.

Ao considerar o turismo pelas lentes do PNM, concluímos que a BCCL não é um "destino" fixo, à espera de ser visitada. Ela mudou e muda nas idas e vi(n)das de e para Parelheiros. A hipótese construída à luz do "giro das mobilidades", segundo a qual as atividades e os movimentos não são separados dos lugares e das pessoas que ali se encontram como anfitriãs ou visitantes, confirmou-se nesta pesquisa. Nesses anos, a biblioteca se moveu, os/as jovens e as gestoras se moveram, o IBEAC se moveu.

Olhar para os itinerários de viagens e de leitura dos/as cinco jovens criadores/as da biblioteca, e não apenas para "os/as visitantes", permitiu-nos perceber o quanto os encontros geraram novas performances. São perceptíveis as mobilidades nos usos, funções e sentidos atribuídos por elas/eles a bibliotecas públicas, por exemplo, a partir das viagens que a BCCL tem feito: está em transição o modelo de biblioteca como templo do silêncio para a biblioteca como casa para encontros, trocas e conversas.

Ao levantar todas essas dinâmicas, passamos a pensar e debater as práticas turísticas dentro de um enfoque heterodoxo para os estudos de turismo, amparados, aqui, pelas lentes do PNM. Assim, a próxima pergunta a responder era: *Quais performances estão sendo produzidas?*

Com as idas e vi(n)das, num fluxo contínuo #DoMundoparaParelheiros e #DeParelheirosparaoMundo, novas performances passaram a fazer parte do repertório dos/as jovens. Com a ampliação de pedidos para conhecer a biblioteca, os/as jovens fixaram um dia da semana para as visitas e se organizaram para receber os/as visitantes. Dividiram-se para apresentar o espaço, os eixos de atuação, as práticas de mediação, o cemitério, os projetos que nasceram na biblioteca e a região; definiram o que seria interessante compartilhar; criaram dinâmicas de apresentação dos/das presentes envolvendo livros e trechos literários. Sem que fossem formados/as com esta finalidade, criaram uma estética e uma rotina bastante próximas das práticas de hospitalidade, tão basilares para a elaboração das trocas no campo do turismo.

Viajando, os jovens aprenderam sobre "o viajar". As suas experiências como viajantes, turistas, hóspedes, participantes de eventos, visitantes de equipamentos culturais foram a "escola" e o "treinamento" que os/as aproximou das performances dos viajantes e das dinâmicas turísticas, como a difusão externa dos eventos literários da biblioteca e a participação, em 2017, na estruturação do Grupo Acolhendo em Parelheiros (GAP) e do receptivo de agroturismo *Acolhendo em Parelheiros,* que incluiu a biblioteca nas visitações e, pela primeira vez, com algum retorno financeiro. Esse retorno gerou muitas discussões no grupo sobre como não caracterizar "cobrança para visitar a biblioteca", entendendo como uma contribuição do participante de um roteiro turístico em Parelheiros, para aquele espaço de leitura e, assim, não interferiu na dinâmica dos encontros.

Mesmo com o/a visitante pagante, a biblioteca segue o fluxo de suas atividades: mistura o/a visitante/turista aos "locais". Os acessórios (celulares), os trajes e a participação nas atividades literárias conferem uma performance que torna menos evidentes as distinções entre turistas, anfitriões e outros moradores/as. Ao mesmo tempo que o turista fotografa e posta imagens e impressões da visita, os anfitriões e outros/as moradores/as fotografam e postam imagens e impressões sobre o visitante. Conclui-se, outra vez, que se assumirmos tratar-se de uma prática turista, esta se dá sob bases mais democráticas e menos estereotipadas.

Outro aspecto que se destaca é que, ao misturar visitantes de longe e de perto aos anfitriões, anfitriãs e moradores/as, nos eventos (saraus, cinedebates literários, bate-papo com autores/as) ou simples visitas à BCCL, abrimos espaço para novas reflexões sobre a aplicação indiscriminada dos dualismos do turismo convencional (anfitrião-hóspede, turista-viajante) quando da análise de práticas turísticas complexas, como as que trouxemos para debate aqui. O que acontece na BCCL aparentemente nos revela que é possível ser turista sem ter que se embrenhar por horas em viagem para fora da própria cidade. O próprio "turismo de negócios", que acontece nos centros urbanos, a despeito das dificuldades em mensurá-lo, assume a possibilidade de que alguém seja turista por algumas horas do dia, ao incluir, em uma viagem a trabalho, a ida a um show, peça de teatro ou museu. Acreditamos que essa compreensão possa ser estendida ao que vem acontecendo em outras centralidades: nas bibliotecas comunitárias.

As vidas sociais móveis dos jovens – convertendo fricções em movimento ativo, as narrativas que construíram para falar de

Parelheiros, da BCCL e de suas trajetórias, nos eventos presenciais e virtuais ou pelas postagens nas redes sociais, fotografando-se com o livro que estão lendo, à frente das primeiras estantes que criaram em suas casas, ou na laje onde buscam a melhor conexão, em todos os casos performando como jovens que fazem parte do "Brasil que lê", têm provocado mobilidades de referenciais teóricos e práticos sobre o livro, a leitura e a formação de jovens leitores, para além de qualquer fronteira imaginada.

Quando nos debruçamos de maneira mais específica para o universo da leitura literária, queríamos saber: *como os(as) jovens da BCCL relacionam viagem e literatura em suas trajetórias de vida?*

Como apresentamos desde o início, os/as jovens entrevistados/as não tinham participado de experiências mais significativas com os livros, a leitura e a literatura, antes de seu engajamento na biblioteca. Longe disso, suas relações com os livros foram marcadas pela escolarização da literatura com uma oferta de textos clássicos distantes de seus momentos de vida e cobranças de conteúdo. Sem outros espaços (em casa ou no bairro) para experiências mais lúdicas com a leitura, foram se distanciando, inclusive dos gestos e ritmos necessários para ler.

Por ser movimento, a oferta literária, quando embalada em pacotes de restrições, torna-se atrito para pés com calçados apertados. Restringe os movimentos daqueles/as já apartados dos centros de decisão dos destinos da cidade e do país. O controle da linguagem pode ser visto como a outra face do controle dos deslocamentos nos espaços.

Portanto, quando o IBEAC associa a constituição de uma biblioteca comunitária com os deslocamentos dos/as jovens, move linhas, implode algumas fronteiras reais e imaginárias, como a relação muitas vezes submissa entre apoiador/apoiado, visitante/anfitrião, educador/educando, leitor/não leitor. A partir dos relatos dos/as jovens e dos/as visitantes, concluímos que as mobilidades metafóricas alimentaram e alimentam as mobilidades físicas e vice-versa. Ao percorrerem cada etapa desta pesquisa comigo, incluindo visita a espaços da USP, os/as jovens incorporaram o vernáculo das mobilidades. Há quem planeje aprofundar aspectos do presente estudo. Retomarei essas mobilidades nas considerações finais.

Sem saber bem aonde chegaríamos, tínhamos a convicção de que nos mover seria imprescindível para que houvesse mudanças nas segregações impostas a Parelheiros e aos jovens; por isso, as viagens estavam previstas desde o início do projeto e em todos os projetos. Entregamo-nos às leituras. Completamente imprevistos foram os lugares para onde elas nos levariam.

As falas dos/as jovens nas entrevistas, confrontadas aos seus sonhos e planos (e à falta deles), no início das ações em 2008, levam-nos à conclusão de que, de fato, não seria possível prever um ponto de chegada. É impossível dominar algo que se move em todos os sentidos, como fazem as palavras no corpo do/a leitor/a e os viajantes por onde passam. Quem imaginaria, há alguns anos, que uma pós-graduação em turismo seria um local de destino de uma biblioteca comunitária?

Da mesma forma que os/as jovens tropeçaram em palavras desconhecidas, na extensão de romances, em novos gêneros e autorias, em narrativas densas e outras dificuldades próprias da leitura, encontraram dificuldades similares como viajantes, por serem os primeiros, em suas famílias a fazer uma viagem com ida e volta planejadas, diferentemente da migração. Movendo-se, lendo, encontraram-se com os atritos/fricções que, se estivessem imóveis, se não fossem leitores/as, talvez não tivessem que enfrentar. Coletivamente, fomos transformando os atritos em energia cinética capaz de transpor medos e inseguranças.

As leituras feitas na BCCL, as idas e vi(n)das de e para Parelheiros e as relações estabelecidas a partir delas desempenharam e desempenham papel preponderante no alargamento dos sonhos dos jovens. A maioria inclui, em seus sonhos, o desejo de conhecer lugares. Há uma mobilidade de planos. Assim como as leituras outrora eram descartadas pelos jovens em função do título, da capa ou dos primeiros parágrafos aparentemente incompreensíveis, conhecer cidades de outros países não ultrapassava o primeiro parágrafo dos sonhos desses jovens. Hoje, depois que os/as primeiros/as viajaram para Berlim e os próximos devem ir para Madri, tudo mudou.

Em nossas movimentações físicas, movemos elementos materiais, imateriais e imaginativos (realizados e desejados). Temos transformado agendas sociais e alterado fronteiras entre centro e periferia, entre um Brasil que não lê e outro Brasil que lê e escreve. Corpos que anteriormente tinham uma geografia e um vocabulário limitado à descrição das coisas e do fazer em casa, na escola, no trabalho, com as metáforas, pelo acesso à literatura, passaram a descrever sentimentos e realizar outros itinerários; os corpos passaram a desenhar uma outra geografia na cidade e o encontro com as metáforas lhes deu palavras para nomear o que sentem, para mobilizar objetos, imagens e pessoas que estavam imobilizados E a nova geografia se revela nos movimentos que cada obra lida, registrada em diários de leitura ou diretamente nas plataformas das redes sociais, provoca. Há paisagens em movimento, revelando o que encontraram e o que deixaram, como marcas das viagens internas, impressas por onde passaram: ocasiões como as visitas a parceiros da biblioteca e suas participações em mesas de debate, registradas em vídeos e anais de eventos. Lendo obras não prescritas, de autores/as até pouco tempo deixados à margem, como Carolina Maria de Jesus, chegaram aos cânones literários como *Vidas secas*, *Um defeito de cor*, *A hora da estrela*, *As cidades invisíveis*. E contribuíram para a inclusão de *Quarto de Despejo* e *Diário de Bitita*, de Carolina, nessa prateleira. Tomaram essas obras como bússolas para guiar viagens imagéticas pelas redes sociais, revelando pontos e abordagens poucos visíveis aos que não caminham. Fazendo pontes para mais gente partir e ser parte, inclusive sujeitos "de fora" que dificilmente saberiam apontar Parelheiros no mapa – aqui, entendidos como turistas, que foram acionados ou estimulados ao tomar contato com esse repertório difundido por várias linguagens e espaços físicos (eventos) e virtuais (redes sociais).

Por fim, após esse périplo por entre respostas possíveis, volto à pergunta principal desta pesquisa: *Como viagem e literatura – de forma prática e metafórica – se imbricam na construção das mobilidades turísticas de e em Parelheiros?*

Quando se junta viagem e literatura é rápido e simples chegar a algumas modalidades turísticas e definições: "turismo literário", "turismo de experiência", "viagem literária", "educação para o turismo". A complexidade do que coletamos e apresentamos neste trabalho parece-nos suficiente para permitir que esta pesquisa nos ajude a olhar além.

Ao conceber as bibliotecas comunitárias como novo ponto de análise das movimentações e circulações que acontecem em um território, experimentamos um novo vocabulário para designar uma realidade ainda não estudada: as mobilidades das/nas bibliotecas comunitárias.

A bccl é uma biblioteca que está "em caminho". Nós – os/as jovens, eu e as demais gestoras do ibeac – viajamos a biblioteca. E não nos movemos sozinhos/as: objetos, ideias, imagens, imaginários nos acompanharam transformando-a, assim como nossas histórias e Parelheiros. Com as entrevistas, foi possível aprofundar o entendimento acerca das mobilidades dos jovens em 12 anos de atuação na bccl e de suas percepções sobre esses movimentos, quais literaturas os/as acompanharam nos muitos atravessamentos e as performances que estão sendo produzidas nessas idas e vi(n)das. As respostas dos/as visitantes nos permitiram perceber os sentidos das imbricações teóricas e práticas daquilo que temos construído a partir da biblioteca no grande campo das mobilidades.

As bibliotecas comunitárias aparecem como um novo objeto/ sujeito a ser estudado pelo PNM, seja pelas mobilidades por elas proporcionadas e inimaginadas antes desta pesquisa, seja pelas novas práticas, interpretações e conceituação de turismo que desencadeiam.

Ao mesmo tempo que a BCCL inspirou outros projetos, os/as jovens buscaram inspiração em outras experiências consolidadas para realizar eventos da biblioteca. É assim que as ideias, como em vasos comunicantes, circulam, misturam-se. A presença das bibliotecas comunitárias e outros agentes de saraus, *slams* e coletivos culturais e raciais fez com que a FLIP passasse a incluir nos palcos os autores/as colocados à margem e, por sua vez, inspiraram a criação de outras festas periféricas como a Festa Literária das Periferias (FLUP), a Feira Literária da Zona Sul (FELIZS) e a Festa Literária de Parelheiros (FELIPA).

Para os visitantes, o acesso aos livros e à leitura, proporcionado pela biblioteca, reduz as fricções e amplia a mobilidade dos jovens. E ao mesmo tempo é o universo da leitura que serve de mote para centrar Parelheiros como local que merece ser visitado – como território e como *locus* de sociabilidades ensejadas em uma agenda de caráter turístico, ainda que modulado por outros fatores, que não os meramente comerciais (agências, pacotes, visitas guiadas em grandes grupos etc). Não é dizer que esses aspectos sejam irrelevantes ou dispensáveis para a cadeia do turismo, mas, com o que trazemos, percebe-se que há dimensões ou manifestações de turismo muito mais elaboradas, em que pese engajamentos, intenções, deslocamentos.

A leitura mais acurada das percepções dos visitantes da BCCL permitiu superar análises estáticas entre centro/periferia, perto/ longe, inclusão/exclusão ao destacar que a centralidade da leitura literária em um contexto aparentemente inóspito não é perdida:

ao contrário, é intensificada exatamente pelos obstáculos superados para que o direito à cultura seja garantido.

Da análise dos dados produzidos, concluiu-se que os jovens, as gestoras, as ideias, as imagens, os imaginários, a própria biblioteca, moveram-se e seguem em movimento. E esse movimento, ensejado centralmente pela leitura de textos literários, pode estar dando novos sentidos às existências de pessoas e contribuindo para que as bibliotecas comunitárias sejam vistas por seus aportes ao letramento literário e cultural, mas também às práticas e às pesquisas em turismo.

O estudo em tela põe em destaque os múltiplos e intrincados sentidos de viagem, trazendo substância à pesquisa em turismo pela vertente das mobilidades. Ao reconhecermos e estimularmos leituras desse tipo, entendemos alimentar um campo de estudo que reconheça mais um terreno fértil para os estudos turísticos, fazendo jus à complexidade social, cultural, política e espacial que esse fenômeno encerra. Como se viu, não se trata apenas do movimento pendular de jovens periféricos para fora de suas comunidades, nem de incursões curiosas de forasteiros motivados pelo exotismo de formas de vida ou paisagens estranhas – ainda que, em alguma medida, esse jogo de mobilidades componha o mosaico apresentado. Tendo uma biblioteca comunitária como pivô dessas experiências de idas e vindas (de sonhos e corpos, de fotografias e livros), podemos notar que a conexão desses vários sujeitos com o território permite um debate arejado sobre a própria natureza do que seja e pode ser turismo.

Mas afinal, isso é turismo? A resposta – com a qual este trabalho busca contribuir – sempre vai depender dos referenciais que se tem e quer ter para turismo. Mais do que metáfora, as mobilidades de e para a bccl abrem um flanco epistemológico para outros entendimentos sobre a natureza do fenômeno turístico, ancorado por diversificadas nuances de mobilidade (incluindo, mas não se restringido, à movimentação de corpos turistas).

Duas palavras

REVISTA CULT (2008)

Ruth Guimarães e Antonio Candido

Tomando emprestado o turbante da escritora Ruth Guimarães (1996), deixo as palavras lidas com a Rede LiteraSampa em dezembro de 2020.

Apenas duas palavras dando as razões de ter escrito estes contos e que são, ao mesmo tempo, a justificação da minha presença no mundo. Eu escrevo. Outras perguntas a serem feitas, talvez não tenham resposta satisfatória.

Quem escreve, escreve para quê, para quem? Para quando? Permita-me transcrever parte de uma carta da cientista Marie Curie, a sua sobrinha Hanna Szlay, em 13 de janeiro de 1913:

"Na última primavera, minhas filhas fizeram uma criação de bicho da seda. Eu estava doente e, durante o repouso forçado, pude acompanhar a formação dos casulos. Isso me interessou enormemente. Aquelas lagartinhas tão ativas, tão conscienciosas, que trabalharam com tanta boa vontade e perseverança, realmente me impressionaram. Diante delas, senti-me em casa. Eu também era uma lagarta, embora bem menos organizada para o trabalho. Eu também sempre me voltara pacientemente para um fim único, e o fazia sem ter a menor certeza de que lá estava o certo, mas sabendo que a vida é um instante, que nada deixa atrás de si, e que outras criaturas

tudo concebem de modo diferente do meu. Se procedi assim, é que qualquer coisa que me obrigava a isso, como qualquer coisa obriga a lagartinha a construir o seu casulo, ainda que lhe seja impossível terminá-lo – e sempre com o mesmo capricho. E, se não chega ao fim da tarefa, morre sem se metamorfosear, isto é, sem recompensa.

Que cada um de nós, querida Hanna, fie o seu casulo sem perguntar por quê, nem para que fim".

Sem perguntar, porém, eu pergunto:
– Escrevo para quê afinal?
Indago de mim mesma e encontro inúmeras respostas, possivelmente nenhuma correta:
Para obter honra e glória?
Para poder dizer tudo o que penso?
Para me aproximar do meu semelhante?
Para tentar derrubar o muro que separa um ser de outro ser?
Para apreender o sortilégio da vida, que, de outro modo não alcanço?
Para justificar esta minha existência?
Para deixar impressos no mundo o traço da minha passagem?
Para, terminado o fiar incessante do casulo, um dia emergir, ente alado, leve, cujo ambiente é a amplidão, livre afinal do cárcere que, por mim mesma, construí e fechei?
Então, será para mim mesma que escrevo?
Ah! Eu conto histórias para quem nada exige, e para quem nada tem. Para aqueles que conheço: os ingênuos, os pobres, os ignaros, sem erudição, nem filosofias. Sou um deles. Participo do meu mistério. Essa é a única humanidade disponível para mim. Quem me dera escrevesse com suficiente profundeza, mas claramente e simplesmente, para ser entendida pelos simples e ser o porta-voz dos seus anseios. Daí esses *Contos de cidadezinha*. Daí essas acontecências sem eco no mundo, mas contos de explicar

a vida e seus segredos, contos que talvez possam conter a alma imortal de cada um, seja do rústico, seja do letrado, com suas virtudes essenciais.

Não realizo o alcance do seu clamor, como não reconheço, fora de mim, gravada, a minha própria voz. Ela me parece feia, inexpressiva, não a reconheço, não é a que escuto com a garganta minha, em mim, nas profundezas do ser. Falta-me distância, falta-me perspectiva.

Assim, este livro. Depois de passado a limpo, depois de pronto para ser publicado, dado à luz, não perfilho mais. Fora de mim, não tem já aquela quente singularidade do instante em que eu o concebia e gestava, em paixão e silêncio. Não significa sequer o quanto vivo a vida, nem quanto a amo.

Escreverei hoje, para hoje? Que é quanto dura uma crônica de jornal? Para amanhã? Para daqui a um ano? Para daqui a uma década, que é quanto dura, quem sabe? Um livro?

Não sei. Realmente, não sei. Continua tecendo meu casulo.

Contos de cidadezinha... Que livro será esse? E nele, onde estou eu? Do que dou testemunho, certamente, é que eu estava mesmo aqui, enquanto eu escrevia.

RUTH GUIMARÃES, *Contos de cidadezinha*, Publicações do Centro Cultural Teresa D'Ávila, n°1, 1996

Olhar para trás e para o chão.
Seguir em frente, para o alto
e para os lados?

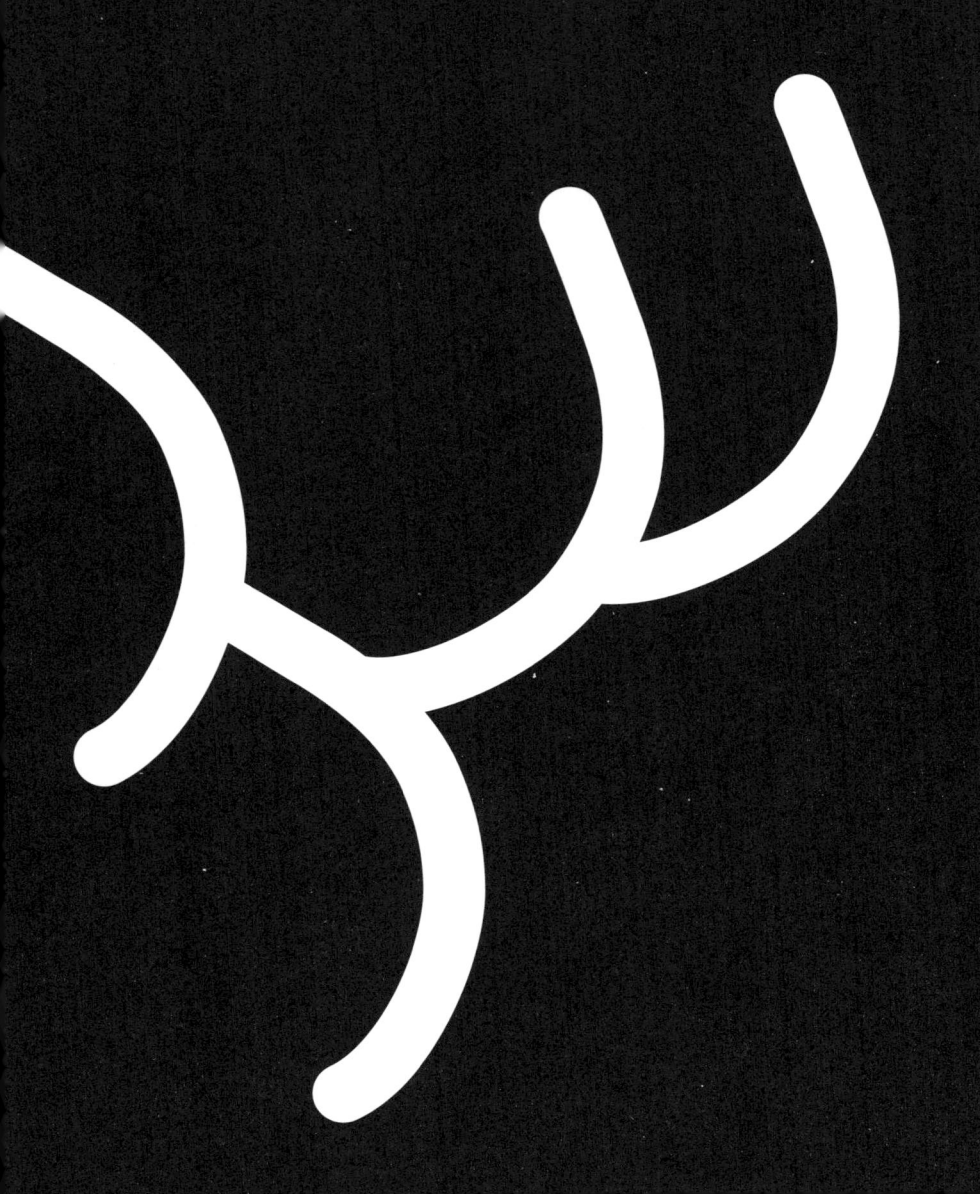

Quando anunciei que havia entrado no mestrado do PPGTUR/ EACH/USP, recebi exclamações surpresas, mesmo dos/as que sabiam da minha graduação em Turismo. Mais espantados/as ficavam quando revelava o objeto-sujeito de estudo: a BCCL. A conexão entre uma biblioteca comunitária e os estudos turísticos não é imediata. Aos poucos, nos cafés com amigas e amigos, nas reuniões de equipe, nas rodas de conversa com o time de Parelheiros, nas conferências literárias, nas *lives* sobre literatura, Turismo e outros temas, minha pesquisa foi se movendo e ganhando densidade. Chegaram tantas dicas, referências bibliográficas, indicações de filmes, músicas e ofertas de apoio, que acredito ter dissipado (aos menos entre os meus/minhas camaradas) qualquer dúvida sobre a importância e a relevância deste estudo.

Posso afirmar que trouxemos para o Turismo um instigante fenômeno a ser estudado: as imbricações entre viagem e literatura na construção de mobilidades turísticas em bibliotecas comunitárias. E para as bibliotecas comunitárias, ainda pouco estudadas na academia em geral, ocupar um espaço no turismo torna mais visível sua relevância cultural e manifesta complexas relações de idas e vindas de pessoas, ideias, imagens e imaginários.

As análises a que chegamos só foram possíveis porque as mobilidades, tratadas como um novo paradigma das Ciências Sociais, me permitiram olhar com novas lentes uma realidade que acreditava já conhecer tão bem. Se não podemos dizer que se trata, exemplarmente, de uma experiência turística olhada pelo viés mais tradicional, também ficou evidente que aquilo que acontece nas bibliotecas comunitárias – os fluxos de pessoas, de objetos, de ideias, imagens e imaginários – não se resume a práticas culturais e educacionais.

Ao analisar os deslocamentos e as motivações dos/as visitantes e, também, dos/as jovens e das gestoras empreendidos ao longo desses 12 anos, abrimos caminhos para que bibliotecas comunitárias (e tudo o que gravita em torno desse universo) receba atenção nas pesquisas em turismo. Olhei exclusivamente para uma biblioteca comunitária localizada em uma área rural periférica da cidade de São Paulo, mas pode ser interessante que se pesquise se os padrões que encontramos são observáveis em outras bibliotecas comunitárias do país. E, como aqui, de que maneira eles se articulam com um sem-fim de mobilidades – inclusive aquelas que chamamos de turísticas, tanto as mais óbvias (bibliotecas e comunidades como atrativos), quanto as mais sutis, como ficou evidenciado aqui.

Há também desdobramentos e transbordamentos que, no nível do território, extrapolam as bibliotecas e interagem com outros processos de desenvolvimento turístico. Em Parelheiros, as atividades do *Acolhendo em Parelheiros, Amaras, Parelheiros: Territórios abraçados* – apenas mencionados e apresentados de maneira contextual – descrevem como a trama do turismo vai se formando em rede, sendo – neste caso e potencialmente em outros – a biblioteca o seu ponto de referência. Quanto de turismo não estará nascendo ou por nascer, se assumirmos turismo como manifestação complexa das mobilidades, nas muitas comunidades que têm o privilégio de conviver com uma biblioteca comunitária?

Ouvi dos/as jovens entrevistados/as que as viagens lhes proporcionaram aprendizagens significativas e que a literatura contribuiu à construção de sentidos para estes deslocamentos.

Seria interessante investigar se há diferenciações de repertórios e comportamentos viajantes entre jovens leitores/as e frequentadores de bibliotecas e aqueles/as que não têm tal prática. Com esse fim, gostaria de ter entrevistado ao menos cinco jovens fundadores da BCCL e que não mais a frequentam, mas, em virtude da pandemia, não foi possível realizar as entrevistas completas e fazer um reencontro, como gostaríamos. As mobilidades desses jovens, que passaram alguns anos de suas vidas na biblioteca e hoje estão espalhados pela cidade, desenham outras trajetórias.

Quando fiz estas considerações, a BCCL estava de portas fechadas há 10 meses. Fechar as portas não significou interrupção das ações. Tudo parou, mas a biblioteca continuou a se mover: produzimos e colocamos em circulação mais de 100 vídeos de mediação de leitura. Ainda durante a pandemia, recebemos uma ordem extrajudicial por parte da ACEMPRO solicitando a desocupação da sede da BCCL para ampliar a área de sepulturas. Tratava-se de uma aposta em potenciais mortos. Nós seguimos apostando na vida. Para evitar que os cerca de cinco mil livros fossem parar em caixas decidimos movê-los: costureiras do bairro produziram quinhentas sacolas; cada uma recebeu 10 livros. Lançamos a campanha: "Eu (a)guardo a Biblioteca Comunitária Caminhos da Leitura" que teve grande repercussão nas redes sociais e na grande mídia. A BCCL foi morar nas casas da comunidade, enquanto aguardamos uma nova sede. Novas mobilidades!

Ao final, achamos que nossas análises podem servir de parâmetro ao estudo de outras mobilidades nas, das e para as bibliotecas, que por ventura não tenhamos percebido. Um dos jovens mediadores de leitura, Rafael, estudante de biblioteconomia, escolheu como tema de seu TCC a análise da contribuição das mobilidades na construção do acervo da BCCL, ou seja, como as idas e vi(n)das de e para Parelheiros influenciaram o desenvolvimento do acervo da biblioteca. Esse é um dos resultados da apropriação da linguagem e dos conceitos desta pesquisa participativa.

Até onde havia evidências, todas as perguntas colocadas foram respondidas, mas como era de se esperar, outras nasceram; investigá-las pode levar a possíveis continuações deste estudo: *De que forma os fluxos materiais e imateriais que envolvem as bibliotecas comunitárias podem contribuir às muitas e diversas práticas turísticas – inclusive quando muito se fala sobre formas de "turismo pós-pandemia"? Como as políticas públicas podem potencializar as bibliotecas comunitárias na promoção de mobilidades de jovens e interagentes? Como uma biblioteca comunitária pode ser ponto de irradiação de mudanças ou mobilidade de modelos? Quais fricções as bibliotecas comunitárias têm removido? Como os elementos da constelação das mobilidades[161] podem contribuir ao estudo das mobilidades em bibliotecas comunitárias?*

Desejo muito que os/as jovens que fizeram a história da bccl possam continuar suas trajetórias leitoras como pesquisadores/as, como sujeitos que estudam e escrevem sobre os dilemas de nosso tempo, mas, sobretudo, que anteveem a vida, não como magia, mas como prenúncio de quem aprendeu a futurar.

Notícias de última página

Bruno Souza Araújo: formou-se em Pedagogia como bolsista da Faculdade do Educador (Feduc). Seu TCC tem como tema: *Educação libertária: A descolonização como exercício da liberdade.* Acabou de fazer o seu currículo Lattes e está se preparando para ser aluno especial do Programa de Pós-graduação da Faculdade de Educação da USP (Feusp).

Cláudia Nogueira: diz que vai parar de estudar, mas termina um curso já pensando no próximo. Ela diz que "segue aprendendo sempre" e que está pronta para entrar na maior escola: a maternidade.

Flávia Kolchraiber: segue o doutorado pela UNIFESP, pesquisando ciência contemplativa, educação popular e a valorização do autocuidado nas comunidades de Parelheiros. Enquanto pesquisa, experiencia coletivamente o (auto)cuidado.

Ketlin Santos: formou-se em Pedagogia como bolsista da FEDUC. Seu TCC tem como tema *A literatura como direito humano: Mediando na primeira infância.* Prepara-se para fazer o mestrado em Gestão de Políticas Públicas na EACH/USP.

Rafael Simões: Rafael Simões foi bolsista da UNIFAI. Graduou-se em Biblioteconomia com o TCC "Bibliotecas em movimentos por meio de pessoas e livros: especificamente na biblioteca comunitária Caminhos da Leitura", foi o orador da sua turma. Eu, muito honrada, fui parte da banca.

Sidineia Chagas: foi prounista na Unicsul. Seu TCC em administração de empresas tem como tema *Jovens administradores e o mercado de trabalho*. Teve seu primeiro artigo científico (A mentoria nas Regiões Periféricas) aprovado para o 23° Congresso de Iniciação Científica da UNISA. Pretende continuar os estudos fazendo alguma pós-graduação na área.

Silvani Chagas: graduou-se em Pedagogia. Seu TCC tem como tema *O papel da mediação de leitura para o avanço dos anos iniciais*. Está cursando duas pós-graduações: Psicopedagogia Institucional e Clínica e Metodologia do Ensino de História, enquanto amamenta Mirella e dá atenção ao pequeno Bernardo.

Valdirene Rocha: vem trilhando seus caminhos na fotografia, dublagem, literatura. Com a Cia de Teatro Artemanha, segue levando a literatura para os palcos.

Vera Lion: faz cursos e lê teorias para entender melhor o mundo, enquanto vai melhorando um pedaço do mundo chamado Parelheiros. Agora, espera a vacina para ficar bem perto dos netos e da netinha.

Bel Santos Mayer: cumpriu a última etapa do mestrado no PPGTUR/EACH/USP querendo descansar, mas já segue ajeitando seus novos turbantes.

BCCL: Segue seus caminhos de casa em casa.

Posfácio

Sobre bibliotecas e cemitérios

Primeiro gostaria de agradecer a Bel e seu orientador pelo convite que me foi feito, já que não sou um pesquisador de bibliotecas e acervos. Por outro lado, não me sinto estrangeiro no que tange às pesquisas sobre arquivos, pois trabalho e me desloco dentro das teorias da memória, mais especificamente no campo dos estudos sobre memória política e social e a psicanálise, há muitos anos. Embora eu deva quase tudo aos livros, o tema das bibliotecas, dos acervos e das coleções de livros nunca foi apreciada por mim com detalhe. Tal como acontece com o trabalho importantíssimo da Bel nesta pesquisa e em sua vida.

Esta pesquisa se soma há muitas outras iniciativas que estão acontecendo agora para barrar a destruição cometida pelo atual governo federal, a fim de replantar a esperança em algum momento. Essa observação é importante porque, por vezes, os trabalhos acadêmicos dão a impressão de que atrapalham mais do que ajudam; embromam mais do que esclarecem; se evadem mais do que enfrentam, e o que temos aqui é uma exceção a isso.

Este trabalho que estamos examinando, muito ao contrário, se desenvolveu neste período de trevas em que vivemos e ela ilumina caminhos, dispara possibilidades, reencontra e restitui a necessidade dos pequenos encontros para potencializar grandes sonhos, e argumenta e demonstra claramente que eles são alcançáveis e que não devemos desistir deles. Esse é um trabalho que lemos como quem planta uma esperança, como quem semeia um desejo de voltar a viver num país que, tendo se perdido completamente, pode ainda reencontrar o seu caminho e, se o fizer, ele será promissor.

Essa pesquisa me remeteu aos meus próprios rincões, porque o trabalho da Bel tem um atravessamento testemunhal muito importante e, nesse sentido, dialoga com a área que pesquiso e sobre a qual me debruço. O testemunho tem essa característica quando atravessa uma tese, uma dissertação, um estudo ou ensaio, quando atravessa relatórios e mesmo processos de julgamentos em tribunais. O testemunho sempre tem uma responsabilidade heterodoxa, sempre se move naquele conjunto, naquela lógica instituída para desobedecer as ordenações acadêmicas, jurídicas, literárias e religiosas e, não raro, demonstra o quanto certos formatos canônicos, regidos pelo formalismo, podem ser estéreis, não comunicam, dizem nada ou muito pouco para a imensa maioria das pessoas.

Hoje vivemos uma situação inalterada muito parecida com o que acontecia décadas atrás, quando a população não defendia os professores, seus direitos, suas greves e a própria universidade. A sociedade paulista era, e é, indiferente ao fato de a USP existir ou deixar de existir, porque a USP chega sofregamente até as pessoas para atestar sua importância, como a Bel aponta em seu trabalho e em seu depoimento.

Felizmente, em 2021, a USP conseguiu chegar a 50% de alunos vindos da escola pública, é uma grande vitória, mas é pouco ainda. Acabamos de aprovar no programa de pós-graduação na FFLCH Diversitas (Faculdade de Filosofia, Letras e Ciências Humanas da Universidade de São Paulo – USP) que 80% das vagas oferecidas sejam por cotas. E é a isso que a USP tem que chegar para realizar de fato uma reparação histórica, para promover a inflexão que dela se espera e ser um instrumento que se oponha, de fato, aos mecanismos de acúmulo e preservação de privilégios e não mais, como até então, um mecanismo para preservá-los.

Apesar de não ser este o tema desta pesquisa, indiretamente o trabalho repousa sobre uma crítica à universidade. E a própria Bel é testemunha do quanto foi e é difícil chegar à universidade pública e se manter nela para aqueles que não foram "predestinados a ela". Nesse sentido devemos nos perguntar: O que a universidade está fazendo? O que nós estamos fazendo? Mais ainda: qual a potência do manancial crítico das humanidades se não podem promover mudanças em seu quintal? Relembro de uma crítica que Hannah Arendt fez aos intelectuais europeus a partir do advento do nazismo e suas consequências. De modo irônico e exagerado, provocava a pensar qual o papel do pensamento europeu diante das atrocidades cometidas à sua porta, como se todo o pensamento produzido na Europa, no campo das humanidades, da filosofia, da teoria política, das sociologias até então, e posso me incluir por minha conta, da psicanálise, não tivessem sido suficientes para evitar a morte de um único judeu.

Nesse momento brasileiro, a leitura desta pesquisa faz essa pergunta e aponta caminhos custosos, que demandam muito, que exigem implicação, anos de trabalho e incertezas. Vivemos hoje o risco e os efeitos da destruição, e ficamos ainda mais aturdidos com o risco que correremos em 2022, quando o que estamos vivendo pode vir a se consolidar e o ataque sem tréguas a todas as iniciativas ligadas aos direitos fundamentais podem vir a capitular.

As recentes eleições chilenas de 2021, que quase alçaram ao posto de presidente mais um candidato à direita, após testemunharmos as mais eloquentes manifestações das esquerdas dos últimos anos nas cidades chilenas, contra a herança de Pinochet em 2019 e 2020, geraram assombro e ensinaram lições.

A pergunta fundamental é: quais são as coisas que estamos dispostos a fazer para que isso, não a destruição, não assuma o comando? Quais os riscos que estamos dispostos a correr para evitar que governos não sejam meros escoadouros da pulsão de morte? O trabalho de Bel é um momento luminoso que, em vez de nos afastar dessas preocupações, ao contrário, nos coloca de chofre diante delas para obter as respostas que são delicadas e urgentes.

Durante a leitura do texto também fui remetido à experiências testemunhais, de quando eu era morador da periferia da cidade de São Paulo. Meus pais, que eram muito inteligentes, não tiveram acesso à literatura e nem eram leitores de livros, estavam muito preocupados com o desempenho escolar, mas pouco com a leitura. Curiosa e paradoxalmente, me lembrei muito dessa fase em que nas periferias o livro simplesmente não existia. Quer dizer, não era uma realidade física para nós, porque não existiam bibliotecas como a Solano Trindade e nem livrarias para entrar e olhar livros, mesmo que não fosse possível comprá-los. O livro, portanto, simplesmente não existia, não era uma possibilidade cotidiana e imediata. Não me lembro sequer de ter frequentado bibliotecas em nenhuma das escolas públicas em que estudei. Ou elas não existiam ou não eram importantes para a instituição e para as/os estudantes.

A questão que gradativamente assumiu importância para mim era como encontrar o livro e como fazer desse convívio uma possibilidade física durante a minha adolescência, quando descobri que gostava de ler. Isto nunca se deu, não existiam bibliotecas da importância como as que viria a conhecer nas áreas centrais da cidade, longe das periferias. Então, passei a frequentar e adotar as bibliotecas públicas distantes e, a partir daquele momento, os livros começaram a fazer parte do meu cotidiano. Por isso entendo perfeitamente essas narrativas tão tocantes: poder entrar em uma livraria, olhar os livros e poder comprar um livro é uma experiência extraordinária de ingresso num universo íntimo e público, repleto de maravilhamentos e excitação. Nesse encontro novas possibilidades de gozo se abrem e se anunciam pela palavra.

A experiência abundante de livros só encontrei quando ingressei na universidade. Foi então que descobri uma livraria voltada a estudantes trabalhadores que vendia livros em dez vezes sem juros. Foi o primeiro encantamento de adquirir, por conta própria, os próprios livros. Entrei em um crediário durante anos para ir montando uma pequena biblioteca. A experiência de constituir um acervo, de ter uma relação com o livro que é guardado e torna-se disponível me fez um guardião, um arconte que zela por aquilo que tem o potencial de interferir, provocar e instigar nossa inscrição na dimensão pública e compartilhada de nossa própria história. Esta é uma experiência inviolável.

Daí, o sentido extraordinário que os livros tinham ao me largarem nos lugares e rincões que poderemos explorar em nós mesmos, se pudermos tocar num livro e tê-lo em nossas mãos por algum tempo. Os livros eram, e são, em minha experiência embarcações que navegam em mares partidos entre o desconhecido do mundo e o desconhecido em nós.

Nesse sentido, o trabalho com as bibliotecas comunitárias é uma experiência social e política fundamental, como aponta Bel. Mas também é um trabalho subjetivo, de formação pessoal e possibilidade de imaginar diversamente, diferentemente, desobedientemente e unicamente. Às vezes, isto só se dá apenas porque uma obra chegou às mãos de alguém. Não é necessário fazer grandes coisas, basta pôr o livro nas mãos das pessoas, de modo a que elas possam trabalhar o próprio sentido da jornada que farão fazendo-se outra/o. Ou como diz Bel, fazendo outras viagens, pois as viagens, doravante, se tornam possíveis.

Isso me faz lembrar de Borges quando uma vez disse: "Eu não sei bem como é o céu, mas ele deve ser muito parecido com uma biblioteca". Quando ouvi isso, fiz remissão a uma fantasia que eu tinha: dormir numa biblioteca! Sempre que entrava numa biblioteca, tinha a sensação de que eu poderia dormir ali, de que poderia colocar um colchão entre os livros e fazer flutuar os sonhos amparados pelos livros. Sonhar os próprios sonhos amparados nos sonho dos outros, como sugere Mia Couto em *Terra sonâmbula.*

Esse ambiente livreiro, vamos dizer assim, esse ambiente repleto de livros produz uma certa sensação de segurança, de guarida e de aconchego. Se fala, por vezes, que os livros são um modo de você não se sentir sozinho, mas creio que não se trata apenas de um lenitivo para a solidão, chega mesmo a ser o contrário: enfim é possível se sentir só com alguém. Lembrei da obra do artista eslovaco Matej Kren, que constrói esculturas gigantescas com livros muito impressionantes. Me deparei com essa obra na Bienal de São Paulo em 1994. Suas paredes com livros dão a sensação da solidez de uma cultura literária, do que ela é capaz de construir, erigir, levantar, e como essa cultura tem uma dimensão muito física, muito concreta e perene. Casas, paredes, edifícios, cidades inteiras são erguidas com livros.

Lembrei também de uma experiência que coordenamos com crianças de 7 a 14 anos em situação de rua na região norte de São Paulo. Foi uma das experiências mais impressionantes que eu tive a oportunidade de participar e coordenar como profissional e paulistano. Estes meninos e meninas vinham de um atendimento em meio aberto, e, entre muitas atividades, havia a aguardada atividade de contação de histórias, organizada durante anos pelos educadores Itamar e Paulo Rafael. Essa atividade era realizada de duas a três vezes por semana e os/as meninos/as vítimas de segregação, violências e abusos tinham frequentes e esperadas dificuldades de adaptação ao ambiente escolar. Encurtando muito a narração dessa experiência, ao longo do processo de adaptação escolar, muitas de nossas meninas e meninos, em pouco tempo, se tornaram os melhores alunos nas disciplinas de artes. As/os meninas/os contavam histórias para os colegas a partir do acervo que tínhamos em nossa biblioteca, depois elas/es se tornariam leitoras/es frequentes e contadores de histórias na escola que frequentavam. Transmissores dos saberes que portavam.

As minhas próprias experiências foram, então, atravessando a leitura desta pesquisa. O trabalho, o texto em si, tem uma vocação explícita desde o começo democrática, generosa e partilhada; esse é um traço que atravessa do começo ao fim esta dissertação. Indica também, com muita clareza, coisas que a gente sabia, mas que esse trabalho explicita indicando que aquelas esperanças ínfimas é que conferem força e pujança a um futuro que se anuncia.

As fotografias ao lado dos testemunhos no texto, são as imagens de quem desejou fazer memória desse trabalho difícil, árduo, por vezes desértico, e que vai carregar para sempre uma espécie de maravilhamento. Maravilhamento este muito parecido com o realismo fantástico da literatura latino-americana, porque o maravilhoso é, na verdade, sempre uma outra maneira de dizer o terrível. É uma forma de, ao exacerbar o maravilhoso, demonstrar tudo o que não poderia ser acessado de outra forma e ainda não encontrou suas vias de superação. O maravilhoso na literatura latino-americana alcança as experiências até então mudas do traumático.

Então, de repente, você vê em Parelheiros, ou em qualquer outra periferia, do leste, do norte, do sul, uma biblioteca. Num lugar, onde supostamente não faria sentido algum um acervo de livros – um cemitério –, você encontra uma biblioteca e sobretudo, uma biblioteca ativa como a que Bel fez junto com as/os meninos/as. O próprio processo de montagem desse espaço de criação produz uma espécie de experiência de maravilhamento, nesse sentido, surreal. Mas esse realismo fantástico ou maravilhoso produzido por inúmeros autores da literatura latino-americana, requer esse empuxo na exacerbação do sonho para que na sua face, vamos dizer esquerda, se materialize. Esse exemplo de pesquisa realiza este trabalho e, empiricamente, o constrói, palmo a palmo. Bibliotecas surgem em cemitérios e guardam os mortos, os lutos e reparam o ciclo de vidas que continuam e não estão à deriva.

Às vezes se tem a apreciação de que a leitura, a literatura, a linguagem, ou mesmo a palavra, é imediatamente postergada por aqueles que precisam sobreviver. Vou dar dois exemplos que se opõem a isso. No livro *Terra sonâmbula* de Mia Couto, muitas vezes citado por Bel, temos um país devastado pelas guerras sucessivas. A ideia do sonambulismo é muito eloquente, porque terra sonâmbula é a terra onde não se dorme e não se acorda, é uma terra onde se perambula. Os dois protagonistas da história são deambulantes da catástrofe, perambulam por uma Moçambique devastada. Quando Muidinga abre as páginas de um diário repleto de fantasias e sonhos, que é o diário de Kindzu, o menino morto, encontrado entre escombros, uma linha de continuidade perfeita tem seu prosseguimento. Nela o autor irá nos persuadir rumo a contundência de belo argumento: quando não conseguirmos, não pudermos sonhar mais os nossos sonhos, ainda poderemos sonhar o sonho dos outros. Mia Couto induz, indica, esse caminho tão urgente, tão necessário, onde os famintos da alma precisam se alimentar e se alimentam de sonhos largados entre cinzas e pó.

Por isso, creio que a imagem impressionante, atual e fundamental da biblioteca na casa do coveiro ganha constante significação. Trata-se de uma imagem lapidar que diz muito sobre as justaposições e condensações no seio das experiências absurdas que estamos vivendo no Brasil.

O coveiro e o bibliotecário! O coveiro é o último gesto humano diante de vidas que se encerram ao milhares; atualmente em tempos de desgoverno e pandemia, ele dá início ao ciclo dos lutos sequestrados. É a última despedida, o último registro e o início de uma impertinência. O coveiro se converte, então, de alguma maneira, no arconte, no bibliotecário dessas vidas. Eles são as únicas testemunhas dessas vidas que terminam sós, que findaram isoladas nos hospitais e nas UTIS, negligenciadas antes por governantes que as deserdaram em prol da propagação nacional da própria estupidez

A imagem da epígrafe em que a autora salienta isso, demarca essa situação que me pareceu de uma eloquência impressionante. E as refazendas de linguagem, esses elementos de inovação da língua que Bel fez, permitem que algumas coisas aconteçam a partir dessa inovação. Os Escritureiros, os Embaixadores de Parelheiros, os Cortejos Literários, o voar em bando que remetem imediatamente à famosa frase de Freud: "Ceder numa palavra, é ceder na frase inteira". É como se essas palavras constituíssem possibilidades de vida que não existiriam fora delas. E quantas antinomias criativas na linguagem a gente pode reconhecer nesse trabalho.

Pílulas de leitura × pílulas de cloroquina; Parelheiros × Pinheiros; vida × morte. E esse momento que também parece ser tão elucidativo e ao mesmo tempo tão expressivo na fala de Regina: "Eu não vou aí nem morta, na casa do coveiro". Nem morta, só morta. O lugar onde coisas morrem é o mesmo onde coisas nascem.

Talvez aí, nesse interstício cíclico entre vida e morte, se evidencie uma experiência que vivenciei quando estive na África do Sul, pesquisando os memoriais do *apartheid*. Na Suprema Corte sul-africana, muitos artistas expõem suas obras. Uma delas, quando olhada de longe por aqueles que conhecem a história da África do Sul, se assemelhava a um amontoado de ossos – e era. Essa visão, ao longe, me fez lembrar imediatamente de Ruanda, os massacres cometidos contra os tutsis e a igreja de Nyamata repleta de ossos humanos, que depois, pelo abandono, se converteram em memoriais. Ali estão os ossos que, depois da putrefação de corpos não sepultados, constituíram memória.

Quando fui me aproximando da obra, contudo, percebi que não eram ossos humanos, eram ossos de animais, de bois, de vacas, e eram grandes, enormes. E quando cheguei mais perto, vi que em cada osso estava esculpido, entalhado um rosto, uma divindade africana. Constatei, então, a partir do impacto dessa obra de Pitika Ntuli, que só poderemos resgatar a nossa face, o nosso rosto, se pudermos nos aproximar do terrível, porque é no terrível – que assusta, afasta e vela –, que poderemos ver, entre sangue, vísceras e ossos, a face de pessoas, de vidas que se foram, suas histórias e experiências que foram banidas, desaparecidas e violentadas. De novo, o cemitério, a biblioteca e as escritas esculpidas nos ossos como se fossem páginas em branco.

Por fim, queria citar a frase já canônica de um conto de Conceição Evaristo: "A gente combinamos de não morrer". Outro dia, ouvi Amelinha Teles retomando a mesma frase no contexto da luta contra a ditadura civil-militar. É essa mesma tensão, essa mesma oposição, que nós estamos vivendo hoje, entre aqueles que desejam nos matar e o nosso desejo, compromisso, tarefa de viver. Trabalhos assim nos inspiram à vida, mesmo quando os tempos são de destruição.

Por fim, e para não acompanhar meu desejo de me alongar, queria fazer o convite para Dona Dorinha, mãe de Bel, para ir a USP e passear no *campus*, almoçar na Biblioteca Brasiliana e talvez conhecer um pouco esse lugar, onde, daqui a pouquinho, a sua filha se consagrará mestra, por uma das Faculdades da famigerada Universidade de São Paulo. Sejam bem-vindas!

Paulo Endo
São Paulo, outubro 2021

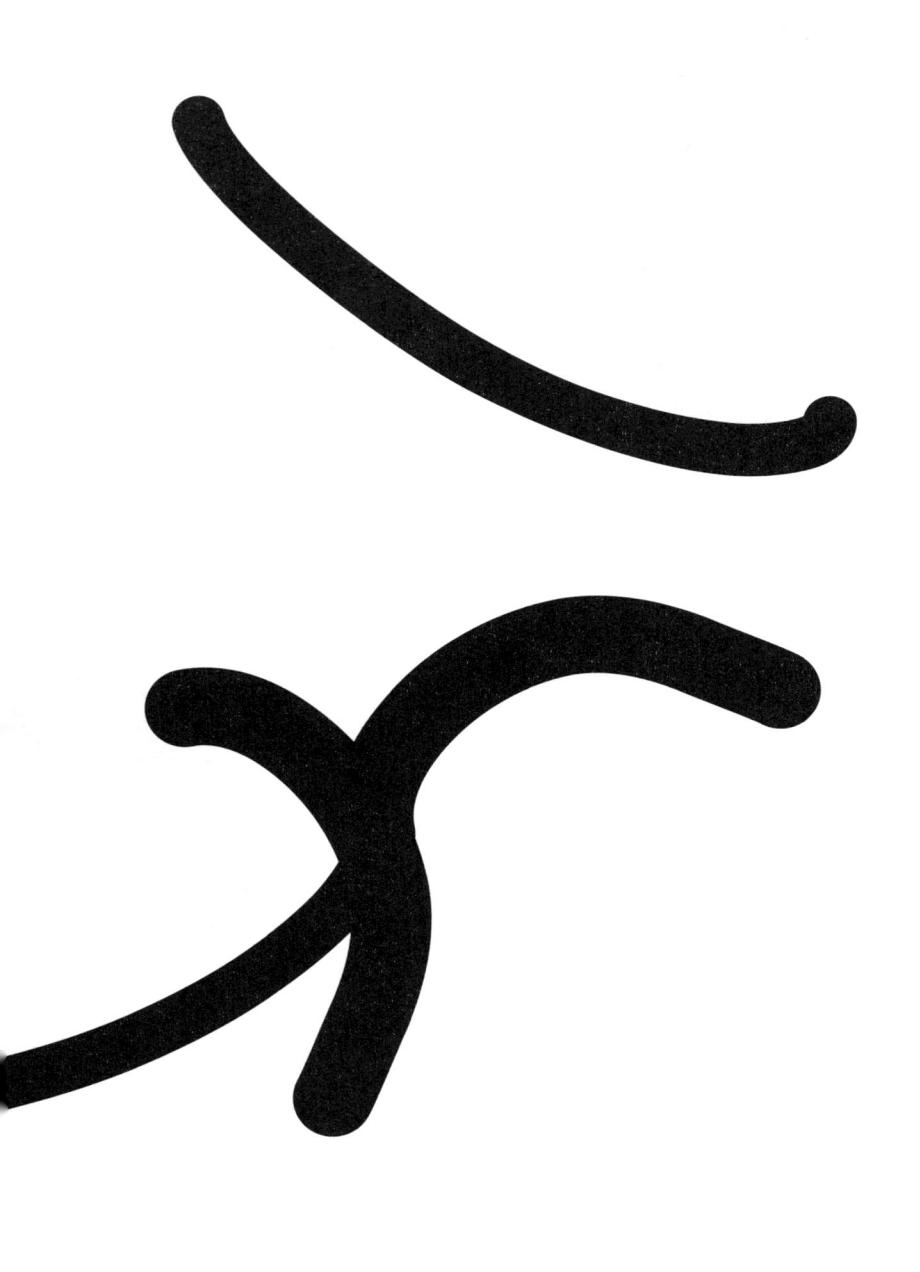

Caminhos da leitura: Uma estação, parada e porto

Este livro não é somente fruto de uma dissertação de mestrado, mas um processo ativo de (trans)formações em que os sujeitos são os protagonistas das narrativas e diversas vozes ecoam e transitam nos imaginários, no território e nos corpos que circulam na Biblioteca Comunitária Caminhos da Leitura.

Mas poderia mesmo uma biblioteca comunitária provocar uma metamorfose nos sujeitos e no território? No caso da Biblioteca Comunitária Caminhos da Leitura – BCCL, os indícios são fortes, pois se tornou ponto de convergência e irradiação de mudanças, dos espaços íntimo e público, por meio do acesso à literatura.

O fato é que o movimento é parte importante da história da biblioteca, local feito de pessoas e para pessoas construírem seus itinerários de leitura e viagens. Assim sendo, do turismo notório que se verifica na cidade de São Paulo, especificamente em Parelheiros – região da BCCL – visitantes e gestores da biblioteca traçam percursos de conhecimento e aventura, a fim de reconhecer e demonstrar as potências ali existentes. "A perspectiva móvel permitiu olhar as idas e vi(n)das de e para a BCCL", como afirma a autora, Bel Santos Mayer.

Surpreende que uma biblioteca tenha se tornado um ponto de atração para aqueles que circulam à procura de experiências de viagem e excursões. Certamente que o passeio literário é de outra ordem, mas os relatos de jovens mostram que a literatura produz deslocamentos, viagens no tempo e espaço impulsionadas pela possibilidade de vivenciar diferentes papéis e situações sociais.

O livro confirma o poder que a literatura tem como fonte de aprendizado, proporcionando contato com interessantes histórias, que mostram como é possível sonhar, ressignificar e realizar aquilo que se almeja. Para começar, foi com a criação de uma biblioteca comunitária que jovens viram, ouviram e sentiram a mudança. A proposta os fez mergulhar em um mundo de possiblidades, levando-os a sair de seus casulos e alçar voos seguros por meio da arte, educação, cultura e lazer.

Em suas jornadas, perceberam que o frio na barriga e o medo não se restringiam à primeira viagem de avião, mas também à abertura de um livro em que as palavras podem causar tremores e fazer o leitor perder o chão. Do mesmo jeito, aprenderam que o fim do livro pode trazer os mesmos sentimentos que a volta para casa: nunca se é a mesma pessoa que partiu. Muitos descobriram que o desconforto sentido na escola frente à obrigatoriedade de leituras pouco significativas transforma-se em prazer nos espaços de leitura que permitem selecionar os livros por interesse e pelo desejo de conhecê-los. O que antes era lido em palavras, passa a ser sentido no corpo, transformando rotinas e criando trilhas para a elaboração de suas próprias vivências. Os que leem também começam a escrever. Descobre-se que viajar não precisa coincidir com o deslocamento do corpo físico para um outro território. Viajar é também pôr em movimento as memórias e sonhos que habitam o imaginário. Isso faz o presente mais interessante e o futuro mais possível. Cada mediador e cada ouvinte das experiências que o livro reúne faz conexões com aquilo que carrega em seu íntimo: a beleza, a doçura, as dores e aflições que vão se reorganizando e se iluminando com as palavras e imagens do texto lido. As palavras vão adubando os jardins secretos de cada um, e a força para transformar a realidade germina e floresce.

Enfim, relacionando mobilidade e literatura, jovens puderam conhecer novos lugares a ocupar, muitas pessoas com quem aprender e compartilhar, tendo como ponto de partida os livros. Uma nova estação, parada, porto se constituiu, e o aviso de partida diz: *De Parelheiros para o mundo.*

Bruno Souza de Araujo, Ketlin Santos, Sidineia Chagas,
Silvani Chagas e Rafael Simões

Notas bibliográficas

I PETIT, Michèle. *Leituras: Do espaço íntimo ao espaço público*, op. cit., p. 17.

2 PETIT, M. *Os jovens e a leitura: Uma nova perspectiva.* Tradução de Celina Olga de Souza. São Paulo: Editora 34, 2009, arquivo digital.

3 KILOMBA, G. *Memórias da plantação: Episódios de racismo cotidiano*, op. cit.

4 HOOKS, B. *Erguer a voz: Pensar como feminista, pensar como negra.* São Paulo: Elefante, 2019, p. 45.

5 PETIT, M. *Os jovens e a leitura: Uma nova perspectiva*, op. cit.

6 CF. GAJARDO, M. Pesquisa participante: Propostas e projetos; e LE BOTERF, G. Pesquisa participante: Propostas e reflexões metodológicas. In: BRANDÃO, C. R. *Repensando a pesquisa participante.* São Paulo: Brasiliense, 1985, p.13.

7 ADERALDO, G. Visualidades urbanas e poéticas da resistência: reflexões a partir de dois itinerários de pesquisa. *Antropolítica: Revista contemporânea de Antropologia.* Rio de Janeiro, n. 45, p. 66-93, 2019.

8 MACHADO, E. C. *Bibliotecas comunitárias como prática* social no Brasil. 2008. Tese (Doutorado em Ciência da Informação) – Escola de Comunicações e Artes, Universidade de São Paulo, São Paulo, 2008.

9 FERNANDEZ, C.; MACHADO, E.; ROSA, E. *O Brasil que lê: Bibliotecas comunitárias e resistência cultural na formação de leitores*, op. cit.

IO SANTOS, J. C. D. *Biblioteca Comunitária: "Estado da arte" conceitual e oportunidades de investigação a partir de um estudo comparativo na literatura periódica nacional e internacional.* 2018. Trabalho de Conclusão de Curso (Graduação em Biblioteconomia) – Faculdade de Ciência da Informação, Universidade de Brasília, 2018.

11 MACHIAVELLI, M.; BRIGNOL, L. D. Adolescentes e o livro: Internet como mediadora de novas práticas de leitura. *Novos Olhares*, 8(2), 2019, p. 64-75.

12 PETIT, M. *Os jovens e a leitura*, op. cit, arquivo digital.

13 Cf. ALLIS, T. *Análises de fluxos turísticos em espaços urbanos: Desenvolvimento e aplicação de métodos móveis em Itu (SP)*. In: seminário ANPTUR, 13., 2016. *Anais do Seminário da* ANPTUR. São Paulo: ANPTUR, 2016; ALLIS, T. Em busca das mobilidades turísticas. *Plural: Revista de Ciências Sociais*. São Paulo, v. 23, n. 2, p. 94-117, 2016.

14 VEAL, A. J. *Metodologia de pesquisa em lazer e turismo*. São Paulo: Aleph, 2011.

15 VIEIRA JUNIOR, I. *Torto arado*. Alfragide: Leya, 2018, p. 18.

16 MARICATO, E. *O nó da terra*. Piauí, São Paulo, v. 2, n. 21, p. 34-35, jun. 2008.

17 Trecho da música "Pau de Arara", de Paulo Patrício (1960). Acervo do Instituto Moreira Salles – Discografia brasileira. Disponível em <tinyurl.com/ynbwkxbt> (Acesso: 30 dez 2020).

18 SANTOS, M. *A urbanização brasileira*. São Paulo: EDUSP, 2002, p. 79.

19 Poesia "O eu entre nós", de Ulisses Tavares, do livro *Paixão por São Paulo: Antologia poética paulista*, organizado por Guedes (2004, p. 181).

20 SANTOS, M. *A urbanização brasileira*, op. cit.

21 Ibid., p. 88.

22 FERREIRA, J. S. W. *O mito da cidade global o papel da ideologia na produção do espaço urbano*. Rio de Janeiro: Vozes, 2007.

23 A música "Cidadão", de autoria de Barbosa (1986) ficou consagrada na voz do cantor Zé Geraldo no LP *Zé Geraldo*, da gravadora Veleiro/CBS, em 1986. Registro disponível no Instituto Memória Musical Brasileira (IMMUB), organização social sediada em Niterói, Rio de Janeiro. <immub.org> (Acesso: 30 dez 2020).

24 VILLAÇA, FLÁVIO. *Espaço intraurbano no Brasil*. São Paulo: Studio Nobel: FAPESP, 2001, p. 142-143.

25 LAMBERT, J. *Os dois Brasis*. São Paulo: Companhia Editora Nacional, 1967, p. 189.

26 Trecho da música *Da ponte pra cá*, do grupo Racionais MC's (2002).

27 Trecho da música *Sampa*, de Caetano Veloso, sétima faixa do LP *Muito (Dentro da Estrela azulada)*, Philips, 1978.

28 MARICATO, E. O nó da terra, *Revista Piauí*, op. cit., p. 37.

29 JESUS, C. M. *Quarto de despejo: Diário de uma favelada*. São Paulo: Ática, 2007, p. 144.

30 Maricato, E. *O nó da terra*, Piaui, op. cit., p. 29.

31 FERREIRA, J. S. W. *O mito da cidade global*, op. cit., p. 44-45.

32 Ibid.

33 Ibid., p. 45.

34 Ibid., p. 23-24.

35 Ibid., p. 29-30.

36 Ibid., p.29.

37 KOULIOUMBA, S. São Paulo: cidade mundial? Evidências e respostas de uma metrópole em transformação. *Pós. Revista do Programa de Pós-Graduação em Arquitetura e Urbanismo da* FAUUSP, [S. l.], v. 11, p. 26-45, 2002.

38 DEL PICHIA, M. Torre de Babel. In: GUEDES, L. R. *Paixão por São Paulo: Antologia poética*. São Paulo: Terceiro Nome, 2004, p. 121.

39 FERREIRA, J. S. W. *O mito da cidade global*, op. cit., p. 46.

40 RUFFATO, L. *A cidade dorme*. São Paulo: Companhia das Letras, 2018, p. 80.

41 FERREIRA, J. S. W. *O mito da cidade global*, op. cit., p. 65.

42 FIX, M. *São Paulo cidade global: Fundamentos financeiros de uma miragem*. São Paulo: Boitempo, 2007.

43 JESUS, C. M. *Quarto de despejo*, op. cit., p. 195-196.

44 LEFEBVRE, H. *O direito à cidade*. São Paulo: Centauro Editora, 2004, p. 113.

45 A crença dos habitantes de Matimati é narrada pelo autor na epígrafe do livro.

46 TESCHI, W. *Dossiê cratera de Colônia & Vargem Grande: Conflitos urbanos*. [São Paulo: s. n., 2010?], p. 48.

47 ROCKTAESCHEL, B. M. M. M. *Terceirização em áreas protegidas: estímulo ao ecoturismo no Brasil.* São Paulo: Editora Senac-SP, 2006.

48 CORREIA, M. *Parelheiros Cultural: Revista eletrônica.* São Paulo, 2012.

49 SANTOS, B.; LION, V. [*Correspondência*]. *Destinatário: São Paulo (SP).* Secretaria do Verde e do Meio Ambiente. São Paulo, dez. 2009. 1 carta.

50 MANGUEL, A. *O leitor como metáfora: O viajante, a torre e a traça.* Tradução de José Geraldo Couto. São Paulo: Sesc, 2017, p. 30.

51 PETIT, M. *Os jovens e a leitura,* op. cit., p. 53.

52 PENNAC, D. *Como um romance.* Tradução de Leny Weneck. Rio de Janeiro: Rocco, 1993.

53 GUERRA, A.; LEITE, C.; VERÇOSA, É. (ORG.). *Expedição leituras: Tesouros das bibliotecas comunitárias no Brasil.* São Paulo: Instituto C&A/ Itaú Social, 2018, p. 57-72.

54 CANDIDO, A. *O direito à literatura e outros ensaios.* Coimbra: Angelus Novus, 2004.

55 CANDIDO, A. *O direito à literatura e outros ensaios,* op. cit.

56 GUERRA, A.; LEITE, C.; VERÇOSA, É. (ORG.). *Expedição leituras,* op. cit., p. 77.

57 A íntegra da entrevista de Cida Fernandez publicada em 26 de novembro de 2018 está disponível no site da RNBC. Disponível em <tinyurl.com/2p88h9d5> (Acesso: 29 dez. 2020).

58 FERNANDEZ, C.; MACHADO, E.; ROSA, E. *O Brasil que lê,* op. cit., p. 67.

59 MAYER, B. S. *A contribuição das bibliotecas comunitárias para um país de leitores(as).* São Paulo: Secretaria de Cultura e Economia Criativa do Estado de São Paulo, Unidade de Difusão Cultural Bibliotecas e Leitura; SP Leituras 2019.

60 BACH, R. *Fernão Capelo Gaivota.* Tradução de Antônio Ramos Rosa e Madalena Rosález. Rio de Janeiro: Nórdica, 1970.

61 MACHADO, E. C. *Bibliotecas comunitárias como prática social no Brasil,* op. cit.

62 QUEIRÓS, B. C. *Para ler em silêncio.* São Paulo: Moderna, 2007, p. 36.

63 SIMAS, L. A. *O corpo encantado das ruas.* Rio de Janeiro: Civilização Brasileira, 2020.

64 MACHADO, E. C. *Bibliotecas comunitárias como prática social no Brasil*, op. cit., p. 60-61.

65 ALMEIDA JUNIOR, O. F. Editorial. *Informação & Informação*, n. 2, v. 2, p. 3, 1997.

66 CF. ANDRADE, M. Bibliotecas populares. *Revista Livro*, v. 2, n. 5, p. 7, 1957 e FREIRE, P. A importância do ato de ler: Em três artigos que se completam. São Paulo: Cortez, 1989.

67 MACHADO, E. C. Uma discussão acerca do conceito de biblioteca comunitária. RDBCI: *Revista Digital de Biblioteconomia e Ciência da Informação*, Campinas, SP, v. 7, n. 2, p. 80-94, 2009, p. 12.

68 *A biblioteca comunitária e a importância da sua essência*. Blog da Biblioteca do Calabar. Salvador 09/05/2020.

69 Disponível no Sistema Nacional de Bibliotecas Públicas (SNBB) em: <tinyurl.com/2btx2mdj> (Acesso: 28 dez. 2020).

70 GUERRA, A.; LEITE, C.; VERÇOSA, É. (ORG.) *Percursos formativos: Saberes das bibliotecas comunitárias*. São Paulo: RNBC; IBEAC, 2019.

71 MELO NETO, J. C. *Tecendo a manhã* (1966). In: *A educação pela pedra*. Rio de Janeiro: Nova Fronteira, 1996, p. 219.

72 ALEIXO, R. *Pesado demais para a ventania: Antologia poética*. São Paulo: Todavia, 2018, p. 109.

73 GUERRA, A.; LEITE, C.; VERÇOSA, É. (ORG.). *Expedição leituras,* op. cit.

74 Para saber mais sobre o Agroturismo desenvolvido pela Associação de Agricultores Acolhida na Colônia em Santa Catariana, acessar acolhida.com.br

75 Vídeo Gestão compartilhada – LiteraSampa. Disponível em: <tinyurl.com/53fuhy3b> (Acesso: 4 jan. 2021).

76 CRESSWELL, T. *et al. Friction*. London: Routledge, 2014.

77 Ibid., 109.

78 AUGÉ, M. *Por uma antropologia da mobilidade*. Tradução de Rachel Rocha de Almeida Barros e Bruno César Cavalcanti. Maceió: Edufal/ Unesp, 2010.

79 SHELLER, M. Theorising Mobility Justice. *Tempo social*, São Paulo, v. 30, n. 2, p. 17-34, Aug. 2018.

80 SHELLER, M.; URRY, J. *Tourism Mobilities: Places to Play, Places in Play*. London: Routledge, 2004.

81 CRESSWELL, T. *et al. Friction*, op. cit., 112.

82 FURTADO, L. *Na biblioteca o tamanho dos sonhos*. Trabalho de Conclusão do Curso (TCC) de Jornalismo da Escola de Comunicações e Artes da Universidade de São Paulo (ECA-USP), orientado pela professora Dra. Cremilda Medina. Julho/2014.

83 Cf. os trabalhos de Gravari-Barbas e Delaplace (2015) e de Maitland (2008; 2014) citados na bibliografia final.

84 Dados apresentados e debatidos em 2/12/2020 no XVII Seminário Anual da Associação Nacional de Pesquisa e Pós-Graduação em Turismo 2020 (ANPTUR) com o artigo ainda não publicado, escrito e coautoria com Thiago Allis: *Mobilidades, turismo e leitura: Reflexões a partir de uma biblioteca comunitária de São Paulo.*

85 FREIRE-MEDEIROS, B.; TELLES, V.; ALLIS, T. Por uma teoria social on the move. *Tempo Social*, São Paulo, v. 30, n. 2, p. 1-16, 2018.

86 MCCABE, S. *et al. Tourist*. London: Routledge, 2014, p. 350.

87 SINGH, D.; GIUCCI, G.; JIRÓN, P. *Términos clave para los estudios de movilidad en América Latina*. Buenos Aires: Biblos, 2018, p. 131-138.

88 SHELLER, M.; URRY, J. *The New Mobilities Paradigm. Environment and Planning A*, v. 38, n. 2, p. 207-226, 2006.

89 IBGE. *Cidades e estados: São Paulo*. Brasil: IBGE, 2010. Disponível em: <tinyurl.com/2p8374d6> (Acesso: 5 jan. 2021).

90 *Mapa da desigualdade: 2019*. São Paulo: Rede Nossa São Paulo, 2019. Disponível em: <tinyurl.com/yzpvwen7> (Acesso: 5 jan. 2021).

91 FERNANDEZ, C.; MACHADO, E.; ROSA, E. *O Brasil que lê*, op. cit., p. 83.

92 PETIT, M. *Leituras: Do espaço íntimo ao espaço público*. Tradução de Celina Olga de Souza. São Paulo: Editora 34, 2013, p. 37.

93 BERTRAND, S. *A mulher da guarda*. Tradução de Cícero Oliveira. Salvador: Solisluna/Selo Emília, 2019.

94 FERNANDEZ, C.; MACHADO, E.; ROSA, E. *O Brasil que lê*, op. cit., p. 84.

95 AUGÉ, M. *Por uma antropologia da mobilidade*, op. cit., p. 81.

96 Ibid., p. 82.

97 ALLIS, T. Movilidad y Turismo. In: SINGH, D.; GIUCCI, G.; JIRÓN, P. *Términos clave para los estudios de movilidad en América Latina*. Buenos Aires: Biblos, 2018, p. 131-138.

98 *A crônica "Vista Cansada"*, de Otto Lara Resende, foi publicada no jornal *Folha de São Paulo*, Costumes, em 23 de fevereiro de 1992. Disponível em: <tinyurl.com/ysctepmc > (Acesso: 11 jan. 2021).

99 É possível que se refira ao Porto da Barra e Rio Vermelho, pontos turísticos de Salvador.

100 FURTADO, L. *Na biblioteca, o tamanho dos sonhos*. 2014. Trabalho de Conclusão do Curso (Graduação em Jornalismo) – Escola de Comunicações e Artes, Universidade de São Paulo, São Paulo, 2014, p. 193.

101 Trecho de palestra no TEDX São Paulo sobre o Direitos Humano à literatura.

102 SANTOS, B. *A literatura como direito humano*. São Paulo: TEDX Talks, 2017. Disponível em: <tinyurl.com/2ksa7smn> (Acesso: 30 dez. 2020).

103 Disponível em: <tinyurl.com/2p8f4t7d> (Acesso: 7 jan. 2021).

104 Matéria do jornal *Estadão*, disponível apenas para assinantes em: <tinyurl.com/3y7k289b> (Acesso: 7 jan. 2021).

105 Disponível em: <tinyurl.com/2fadw36n> (Acesso: 7 jan. 2021).

106 O vídeo inaugurou a web serie "Quando existe voz" do Instituto Avon, contra a violência à mulher. O primeiro episódio foi com Luíza Brunet e Bel Santo Mayer falando sobre a violência nas redes sociais. Disponível em <https://tinyurl.com/mpsa35xz> (Acesso: 7 jan. 2021).

107 Disponível em: <tinyurl.com/yckzy5nb> (Acesso: 7 jan. 2021).

108 Disponível em: <tinyurl.com/yc4bht4k> (Acesso: 7 jan. 2021).

109 Disponível em: <tinyurl.com/2m623ydd> (Acesso: 7 jan. 2021).

110 Disponível em: <tinyurl.com/4w5htxsj> (Acesso: 7 jan. 2021).

111 Disponível em: <tinyurl.com/ynwxskfd> (Acesso: 7 jan. 2021).

112 MONTES, G. *Buscar indícios, construir sentidos*, op. cit., p. 105-107.

113 PETIT, M. *Os jovens e a leitura*, op. cit., p. 166.

114 MONTES, G. *Buscar indícios, construir sentidos* , op. cit., p. 20-43.

115 BRITTO, L. P. L. *Ao revés do avesso. Leitura e formação*. São Paulo: Pulo do Gato, 2015, p. 54.

116 CRESSWELL, T. *Towards a Politics of Mobility*, op. cit., p. 21.

117 MANGUEL, A. *La biblioteca de noche*. Buenos Aires: Siglo Veintiuno Editores, 2017, p. 254-255.

118 CANDIDO, A. *O direito à literatura e outros ensaios*, op. cit., p. 17.

119 PETIT, M. *Leituras*, op. cit., p. 34.

120 PETIT, M. *A arte de ler ou como resistir à adversidade*, op. cit., p. 61.

121 Ibid., p. 62.

122 Ibid., p. 63.

123 PETIT, M. *A arte de ler ou como resistir à adversidade*, op. cit., p. 104.

124 PETIT, M. *Os jovens e a leitura*, op. cit., p. 157.

125 Ibid., p. 161.

126 CRESSWELL, T. *Towards a Politics of Mobility*, op. cit., p. 20.

127 BRITTO, L. P. L. *Ao revés do avesso. Leitura e formação*. São Paulo: Pulo do Gato, 2015, p. 45.

128 MANGUEL, A. *O leitor como metáfora*, op. cit., p. 29-30.

129 CRESSWELL, T. *Towards a Politics of Mobility*, op. cit., p. 21.

130 PETIT, M. *Os jovens e a leitura*, op. cit., p. 154.

131 Ibid., p. 157.

132 PETIT, M. *A arte de ler ou como resistir à adversidade*, op. cit., p. 34.

133 PETIT, M. *Os jovens e a leitura*, op. cit., p. 29.

134 LAROSSA, B. J. *Notas sobre a experiência e o saber de experiência*, op. cit., p. 21.

135 PETIT, M. *Os jovens e a leitura*, op. cit., p. 37.

136 EVARISTO, C. *A escrevivência e seus subtextos*. In: NUNES, I. R.; DUARTE, C. L. *Escrevivência: A escrita de nós. Reflexões sobre a obra de Conceição Evaristo*. São Paulo: Itaú Social/MINA Comunicação e Arte, 2020, p. 30.

137 PETIT, M. *Os jovens e a leitura*, op. cit., p. 38-39.

138 Ibid., p. 43.

139 MANGUEL, A. *O leitor como metáfora*, op. cit., p. 45.

140 PETIT, M. *Os jovens e a leitura*, op. cit., p. 48.

141 Ibid., p. 56.

142 Ibid., p. 71.

143 MONTES, G. *Buscar indícios, construir sentidos*, op. cit., p. 36-37.

144 PETIT, M. *A arte de ler ou como resistir à adversidade*, op. cit., p. 58.

145 PETIT, M. *Os jovens e a leitura*, op. cit., p. 77.

146 Ibid., p. 117-118.

147 FURTADO, L. *Na biblioteca, o tamanho dos sonhos*, op. cit., p. 152.

148 BAJOUR, C. *Ouvir entrelinhas: O valor da escuta nas práticas da leitura*. Quaestio: Revista de estudos em Educação. Sorocaba, SP, v. 11, n. 2, p. 20.

149 PETIT, M. *Os jovens e a leitura*, op. cit., p. 104-105.

150 Ibid., p.109.

151 MAYER, B. S. *Bibliotecas comunitárias: resistência cultural, poética e política*, op. cit.

152 PETIT, M. *Os jovens e a leitura*, op. cit., p. 101.

153 MANGUEL, A. *O leitor como metáfora*, op. cit., p. 38.

154 SABINO, F. *O menino no espelho*. Rio de Janeiro: Record, 1982. Diálogo atribuído a Fernando Sabino pelo entrevistado e diversas plartaformas digitais. Fonte não localizada pela autora

155 PETIT, M. *Os jovens e a leitura*, op. cit., p. 100.

156 PETIT, M. *A arte de ler ou como resistir à adversidade*, op. cit., p. 283.

157 PETIT, M. *Os jovens e a leitura*, op. cit., p. 166-173.

158 TAKASAGO, M.; MOLLO, M. de L. R. A economia do turismo e a redução da pobreza e da desigualdade no Brasil: O papel do Estado. *Revista Turismo em análise*, 19(2), 2008, 307-329.

159 Cf. Gravari-Barbas; Delaplace, 2015; MAITLAND, 2014, 2008.

160 ALLIS, T. Em busca das mobilidades turísticas. *Plural: Revista de Ciências Sociais*, op. cit., p. 112.

161 CRESSWELL, T. *Towards a Politics of Mobility*, op. cit., p. 21

Bibliografia

A BIBLIOTECA comunitária e a importância da sua essência. *Blog da Biblioteca do Calabar*. Salvador 09/05/2020. Disponível em: <tinyurl.com/y5husrc3> (Acesso: 29 dez. 2020).

ACOSTA, Alberto. *O bem viver: Uma oportunidade para imaginar outros mundos*. Tradução de Tadeu Breda. São Paulo: Elefante, 2016.

ADERALDO, Guilhermo. Visualidades urbanas e poéticas da resistência: reflexões a partir de dois itinerários de pesquisa. *Antropolítica: Revista contemporânea de Antropologia*. Rio de Janeiro, n. 45, p. 66-93, 2019. Disponível em: <tinyurl.com/y2bfurzj> (Acesso: 5 jan. 2021).

AHMED, Sarah. *The Cultural Politics of Emotion*. Edinburgh: University of Edinburgh, 2004.

ALEIXO, Ricardo. *Pesado demais para a ventania: Antologia poética*. São Paulo: Todavia, 2018.

ALLIS, Thiago. Análises de fluxos turísticos em espaços urbanos: Desenvolvimento e aplicação de métodos móveis em Itu (SP). In: SEMINÁRIO ANPTUR, 13, 2016. *Anais do Seminário da ANPTUR*. São Paulo: ANPTUR, 2016. Disponível em: <tinyurl.com/y3bje6ne> (Acesso: 29 jan. 2021).

ALLIS, Thiago. Em busca das mobilidades turísticas. *Plural: Revista de Ciências Sociais*. São Paulo, v. 23, n. 2, p. 94-117, 2016. Disponível em: <tinyurl.com/y6jn68yr> (Acesso: 29 jan. 2021).

ALLIS, Thiago. *et al.* Turismo, literatura e tecnologias em movimento. *Caderno Virtual de Turismo*. Rio de Janeiro, v. 20, n. 2, 2020. Disponível em:<tinyurl.com/yxfwjc66> (Acesso: 5 jan. 2021).

ALLIS, Thiago. Movilidad y Turismo. In: SINGH, Dhan; GIUCCI, Guil-

BIBLIOGRAFIA

lermo; JIRÓN, Paolla. *Términos clave para los estudios de movilidad en América Latina*. Buenos Aires: Biblos, 2018, p. 131-138.

ALMEIDA JUNIOR, Oswaldo Francisco. Editoria. *Informação & Informação*, n. 2, v. 2, p. 3, 1997.

ALMEIDA JÚNIOR, Oswaldo Francisco de. *Biblioteca pública: Avaliação de serviços*. Londrina: Eduel, 2013. Disponível em: <tinyurl.com/y2jlqzgk> (Acesso: 28 dez. 2020).

ALVES, Mariana de Souza. Biblioteca comunitária: conceitos, relevância cultural e políticas. *Revista Brasileira de Biblioteconomia e Documentação*. São Paulo, v. 16, p.1-29, 2020.

ANDRADE, Carlos Drummond de (1945). *Rosa do povo*. São Paulo: Companhia das Letras, 2012.

ANDRADE, Mario de. Bibliotecas populares. *Revista Livro*, v. 2, n. 5, p. 7, 1957.

AUGÉ, Marc. *Por uma antropologia da mobilidade*. Tradução de Rachel Rocha de Almeida Barros e Bruno César Cavalcanti. Maceió: Edufal/Unesp, 2010.

AZEVEDO, Ricardo. *Contos de enganar a morte*. São Paulo: Ática, 2003.

BACH, Richard. *Fernão Capelo Gaivota*. Tradução de Antônio Ramos Rosa e Madalena Rosález. Rio de Janeiro: Nórdica, 1970.

BAJOUR, Cecilia. Ouvir entrelinhas: O valor da escuta nas práticas da leitura. *Quaestio: Revista de estudos em Educação*. Sorocaba, SP, v. 11, n. 2, p. 53-68, 2009.

BARBOSA, L. Cidadão. Intérprete: Zé Geraldo. In: ZÉ GERALDO. *Zé Geraldo: Veleiro* (CBS), 1986. I CD. Faixa 3. Disponível em: <tinyurl.com/yysc42gr> (Acesso: 30 dez. 2020).

BAUMAN, Zygmunt. *O mal-estar da pós-modernidade*. Rio de Janeiro: Zahar, 1998.

BELLENZANI, Maria Lúcia Ramos (coord). *Plano de manejo: APA Capivari-Monos*. São Paulo: Secretaria do Verde e do Meio Ambiente, 2011.

BÉRTOLO, Constantino. *O banquete dos notáveis: Sobre leitura e crítica*. Tradução de Carolina Tarrio. São Paulo: Livros da Matriz, 2014.

BERTRAND, Sara. *A mulher da guarda*. Tradução de Cícero Oliveira. Salvador: Solisluna/Selo Emília, 2019.

BOURDIEU, Pierre. *A economia das trocas simbólicas.* Tradução de Sergio Miceli. São Paulo: Perspectiva, 2005.

BRANDÃO, Carlos Rodrigues. *Repensando a pesquisa participante.* São Paulo: Brasiliense, 1985.

BRITO, Gisele. Parelheiros é logo ali. *Rede Brasil Atual.* São Paulo, 13/10/2015. Disponível em: <tinyurl.com/bdnkhmrz> (Acesso: 28 jan. 2021).

BRITTO, Luiz Percival Leme. Literatura: Conhecimento e compromisso com a liberdade. In: *Leitura: Teoria & Prática.* Campinas, SP, v. 27, n. 53 p. 17-23, 2009. Disponível em: <tinyurl.com/499nuyjk> (Acesso: 3 fev. 2021).

BRITTO, Luiz Percival Leme. *Ao revés do avesso. Leitura e formação.* São Paulo: Pulo do Gato, 2015.

BURNS, Peter M.; NOVELLI, Marina. *Tourism and Mobilities: Local-Global Connections.* Oxfordshire: CABI International, 2008.

CALVINO, Italo. *As cidades invisíveis.* Tradução de Diogo Mainardi. São Paulo: Companhia das Letras.

CANDIDO, Antonio. *O direito à literatura.* In: *Vários escritos.* São Paulo: Duas Cidades, 1995.

CANDIDO, Antonio. *O direito à literatura e outros ensaios.* Coimbra: Angelus Novus, 2004.

CAPILLÉ, Cauê; REISS, Camille. *Formas de mobilidade, visibilidade e poder em Medellín: Metrocable e Parques-Biblioteca.* Bitácora Urbano Territorial. Bogotá, v. 29, n. 3, p. 79-90, 2019. Disponível em: <tinyurl.com/2he2vfeh> (Acesso: 5 jan. 2021).

CARNEIRO, Aparecida Sueli. *A construção do outro como não ser como fundamento do ser.* 2005. Tese (Doutorado em Educação) – Faculdade de Educação, Universidade de São Paulo, 2005.

CARRASCOZA, João Anzanello. *Linha única.* São Paulo: SESI-SP Editora, 2016.

CASTRILLÓN, Silvia. *O direito de ler e de escrever.* Tradução de Marcos Bagno. São Paulo: Pulo do Gato, 2011.

CAVALCANTE, Lidia Eugenia. *Bibliotecas autogeridas e participação comunitária.* In: CAVALCANTE, Lidia Eugenia; ARARIPE, Fátima Maria Alencar (org.). *Biblioteca comunitária: Entre vozes e saberes.* Fortaleza: Expressão Gráfica e Editora, 2014, p. 27-33.

CAVALCANTE, Lidia Eugenia; FEITOSA, L. T. Bibliotecas comunitárias e movimentos sociais: Mediações, sociabilidades e cidadania. In: *Anais do Encontro Nacional de Pesquisa em Ciência da Informação*, 11. Rio de Janeiro, ENANCIB, 2010.

CHARTIER, Roger. *A aventura do livro: Do leitor ao navegador*. São Paulo: Imprensa Oficial do Estado de São Paulo/Edunesp, 1998.

COHEN, Erik; COHEN, Scott. A. A Mobilities Approach to Tourism from Emerging World Regions. *Current Issues in Tourism*. London, v. 18, n. 1, p.11-43, 2014.

COLES, T. Tourism Mobilities in Emerging World Regions. *Current Issues in Tourism*. London, v. 18, n. 1, p. 62-67, 2014.

COLES, T.; HALL, C. M.; DUVAL, D. T. Mobilizing Tourism: A Post-Disciplinary Critique. *Tourism Recreation Research*. London, v. 30, p. 31-41, 2005.

COOPER, Chris *et al.* (org.) *Turismo: Princípios e práticas*. Porto Alegre: Bookman, 2007.

CORREIA, Marcelo. *Parelheiros Cultural: Revista eletrônica*. São Paulo, 2012. Disponível em: <tinyurl.com/59bn5drt> (Acesso: 1 mai. 2019).

CORTÁZAR, Julio. *O jogo da amarelinha*. Tradução de Fernando de Castro Ferro. Rio de Janeiro: Civilização Brasileira, 2009.

COUTINHO, Fernada Neves; FARIA, D. M. C. P.; FARIA, S. D. Turismo literário. *albuquerque: revista de história*, v. 8, n. 16, p. 32-50, 30 dez. 2016. Disponível em: <tinyurl.com/2p8r6azs> (Acesso: 22 dez. 2021).

COUTO, Mia. *O fio das missangas*. São Paulo: Companhia das Letras, 2009.

COUTO, Mia. *Poemas escolhidos*. São Paulo: Companhia das Letras, 2016.

COUTO, Mia. *Terra sonâmbula*. Rio de Janeiro: Nova Fronteira, 1995.

CRESSWELL, Tim. *On the Move: Mobility in the Western World*. New York: Routledge, 2006.

CRESSWELL, Tim. Towards a Politics of Mobility. *Environment and planning D: society and space*, v. 28, n. 1, p. 17-31, jan. 2010.

CRESSWELL, Tim *et al. Friction*. London: Routledge, 2014.

CUTI, Luiz Silva. *Kizomba de vento e nuvem*. Belo Horizonte: Mazza Edições, 2013.

DADOS DO INEP mostram que 55% das escolas brasileiras não tem biblioteca ou sala de leitura. *Notícias da Câmara Legislativa (Brasil)*,

06/12/2018. Disponível em: <tinyurl.com/ku3cp5yh> (Acesso: 5 jan. 2021).

DAVIS, Angela. *Mulheres, raça e classe*. Tradução de Heci Regina Candiani. São Paulo: Boitempo, 2016.

DUARTE, Mel. (org.). *Querem nos calar: Poemas para serem lidos em voz alta*. São Paulo: Planeta do Brasil, 2019.

DYE, Thomas. *Understanding Public Policy*. New Jersey: Prentice Hall, 1984.

ESPING-ANDERSEN, G. As três economias políticas do *Welfare State*. *Lua nova: Revista Cultura e política*. São Paulo, n. 24, 1991.

EVARISTO, Conceição. A escrevivência e seus subtextos. In: NUNES, Isabella Rosado; DUARTE, Constância Lima. *Escrevivência: A escrita de nós. Reflexões sobre a obra de Conceição Evaristo*. São Paulo: Itaú Social/ MINA Comunicação e Arte, 2020, p. 26-47.

FARIA, Diomira Maria Cicci Pinto; FARIA, Sergio Donizete. Turismo literário: Uma análise sobre autenticidade, imagem e imaginário. *albuquerque: revista de história*. Aquidauana, v. 8, n. 16., p. 31-50, 2016.

FERNANDEZ, Cida; MACHADO, Elisa; ROSA, Ester. *O Brasil que lê: Bibliotecas comunitárias e resistência cultural na formação de leitores*. Olinda: CCLF/RNBC, 2018.

FERREIRA, João Sette Whitaker. *O mito da cidade global: O papel da ideologia na produção do espaço urbano*. Rio de Janeiro: Vozes, 2007.

FIX, Mariana. *São Paulo cidade global: Fundamentos financeiros de uma miragem*. São Paulo: Boitempo, 2007.

FREIRE-MEDEIROS, Bianca; CORREA, Diogo Silva. As novas tendências na teoria social contemporânea: uma introdução. *Revista Crítica de Ciências Sociais*. Coimbra, n. 123, p. 71-76, 2020. Disponível em: <tinyurl.com/2p8fvwfh> (Acesso: 5 jan. 2021).

FREIRE-MEDEIROS, Bianca; LAGES, Mauricio Piatti. A virada das mobilidades: fluxos, fixos e fricções. *Revista Crítica de Ciências Sociais*, n. 123, p. 121-142, 2020. Disponível em: <tinyurl.com/3wjkn5a9> (Acesso: 5 jan. 2021).

FREIRE-MEDEIROS, Bianca; TELLES, V.; ALLIS, Thiago. Por uma teoria social on the move. *Tempo Social*, São Paulo, v. 30, n. 2, p. 1-16, 28 jul. 2018.

FREIRE, Paulo. *A importância do ato de ler: Em três artigos que se completam*. São Paulo: Cortez, 1989.

FREIRE, Paulo. *Pedagogia da autonomia*. São Paulo: Paz e Terra, 1997.

FURTADO, Lívia. *Na biblioteca, o tamanho dos sonhos*. 2014. Trabalho de Conclusão do Curso (Graduação em Jornalismo) – Escola de Comunicações e Artes, Universidade de São Paulo, São Paulo, 2014. Disponível em: <tinyurl.com/2txjra9j> (Acesso: 1 mai. 2019).

GAJARDO, Marcela. Pesquisa participante: Propostas e projetos. In: BRANDÃO, Carlos Rodrigues. *Repensando a pesquisa participante*. São Paulo: Brasiliense, 1985, p. 15-50.

GARCEZ, Lucília. A leitura na vida contemporânea. *Revista Brasileira de Estudos Pedagógicos*, Brasília, v. 81, n. 199, p. 581-587, set./dez. 2000.

GIL, Gilberto. *Aqui e agora*. GILBERTO GIL. *Refavela*. [S. l.]: Warner Music Brasil, 1977. 1 CD. Faixa 3.

GLOSSÁRIO CEALE. *Letramento literário*. Minas Gerais: FAE [s.d.]. Disponível em: <tinyurl.com/52uu9apt> (Acesso: 21 jan. 2021).

GOHN, Maria da Gloria. Educação não formal, educador(a) social e projetos sociais de inclusão. *Meta: Avaliação*, Rio de Janeiro, v 1, n. 1, p. 28-43, jan./abr. 2009.

GRAVARI-BARBAS, Maria; DELAPLACE, Marie. Le tourisme urbain « hors des sentiers battus ». Coulisses, interstices et nouveaux territoires touristiques urbains, *Téoros*, v. 34, n. 1-2, n.p. Disponível em: <tinyurl. com/5n6b64yj> (Acesso: 29 dez. 2021).

GUEDES, Luiz Roberto. (org.). *Paixão por São Paulo: Antologia poética paulista*. São Paulo: Terceiro Nome, 2004.

GUERRA, Adriano; LEITE, Camila; VERÇOSA, Érica. (org.) *Percursos formativos: Saberes das bibliotecas comunitárias*. São Paulo: RNBC; IBEAC, 2019.

GUERRA, Adriano; LEITE, Camila; VERÇOSA, Érica. (org.). *Expedição leituras: Tesouros das bibliotecas comunitárias no Brasil*. São Paulo: Instituto C&A/Itaú Social, 2018. Disponível em: <tinyurl.com/y7x7tszw> (Acesso: 5 jan. 2021).

GUIMARÃES ROSA, João. *Campo geral*. São Paulo: Global, 2019.

HALL, C. Michael. *Tourism: Rethinking the Social Science of Mobility*. Harlow: Pearson Education, 2005.

HANNAM, Kevin; BUTLER, Gareth; PARIS, Cody Morris. Developments and Key Issues in Tourism Mobilities. *Annals of Tourism Research*, n. 44, p. 171-185, 2014.

HARRISON, David. On the Mobility of Tourism Mobilities. *Current issues in Tourism*, v. 18, n.1, p.7-10, Jan., 2015.

HARRISON, D. Tourists, Mobilities and Paradigms. *Tourism Management*, v. 63, p. 329-337, 2017.

HOOKS, Bell (1989). *Erguer a voz: Pensar como feminista, pensar como negra*. São Paulo: Elefante, 2019.

IBGE. *Cidades e estados: São Paulo*. Brasil: IBGE, 2010. Disponível em: <tinyurl.com/2p8374d6> (Acesso: 5 jan. 2021).

INSTITUTO DA PESQUISA ECONÔMICA APLICADA. *Atlas da violência*. Rio de Janeiro: IPEA, 2018. Disponível em: <tinyurl.com/2p895eks> (Acesso: 5 jan. 2021).

INSTITUTO DE DESENVOLVIMENTO EDUCACIONAL, CULTURAL E DE AÇÃO COMUNITÁRIA. *Relatório de resultados gerais: Concurso Escola de Leitores*. Programa Prazer em Ler. [S. l.]: IC&A, 2013. Disponível em: <tinyurl.com/ydsppr3c> (Acesso: 5 jan. 2021).

INSTITUTO PAULO MONTENEGRO. *Indicador de Alfabetismo Funcional – INAF*. São Paulo: IBOPE, 2018. Disponível em: <tinyurl.com/2p8cw9se> (Acesso: 21 jan. 2021).

JESUS, Carolina Maria. *Quarto de despejo: Diário de uma favelada*. São Paulo: Ática, 2007.

KILOMBA, Grada. *Memórias da plantação: Episódios de racismo cotidiano*. Rio de Janeiro: Cobogó, 2019.

KOULIOUMBA, Stamatia. São Paulo: Cidade mundial? Evidências e respostas de uma metrópole em transformação. *Pós*. Revista do Programa de Pós-Graduação em Arquitetura e Urbanismo da FAUUSP, [s. l.], v. 11, p. 26-45, 2002. Disponível em: <tinyurl.com/4rtba4ha> (Acesso: 27 dez. 2021).

KRIPPENDORF, Jost. *Sociologia do turismo. Para uma nova compreensão do lazer e das viagens*. São Paulo: Aleph, 2009.

LAIA, Maria Aparecida de. *Pauliceia afro: Lugares, histórias e pessoas*. São Paulo, Programa Vai, 2008.

LAMBERT, Jacques. *Os dois Brasis*. São Paulo: Companhia Editora Nacional, 1967.

LAROSSA, Bondía Jorge. *Notas sobre a experiência e o saber de experiência*. Tradução de João Wanderley Geraldi. Revista Brasileira de Educação. Rio de Janeiro, n. 19, jan./abr., 2002.

LARSEN, Jonas; URRY, John. *The Tourism Gaze 3.0: Places, Buildings and Design*. Thousand Oaks, CA: Sage Publications, 2011.

LASH, Scott; URRY, John. *Economies of Signs and Space*. Thousand Oaks, CA: Sage Publications, 2000.

LE BOTERF, G. Pesquisa participante: Propostas e reflexões metodológicas. In: BRANDÃO, Carlos Rodrigues. *Repensando a pesquisa participante*. São Paulo: Brasiliense, 1985, p. 51-81.

LEFEBVRE, Henri. *O direito à cidade*. Tradução de Rubens Eduardo Frias. São Paulo: Centauro Editora, 2004.

LINDOSO, Felipe. *O Brasil pode ser um país de leitores? Política para a cultura/política para o livro*. São Paulo: Summus, 2004.

LORDE, Audre. *Irmã outsider*. Tradução de Stephanie Borges. Belo Horizonte: Autêntica Editora, 2019.

LYS, Dryca. *Parelheiros: Patrimônio natural e cultural de São Paulo*. São Paulo: Scortecci, 2015.

MACHADO, Elisa Campos. *Bibliotecas comunitárias como prática social no Brasil*. 2008. Tese (Doutorado em Ciência da Informação) – Escola de Comunicações e Artes, Universidade de São Paulo, São Paulo, 2008.

MACHADO, Elisa Campos. Uma discussão acerca do conceito de biblioteca comunitária. *RDBCI: Revista Digital de Biblioteconomia e Ciência da Informação*, Campinas, SP, v. 7, n. 2, p. 80-94, 2009. Disponível em: <tinyurl.com/huhu7bms> (Acesso: 28 dez. 2020).

MACHIAVELLI, Marina; BRIGNOL, Liliane Dutra. Adolescentes e o livro: Internet como mediadora de novas práticas de leitura. *Novos Olhares*, 8(2), 2019, p. 64-75. Disponível em: <tinyurl.com/2p8rfw6t> (Acesso: 23 dez. 2021).

MADELLA, Rosangela. *Bibliotecas comunitárias: Espaços de interação social e desenvolvimento pessoal*. 2010. Dissertação (Mestrado em Ciência da Informação) – Programa de Pós-Graduação em Ciência da Informação, Universidade Federal de Santa Catarina, Florianópolis, 2010.

MÃE, Valter Hugo. *Contos de cães e lobos*. Rio de Janeiro: Biblioteca Azul, 2018.

MAGNANI, José Guilherme Cantor. *De perto e de dentro: Notas para uma etnografia urbana*. *Revista Brasileira de Ciências Sociais*. São Paulo, vol. 17, n. 49, p. 11-29, 2002. Disponível em: <tinyurl.com/2p95htwb> (Acesso: 5 jan. 2021).

MAITLAND, Robert. Backstage Behaviour in the Global City: Tourists and the Search for the 'Real London'. *Procedia: Social and Behavioral Sciences*, v. 105, 12-19, 2013.

MAITLAND, Robert. *Conviviality and Everyday Life: The Appeal of New Areas of London for visitors*. International journal of Tourism research, v.10, p. 15-25, 2008.

MANGUEL, Alberto. *La biblioteca de noche*. Buenos Aires: Siglo Veintiuno Editores, 2017.

MANGUEL, Alberto. *O leitor como metáfora: O viajante, a torre e a traça*. Tradução de José Geraldo Couto. São Paulo: Sesc, 2017.

MAPA DA DESIGUALDADE: 2019. São Paulo: Rede Nossa São Paulo, 2019. Disponível em: <tinyurl.com/yzpvwen7> (Acesso: 5 jan. 2021).

MARICATO, Ermínia. O nó da terra. *Revista Piauí*, São Paulo, v. 2, n. 21, p. 34-35, jun. 2008. Disponível em: <tinyurl.com/5n79hjpd> (Acesso: 3 fev. 2021).

MARTINS, Geovani. *O sol na cabeça*. São Paulo: Cia das Letras, 2018.

MARTINS, Maria Helena. *O que é leitura*. São Paulo: Brasiliense, 2006.

MAYER, Bel Santos. *A contribuição das bibliotecas comunitárias para um país de leitores(as)*. São Paulo: Secretaria de Cultura e Economia Criativa do Estado de São Paulo, Unidade de Difusão Cultural Bibliotecas e Leitura; SP Leituras 2019.

MAYER, Bel Santos. *Bibliotecas comunitárias: resistência cultural, poética e política*. Blog das letrinhas, Caraminholas, 14/09/2017. Disponível em <tinyurl.com/53m5wvb6> (Acesso: 1 mai. 2019).

MAYER, Bel Santos *et al. Turismo de Base Comunitária em Parelheiros: uma ação complementar ao polo de ecoturismo de Parelheiros, Marsilac e Ilha do Bororé*. Trabalho de Conclusão de Curso (Graduação em Turismo) – Universidade Anhembi-Morumbi. São Paulo, 2014.

MC'S, R. Da ponte pra cá. RACIONAIS MC'S. *Nada como um dia após o outro dia.* [s.l.]: Cosa Nostra, 2002. 2 CD's. Faixa 21.

MCCABE, Scott. *et al. Tourist.* London: Routledge, 2014.

MELO NETO, João Cabral de. *A educação pela pedra.* Rio de Janeiro: Nova Fronteira, 1996.

MONTES, Graciela. *Buscar indícios, construir sentidos.* Tradução de Cícero Oliveira. Salvador: Selo Emília/Solisluna Editora, 2020.

MORLEY, David. *Home Territories: Media, Mobility and Identity.* London: Routledge, 2004.

NASCIMENTO, Erica Peçanha. *Vozes marginais na literatura.* Rio de Janeiro: Aeroplano, 2009.

NINA, Roberta. *Perifeminas, o time de futebol que surgiu como resistência na comunidade.* Entrevistada: Silvani Chagas. *Dibradoras,* São Paulo, 12/05/2020. Disponível em: <tinyurl.com/ycku42nx> (Acesso: 3 fev. 2021).

NOGUERO, Félix Tomillo. *El concepto del turismo según la* OMT. In: CASTILLO, Nechar Marcelino. *Epistemología del turismo: Estudios críticos.* México: Trillas, 2008.

PANOSSO NETTO, Alexandre. *Filosofia do turismo: Teoria e epistemologia.* São Paulo: Aleph, 2008.

PANOSSO NETTO, Alexandre; GAETA, Cecília. *Turismo de experiência.* São Paulo: Senac, 2010.

PANOSSO NETTO, Alexandre.; NECHAR, M. C. (ed.). *Turismo: Perspectiva crítica. Textos reunidos.* Assis: Triunfal Gráfica e Editora, 2016.

PATRÍCIO, P. *Pau de arara.* Intérprete: Alventino Chapéu de Couro. Acervo do Instituto Moreira Salles, 1960. Disponível em: <tinyurl.com/2p9287fy> (Acesso: 30 dez. 2020).

PENNAC, Daniel. *Como um romance.* Tradução de Leny Weneck. Rio de Janeiro: Rocco, 1993.

PETIT, Michèle. *Os jovens e a leitura: Uma nova perspectiva.* Tradução de Celina Olga de Souza. São Paulo: Editora 34, 2009.

PETIT, Michèle. *A arte de ler ou como resistir* à *adversidade.* Tradução de Arthur Bueno e Camila Boldrini. São Paulo: Editora 34, 2010.

PETIT, Michèle. *Leituras: Do espaço íntimo ao espaço público.* Tradução de Celina Olga de Souza. São Paulo: Editora 34, 2013.

POLO DE ECOTURISMO de São Paulo. São Paulo: SP Turis. Disponível em: <tinyurl.com/yc6jyvwu> (Acesso: 5 jan. 2021).

PRADO, Geraldo Moreira. Da história latente à história verdadeira: Uma experiência piloto com a biblioteca comunitária. In: *Foro social de información, documentación y bibliotecas*, I., 2004, Buenos Aires. *Anais...* Buenos Aires: 2004. Disponível em: <tinyurl.com/5h7jewm2> (Acesso: 10 jan. 2008).

QUEIRÓS, Bartolomeu de Campos. *Para ler em silêncio.* São Paulo: Moderna, 2007.

REDE NACIONAL DE BIBLIOTECAS COMUNITÁRIAS. *Pesquisa inédita revela a importância das bibliotecas comunitárias.* [s.l.]: RNBC, 2018. Disponível em: <tinyurl.com/2p88h9d5> (Acesso: 29 dez. 2020).

REDE NACIONAL DE BIBLIOTECAS COMUNITÁRIAS. *Redes e bibliotecas.* [s.l.]: RNBC, 2020. Disponível em: <tinyurl.com/2r5fahre> (Acesso: 5 jan. 2021).

RESENDE, Otto Lara. Vista cansada. Costumes. *Folha de S. Paulo*, 23/02/1992. Disponível em <tinyurl.com/yckku3v5> (Acesso: 11 jan. 2021).

Retratos da leitura no Brasil. São Paulo: IPL, 2020. Disponível em: <tinyurl.com/4a85w8sc> (Acesso: 5 jan. 2021).

REYES, Yolanda. *A casa imaginária: Leitura e literatura na primeira infância.* Tradução de Marcia Frazão e Ronaldo Periassu. São Paulo: Editora Global, 2010.

ROCKTAESCHEL, Benita Maria Monteiro Mueller. *Terceirização em áreas protegidas: estímulo ao ecoturismo no Brasil.* São Paulo: Editora Senac, São Paulo, 2006.

RUFFATO, Luiz. *Eles eram muitos cavalos.* São Paulo: Companhia das Letras, 2013.

RUFFATO, Luiz. *A cidade dorme.* São Paulo: Companhia das Letras, 2018.

SALCEDO, Diego Andres; ALVES, Mariana. *O papel da biblioteca comunitária na construção dos direitos humanos.* RDBCI: Revista Digital de Biblioteconomia e Ciência da Informação, Campinas, SP, v. 13, n. 3, p. 561-578, 2015. Disponível em: <tinyurl.com/2ftd6mmt> (Acesso: 28 dez. 2020.)

SALVADOR, Denise; BAPTISTA, Maria Manuel. Turismo cultural e origens de um povo: uma rota turístico-literária para a cidade de Fortaleza, baseada na obra "Iracema", de José de Alencar. In: Congresso internacional "a Europa das nacionalidades – Mitos de origem: Discursos modernos e pós-modernos", 2011, Aveiro. *Resumos...* Aveiro: Universidade de Aveiro, 2011. p. 188-189. Disponível em: <tinyurl.com/39vx3h6w> (Acesso: 19 abr. 2016).

SANTOS, Milton. *A urbanização brasileira.* São Paulo: EDUSP, 2002.

SANTOS, B.; LION, V. [*Correspondência*]. Destinatário: São Paulo (SP). Secretaria do Verde e do Meio Ambiente. São Paulo, dez. 2009. 1 carta.

SANTOS, Bel. *A literatura como direito humano.* São Paulo: TEDX Talks, 2017. Disponível em: <tinyurl.com/2ksa7smn> (Acesso: 30 dez. 2020).

SANTOS, José Carlos Dantas. *Biblioteca Comunitária: "Estado da arte" conceitual e oportunidades de investigação a partir de um estudo comparativo na literatura periódica nacional e internacional.* 2018. Trabalho de Conclusão de Curso (Graduação em Biblioteconomia) – Faculdade de Ciência da Informação, Universidade de Brasília, 2018.

SÃO PAULO (SP). Secretaria de Cultural. *Fomentos: Programa VAI.* São Paulo: Prefeitura SP, 2010. Disponível em: <tinyurl.com/3fp8zbcx> (Acesso: 29 dez. 2020).

SÃO PAULO (SP). Secretaria Municipal de Desenvolvimento Econômico, Trabalho e Turismo. *Atlas do Trabalho e Desenvolvimento da Cidade de São Paulo.* São Paulo: SMDET, 2018. Disponível em: <tinyurl.com/ybh6b5fe> (Acesso: 30 de nov. 2020).

SARAMAGO, José. *Ensaio sobre a cegueira.* São Paulo: Companhia das Letras, 2020.

SARAMAGO, José. *O conto da Ilha desconhecida.* São Paulo: Companhia das Letras, 1998.

SCHAMBERLAIN, Nayana de Abreu; TEIXEIRA, Juliana Carolina. Turismo cultural: perspectivas para a função turística em bibliotecas do Brasil. *Caderno Virtual de Turismo*, Rio de Janeiro, v. 18, n. 3, p. 5-21, dez. 2018.

SHELLER, Mimi; URRY, John. *Tourism Mobilities: Places to Play, Places in Play.* London: Routledge, 2004.

SHELLER, Mimi; URRY, John. The New Mobilities Paradigm. *Environment and Planning A*, v. 38, n. 2, p. 207-226, 2006.

SHELLER, Mimi. *Sociology After the Mobilities Turn*. New York: Routledge, 2014.

SHELLER, Mimi. Theorising Mobility Justice. *Tempo social*, São Paulo, v. 30, n. 2, p. 17-34, Aug. 2018. Disponível em: <tinyurl.com/yepbrnn5> (Acesso: 5 jan. 2021).

SILVA, Cidinha. *Pra começar: Melhores crônicas de Cidinha da Silva*. São Paulo: Kuanza produções, 2019. v. 2

SILVA, Freddy Gonçalves da. *La nostalgia del vacío: La lectura como espacio de pertenencia en los adolescentes*. Zaragoza: Pantalia publicaciones, 2018.

SIMAS, Luiz Antônio. *O corpo encantado das ruas*. Rio de Janeiro: Civilização Brasileira, 2020.

SINGH, D. Z.; GIUCCI, G.; JIRÓN, P. *Termos-chave para os estudos da mobilidade na América Latina*. Ciudad Autónoma de Buenos Aires: Biblos, 2017.

SISTEMA NACIONAL DE BIBLIOTECAS PÚBLICAS (Brasil). *Sobre*. Disponível em: <tinyurl.com/yey37tnc> (Acesso: 28 dez. 2020).

SKEGGS, Beverly. *Class, Self, Culture*. London: Routledge, 2004.

TAKASAGO, Milene; MOLLO, Maria de Lourdes R. A economia do turismo e a redução da pobreza e da desigualdade no Brasil: O papel do Estado. *Revista Turismo em análise*, 19(2), 2008, 307-329. Disponível em: <tinyurl.com/2d3u2pfn> (Acesso: 6 jan. 2021).

TESCHI, Walter. *Dossiê cratera de Colônia & Vargem Grande: Conflitos urbanos*. [São Paulo: s. n., 2010?]. Disponível em: <tinyurl.com/4mjvtmn9> (Acesso: 1 mai. 2019).

TOLIA-KELLY, Divya. Mobility/Stability: British Asian Cultures of 'Landscape and Englishness'. *Environment and Planning A*, 38, p 341-358.

TORRES, Abigail Silvestre. *Segurança de convívio e de convivência: Direito de proteção na Assistência Social*. Tese (Doutorado em Serviço Social) – Pontifícia Universidade Católica de São Paulo, São Paulo, 2013.

TRIPP, David. Pesquisa-ação: uma introdução metodológica. Tradução de Lólio Lourenço de Oliveira. *Educação e pesquisa*, São Paulo, v. 31, n. 3, p. 443-466, set./dez. 2005.

UNIVERSIDADE FEDERAL DO PARÁ. *Permacultura*. Belém: UFPA, [s.d.] Disponível em: <tinyurl.com/ycy6hr7p> (Acesso: 8 jul. 2018).

URRY, John. *Mobilities.* Cambridge: Polity Press, 2007.

URRY, John. *O olhar do turista: Lazer e viagens nas sociedades contemporâneas.* Tradução de Heloisa Toller Gomes. São Paulo: Studio Nobel, 2001.

URRY, John. *Sociology Beyond Societies: Mobilities for the Twenty-First Century.* New York: Routledge, 2000.

URRY, John. *The Tourist Gaze.* Londres: Sage, 1990.

VAGA LUME. *Programa expedição Vaga-lume.* Disponível em: <tinyurl.com/bdfzj3bj> (Acesso: 30 nov. 2020).

VEAL, Anthony James. *Metodologia de pesquisa em lazer e turismo.* São Paulo: Aleph, 2011.

VELOSO, Caetano. Sampa. In: CAETANO. *Muito (dentro da estrela azulada).* [s. l.]: Philips Records, 1978. LP. Faixa 7.

VIEIRA JUNIOR, Itamar. *Torto arado.* Alfragide: Leya, 2018.

VILLAÇA, Flávio. *Espaço intraurbano no Brasil.* São Paulo: Studio Nobel: FAPESP, 2001.

Vozes daqui. São Paulo: Agência Comunitária de Comunicação/IBEAC, [201-]. Disponível em: <tinyurl.com/mryuzfkz> (Acesso: 29 dez. 2020).

Este livro foi composto em FF Scala e Filson Pro,
impresso em papel offset 75 g/m², em outubro de 2022 na gráfica Viena.